CÓMO FUNCIONA
LA ECONOMÍA

CÓMO FUNCIONA LA ECONOMÍA

Guía gráfica de las TEORÍAS económicas

Edición del proyecto Daniel Byrne
Edición de arte del proyecto Daksheeta Pattni
Edición John Andrews, Claire Cross, Elizabeth Dowsett,
Victoria Heyworth-Dunne, Alison Sturgeon,
Andrew Szudek, Alex Whittleton
Ilustración Mark Clifton,
Vanessa Hamilton, Mark Lloyd
Dirección editorial Gareth Jones
Dirección editorial de arte Lee Griffiths
Edición de producción Robert Dunn
Control de producción Nancy-Jane Maun
Diseño de cubierta Tanya Mehrotra
Diseño de DTP sénior Harish Aggarwal
Coordinación de portadas sénior Priyanka Sharma Saddi
Dirección de desarrollo de diseño de portadas Sophia MTT
Publicación Liz Wheeler
Dirección de publicaciones Jonathan Metcalf
Dirección de arte Karen Self

De la edición en español
Traducción Ariadna Ausió
Revisión Manuel Barroso
Composición y maquetación Nieves Blamey
Coordinación de proyecto Marina Alcione
Dirección editorial Elsa Vicente

Publicado originalmente en Gran Bretaña en 2024
por Dorling Kindersley Limited DK,
One Embassy Gardens, 8 Viaduct Gardens,
Londres, SW11 7BW

El representante autorizado en el EEE es
Dorling Kindersley Verlag GmbH. Arnulfstr. 124,
80636 Múnich, Alemania

Copyright © 2024 Dorling Kindersley Limited
© Traducción española: 2025 Dorling Kindersley Limited
Título original: How Economics Works
Primera edición: 2025
Parte de Penguin Random House
25 26 27 28 10 9 8 7 6 5 4 3 2 1
006-336905-Jul/2025

ISBN: 9780593969755

Impreso en los Emiratos Árabes Unidos

www.dk.com

MIXTO
Papel | Apoyando la
silvicultura responsable
FSC™ C018179

Este libro se ha fabricado con certificado
del Forest Stewardship Council™, un
pequeño paso en el compromiso de DK
con un futuro sostenible.
Más información en **www.dk.com/uk/
information/sustainability**

CONTENIDO

FUNDAMENTOS
DE LA ECONOMÍA

MICROECONOMÍA

MACROECONOMÍA

ESCUELAS DE PENSAMIENTO ECONÓMICO

CONSULTOR

Peter Antonioni es profesor del Departamento de Ciencias de la Gestión e Innovación de la UCL, donde imparte clases sobre economía de los sectores de los medios de comunicación y de la información. Es licenciado en Filosofía, Política y Economía por la Universidad de Oxford y tiene un máster en Economía por el Birkbeck College de Londres. Peter es coautor de *Economía para torpes* y fue consultor de *Simply Economics* de DK.

COLABORADORES

Michael Ashby es profesor asociado de economía en el Downing College de la Universidad de Cambridge. Enseña econometría, finanzas, métodos cuantitativos y macroeconomía. Michael es director de Estudios de Economía de Downing y miembro de la facultad. Es licenciado, tiene un máster y es doctor en Economía por la Universidad de Cambridge.

COMERCIO INTERNACIONAL

FINANZAS

John Farndon es autor, poeta y traductor residente en Londres. Ha escrito más de 1000 libros y ha sido preseleccionado cinco veces para el premio Young People's Science Book Prize. Ha colaborado en *The Economics Book: Big Ideas Simply Explained*, *Economics For Kids* y *Simply Economics* de DK.

Andrew Szudek es un escritor y editor que estudió Filosofía en la Universidad de Cambridge, donde se centró en filosofía política y ética. Ha trabajado en varios títulos de no ficción, desde economía hasta historia militar.

Marcus Weeks ha escrito y colaborado en varios libros sobre política, filosofía, psicología y arte, como *Heads Up Money* y varios títulos de la serie «Grandes ideas» de DK. Colaboró en *Cómo funciona la política* de DK y fue consultor de *Cómo funciona la filosofía*.

INTRODUCCIÓN

Las noticias económicas son, al menos, tan importantes como las noticias políticas. Los Gobiernos y los dirigentes nacionales pueden ser sustituidos, a veces con asombrosa rapidez. Esto no se debe a que molesten a sus aliados políticos o no defiendan las fronteras de sus países, sino más bien a una mala gestión de las finanzas públicas: subestimar la inflación, una presión especulativa sobre su moneda o el desplome del mercado bursátil. Estos acontecimientos o procesos son difíciles de comprender sin al menos ciertos conocimientos de economía. Cuando los acontecimientos que cambian el mundo, como la crisis financiera mundial de 2007-08, resultan tener su origen en transacciones de «permutas de incumplimiento crediticio», «obligaciones de deuda garantizadas» u otros «instrumentos» financieros misteriosos, incluso los inversores profesionales se quedan perplejos.

Sin embargo, la economía no va solo de Gobiernos y expertos financieros, sino también de hogares y empresas. A todos estos grupos les mueven las mismas fuerzas financieras básicas: la necesidad de disponer de recursos (especialmente dinero) para comprar y vender productos y servicios, y de controlar esos recursos. El origen de la palabra «economía» es en sí mismo sencillo: procede del término griego antiguo *oikonomia*, o «gestión doméstica». Así pues, detrás de lo que a menudo puede parecer una jerga técnica impenetrable, los economistas estudian esencialmente cómo vivir dentro de un presupuesto al tiempo que se aumenta la prosperidad, algo que es tan importante para las personas y sus familias como para los Estados y las grandes empresas.

Cómo funciona la economía ofrece una visión general accesible de la teoría económica y desmitifica los conceptos clave de las finanzas. En el capítulo 1 se definen los términos básicos empleados en economía, como «escasez», «utilidad» y «elección racional», mientras que en los capítulos 2 y 3 se explica cómo funcionan los mercados (microeconomía) y cómo los Gobiernos dirigen sus economías (macroeconomía). Los capítulos del 4 al 6 analizan las distintas escuelas de pensamiento económico, así como el comercio y las finanzas internacionales.

FUNDAMENTOS DE LA ECONOMÍA

La economía se basa en conceptos fundamentales como la escasez, la utilidad y la racionalidad. Los economistas los utilizan como herramientas para analizar cómo las personas y las sociedades toman decisiones cuando los recursos son limitados.

¿Qué es la economía?

La economía es el estudio de cómo se producen y se suministran los bienes y servicios, y de por qué las personas, las empresas y los Gobiernos toman las decisiones de gastos que toman.

Escasez

El concepto de «escasez» es fundamental en economía (véanse las págs. 14–15). Si todo el mundo tuviera siempre lo que quiere, no habría economistas, porque los economistas estudian la demanda (lo que la gente quiere) y la oferta (lo que la gente produce), que son reacciones a la escasez. Como la gente tiene deseos, o necesidades, existe un mercado (véanse las págs. 34–35) para lo que les falta, lo que significa una oportunidad para que los productores lo suministren. Del mismo modo, los productores necesitan cosas como locales y equipos para producir sus bienes, que son oportunidades para más productores. La «economía» es el conjunto de intercambios entre consumidores y productores en una zona determinada, que puede ser local o mundial, e incluye toda una serie de contratos entre inversores (que prestan dinero) y empresas, así como toda la actividad económica

Microeconomía y macroeconomía

La economía se divide en dos temas principales: microeconomía y macroeconomía. La microeconomía se ocupa de los consumidores individuales y las empresas y de las decisiones financieras que toman. La macroeconomía se centra en el comportamiento y los resultados de la economía en su conjunto, incluido el modo en que los Gobiernos intentan dirigir la economía subiendo o bajando los impuestos y controlando la oferta monetaria.

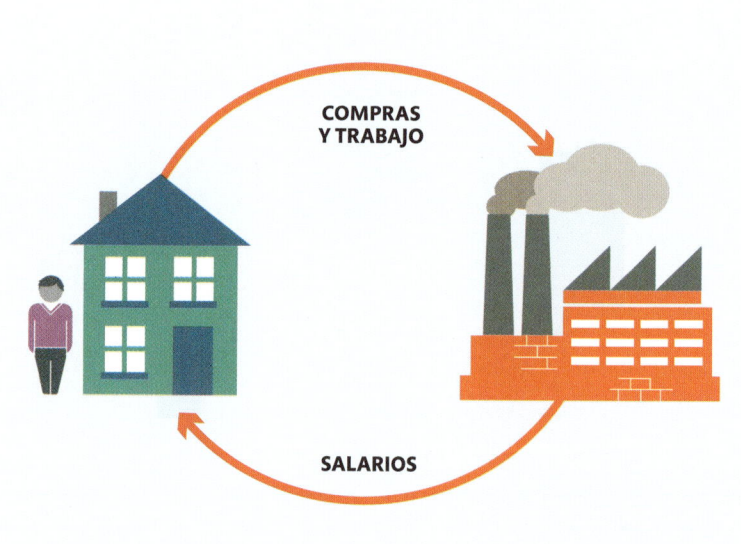

COMPRAS Y TRABAJO

SALARIOS

Personas y hogares
Las personas y los hogares ganan dinero vendiendo su trabajo a los productores, que les pagan un salario.

Empresas
Las empresas dependen del trabajo de las personas que producen los bienes que venden. Venden para obtener beneficios, o al menos para cubrir pérdidas.

MICROECONOMÍA

Si observamos la sociedad de abajo arriba, la microeconomía analiza cómo las personas, las empresas y los hogares toman decisiones y responden a los cambios en el precio y la disponibilidad de los bienes.

estimulada por los impuestos y las políticas de gasto público.

Desarrollo de recursos

En la actualidad, los economistas advierten a las empresas y a los Gobiernos sobre cómo recaudar, invertir y gastar el dinero de la forma más eficiente, pero también, de forma más general, sobre cómo asignar los recursos económicos, como los beneficios y los ingresos fiscales, para aumentar la prosperidad. También suelen especializarse en campos concretos, como la economía industrial o laboral.

ECONOMÍA INDUSTRIAL

Es el estudio de empresas, sectores y mercados de todos los tamaños, desde las tiendas de barrio hasta las grandes multinacionales. Los ámbitos principales incluyen cómo y por qué se anuncian las empresas, cuánto invierten en investigación y desarrollo y los niveles a los que se fijan los precios.

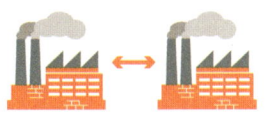

ECONOMÍA LABORAL

Es el estudio de la población activa como elemento del proceso de producción. Los ámbitos principales incluyen cómo las reformas de las pensiones, la educación, la atención a la infancia y el salario afectan a la vida de los trabajadores.

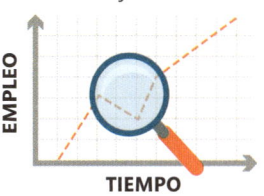

ECONOMÍA NACIONAL

Gobierno
Las políticas fiscal (impuestos) y monetaria (oferta monetaria) del Gobierno determinan la economía en su conjunto.

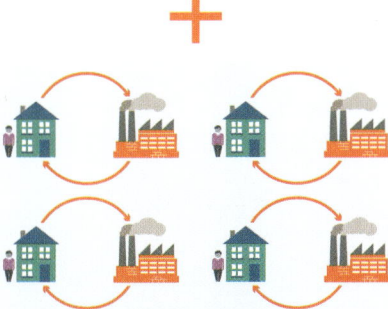

Mercados agregados
La economía agregada es todo lo que las personas producen y consumen. Los niveles de oferta y demanda totales de los mercados cambian en función de si la economía crece o decrece.

«La economía es, en el fondo, el estudio de los incentivos: cómo consigue la gente lo que quiere o necesita».

Steven D. Levitt, economista estadounidense, y Stephen J. Dubner, periodista estadounidense, *Freakonomics* (2005)

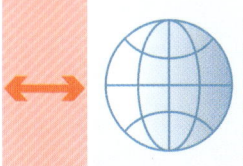

Comercio internacional
Las economías modernas dependen del comercio internacional. Por lo general, los países tratan de exportar (vender) más de lo que importan (compran).

MACROECONOMÍA

Observando la sociedad de arriba abajo, la macroeconomía estudia el funcionamiento de las economías en su conjunto, analizando los cambios «agregados» (totales) de las características económicas principales, como los niveles de precios y de empleo.

Escasez

Si algo es escaso, significa que no hay suficiente para satisfacer las necesidades y los deseos de todos. Sin escasez, la gente tendría todo lo que quisiera y no habría comercio ni economía.

La escasez requiere hacer concesiones

Algunos recursos, como el aire, son efectivamente infinitos, pero la mayoría no lo son. Por ejemplo, el dinero, el tiempo y las materias primas son limitados, pero nuestra demanda es, en teoría, ilimitada. Cuando hay escasez, es inevitable tomar decisiones y hacer concesiones, y el uso de un recurso escaso impide que se utilice para otro fin o por otra persona. La escasez tiene varias causas (véase al lado) y desempeña un papel importante en las decisiones de los productores sobre qué producir (véase más adelante) para garantizar una demanda suficiente. Todas las decisiones sobre recursos escasos, tomadas por personas, empresas y otras organizaciones, interactúan para crear la economía.

La función del mercado

Cuando el mercado —el comercio de bienes y servicios— está determinado por la oferta y la demanda (véanse las págs. 44–45), una forma de decidir quién se queda con qué recursos escasos es el precio. Si hay mucha demanda de un producto escaso, los vendedores pueden subir el precio, pero solo hasta donde lo paguen los posibles compradores.

EN TEORÍA, DEMANDA ILIMITADA

La asignación de recursos

La escasez obliga a las personas a tomar decisiones sobre cómo asignar los recursos. Las empresas deciden qué producir y los consumidores, qué comprar. En una economía dirigida, es el Estado quien decide (véase la pág. 32), pero incluso en las economías formadas por la oferta y la demanda (véanse las págs. 44–45), estas decisiones pueden ser políticas y a veces los Gobiernos son un factor importante (véanse las págs. 108–109).

CAPITAL   **TIEMPO**   **MANO DE OBRA**   **TECNOLOGÍA**   **PROPIEDAD**

MATERIAS PRIMAS   **PRODUCCIÓN**   **RECURSOS NATURALES**   **CONOCIMIENTO**

OFERTA LIMITADA

Desequilibrio
La brecha entre los deseos teóricamente ilimitados de la gente (demanda) y los recursos limitados (oferta) disponibles para satisfacerlos conduce a la escasez.

«La economía es la ciencia que estudia el **comportamiento humano como una relación** entre fines y **medios escasos».**

Lionel Robbins, economista británico, Ensayo sobre la naturaleza y la significación de la ciencia económica (1935)

CAUSAS DE LA ESCASEZ

Escasez provocada por la demanda

En este caso, la demanda de un recurso aumenta, mientras que la oferta se mantiene igual. La demanda puede estar impulsada por el crecimiento de la población o por un producto, como el último juguete que todo el mundo quiere en Navidad.

Escasez provocada por la oferta

En este caso, la demanda se mantiene, pero la oferta disminuye. La oferta puede reducirse debido a malas cosechas o a la deforestación. Los artículos de «edición limitada» son un ejemplo de productores que reducen intencionadamente la oferta.

Escasez estructural

Se produce cuando algunas personas tienen menos acceso a los recursos que otras. Puede ser política o deberse a la ubicación; por ejemplo, los habitantes de un pueblo pueden tener menos acceso a la sanidad que los de una ciudad.

Qué producir

La escasez desempeña un papel fundamental a la hora de determinar lo que los productores deciden suministrar: no producirán arena para el Sáhara, sino un producto escaso y demandado.

Cómo producir

Los productores deben encontrar la mejor manera de utilizar sus recursos. Por ejemplo, la rareza extrema y el valor de algunos metales utilizados en las pilas pueden hacer que merezca la pena invertir en su obtención.

Escasez

No hay suficiente de algo para que todo el mundo quede satisfecho, así que hay que decidir quién se queda con qué.

Para quién producir

Los productores deben identificar dónde hay escasez. Los Países Bajos pueden suministrar flores a Europa en verano, pero en invierno hay una escasez que los productores zimbabuenses pueden cubrir.

Utilidad

Los economistas utilizan la palabra «utilidad» para describir el beneficio o la satisfacción que un producto o servicio proporciona a un consumidor. La utilidad que espera recibir una persona influye en sus decisiones económicas.

Evaluación de la utilidad

La utilidad de consumir, por ejemplo, un determinado alimento puede consistir en beneficios físicos, como saciar el hambre o alimentar. También puede incluir sentimientos, como el altruismo por apoyar a una cafetería independiente o la superioridad por ser visto en un restaurante de moda. La utilidad también puede verse reducida por sentimientos negativos, como la culpa por comer alimentos poco saludables.

Aunque la utilidad es un concepto abstracto y difícil de evaluar en términos de cuánto beneficio recibe exactamente una persona, la idea ha perdurado en la economía. Originalmente, los economistas creían en la «utilidad cardinal», es decir, la idea de que la utilidad puede evaluarse en unidades llamadas «útiles», lo que permite el análisis matemático de los comportamientos económicos. Sin embargo, los consumidores pueden no ser capaces de evaluar con precisión la utilidad que reciben. La evaluación de la utilidad también varía de una persona a otra, e incluso para la misma persona. A veces, la utilidad se reduce a medida que se consumen más unidades de un artículo (véanse las pág. 20–21).

Comparación de la utilidad

Incluso cuando dos personas compran un producto o servicio idéntico, es poco probable que experimenten el mismo nivel de utilidad. Sus diferentes necesidades hacen que obtengan distintos niveles de utilidad, y sus distintas preferencias y gustos determinarán cuánto disfrutan de su compra.

Utilidad baja

La compradora A vive en un clima cálido y seco, de modo que solo utilizará el abrigo de vez en cuando. No le importa demasiado su aspecto ni lo bien que le queda.

La utilidad de un abrigo

Además de la necesidad práctica de un abrigo y de las preferencias estéticas, hay otros factores que pueden afectar a la utilidad que un consumidor obtiene de un abrigo.

❯ **Ajuste** El deseo de sentirse cómodo y el nivel de preocupación por cómo el abrigo se ajusta y se complementa con el aspecto de la persona.

❯ **Material** La preferencia de un tipo de tejido determinado, por ejemplo, el deseo de llevar tejido de alta tecnología y fibras naturales.

❯ **Responsabilidad social** El deseo de comprar de forma ética y limitar el impacto medioambiental.

❯ **Precio** La satisfacción de conseguir una ganga o el placer de hacer una compra desmesurada.

COMPRADORA A

Un útil de satisfacción

Utilidad relativa

Pocos economistas creen ahora que la utilidad se pueda cuantificar. En su lugar, hablan de «utilidad ordinal», que clasifica la utilidad. Por ejemplo, si un consumidor prefiere ver ballet al fútbol, el ballet tiene mayor utilidad que el fútbol, pero no es posible decir en qué medida. De todas formas, la utilidad puede revelar los niveles de satisfacción cambiantes que hay detrás de las elecciones de los consumidores y, posteriormente, sus hábitos de consumo, lo que resulta útil para los economistas y también para las empresas que desean comprender mejor a sus clientes.

«Nada tiene valor si no es un objeto de utilidad».

Karl Marx, economista alemán, *El capital, Volumen 1* (1867)

PRECIO FRENTE A VALOR

El precio es la cantidad de dinero que un comprador paga por un artículo. El valor, al igual que la utilidad, es lo útil que es el artículo para el comprador, o lo mucho que significa para él, en lo que pueden influir factores como la calidad, la marca y la experiencia del cliente. Tal como el inversor estadounidense Warren Buffet (1930) afirmó: «El precio es lo que pagas; el valor es lo que obtienes».

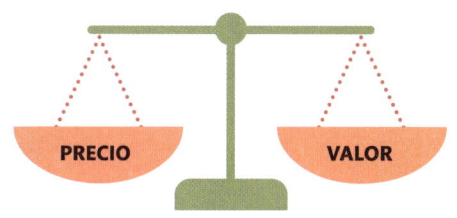

PRECIO · VALOR

Utilidad alta

El comprador B vive en un clima frío y lluvioso, por lo que necesita un abrigo cálido e impermeable. Además, está muy orgulloso de su aspecto, por lo que le satisfará mucho verse bien.

COMPRADOR B

Tres útiles de satisfacción

Tipos de utilidad

La economía del comportamiento (véanse las págs. 146–47) reconoce que existen distintas medidas de utilidad para el mismo producto.

UTILIDAD DE FORMA

El grado en que un producto satisface las necesidades del cliente; por ejemplo, puede ser el precio o el diseño de un producto.

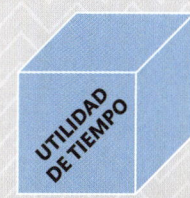

UTILIDAD DE TIEMPO

El grado en que la disponibilidad de un producto coincide con el momento en el que se necesita; por ejemplo, ¿es importante entregar al día siguiente?

UTILIDAD DE LUGAR

La facilidad con que los clientes pueden acceder a los bienes o servicios en un lugar adecuado; por ejemplo, un buen sitio web.

UTILIDAD DE POSESIÓN

La utilidad de un producto para el consumidor; por ejemplo, los pantalones cortos de verano son poco útiles cuando nieva.

Elección racional

En economía, el concepto de racionalidad está estrechamente relacionado con el del propio interés: la elección de una persona es racional, ya sea como consumidor o en los negocios, cuando le reporta el mayor beneficio.

El propio interés

La mayor parte de las primeras teorías económicas se basaba en la idea de que las economías pueden explicarse como el efecto combinado de personas que toman decisiones lógicas en su propio interés. Un comprador puede comprar en una tienda en vez de en otra basándose en el precio. Por otra parte, alguien que busca trabajo puede elegir uno que priorice el tiempo de ocio por encima de la remuneración. Adam Smith (1723–90), en su libro *La riqueza de las naciones* de 1776, sostenía que, tomadas en conjunto, las decisiones racionales y basadas en el propio interés de todas las personas actúan como una mano invisible que dirige la economía hacia el mejor resultado posible (véanse las págs.126–27). Esta idea se convirtió en la «teoría de la elección racional».

Muchos economistas del siglo xx utilizaron la teoría de la elección racional no solo para explicar el funcionamiento de las economías, sino también para crear «modelos» que predijeran los resultados. En estos modelos, las decisiones económicas las toman «impulsores de la utilidad individual» (personas que buscan el mayor beneficio para sí mismos), o lo que algunos economistas denominaron *Homo economicus* («hombre económico»), una persona ideal que toma decisiones económicas de forma racional.

¿Se actúa siempre de forma racional?

En los últimos años, la teoría de la elección racional ha sido criticada por muchos motivos. Algunos teóricos la cuestionan por razones éticas, alegando que el propio interés no es el principal motivador del comportamiento humano. Otros afirman que no refleja la realidad, porque las personas no siempre actúan «de forma racional». La economía del comportamiento (véanse las págs. 146–47) es un campo desarrollado en parte para corregir estas limitaciones.

Suposición 1
Las personas saben lo que quieren, que puede ser más dinero o más calidad.

Hacer suposiciones

En términos económicos, la racionalidad es un modelo teórico que se basa en una serie de suposiciones sobre cómo las personas toman decisiones racionales que les reportan el máximo beneficio. Estas suposiciones no son descripciones de la realidad, sino premisas que permiten analizar matemáticamente las economías. Este marco matemático sustenta el uso creciente de las predicciones informáticas de los resultados económicos en las que muchos Gobiernos confían hoy en día.

Suposición 4
Las personas buscan la máxima utilidad (el mayor bien o beneficio) para ellas mismas.

«Las personas, cuando se enfrentan a varias formas de actuar, suelen hacer lo que creen que probablemente tendrá el mejor resultado global».

Jon Elster, filósofo noruego, *"Social Norms and Economic Theory"* (1989)

Suposición 2
Las personas tienden a clasificar sus preferencias y optan, por ejemplo, por los productos de bajo coste en lugar de por los de lujo.

Suposición 3
En función de sus preferencias, las personas pueden tomar una decisión lógica entre varias opciones.

Suposición 5
Las personas tienen preferencias coherentes, de modo que su comportamiento es previsible.

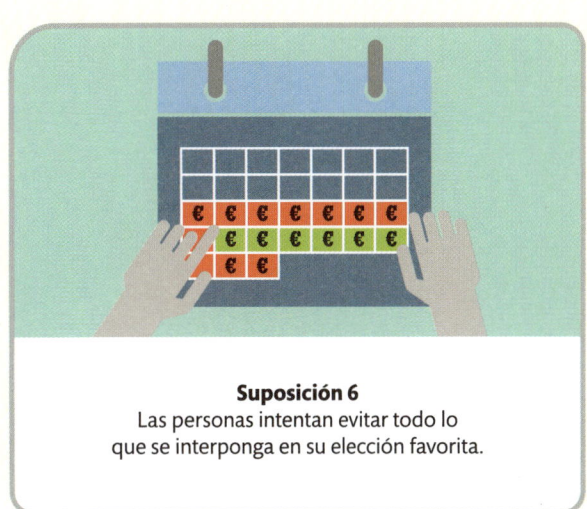

Suposición 6
Las personas intentan evitar todo lo que se interponga en su elección favorita.

 Marginalismo

El marginalismo es el principio económico según el cual las personas toman decisiones económicas poco a poco en lugar de hacerlo de una sola vez. En economía, lo que importa es la siguiente decisión gradual.

Observaciones de mercado

El concepto de marginalismo lo desarrollaron a finales del siglo XIX tres economistas europeos, Carl Menger (1840–1921), William Stanley Jevons (1835–82) y Léon Walras (1834–1910). Al ver cómo se valoraban los bienes en el mercado, observaron que los precios eran incoherentes; un kilo de manzanas no siempre costaba lo mismo. Se dieron cuenta de que lo que importa es cuánta gente más quiere algo en un momento determinado. Esta idea esencial explicaba por fin la «paradoja del diamante y el agua» (véase a la derecha) que había desconcertado a los economistas durante un siglo.

El precio de algo no depende de su valor general, sino de su «utilidad marginal», de cuánto beneficio (o «utilidad», véanse las págs. 16–17) proporciona una unidad más.

Disminución de la utilidad marginal

La utilidad marginal depende de las prioridades del comprador en ese momento. Una taza de café puede ser vital para empezar el día, pero una segunda taza puede ser menos apetecible, y una tercera puede ser demasiado, aunque el café sea el mismo. La gente pagará más por la primera taza y menos por cada una de las siguientes. Esta es la idea de «disminución de la utilidad marginal».

Unidad por unidad

Los compradores sopesan la utilidad marginal de consumir bienes adicionales frente a su coste marginal, es decir, el coste extra por cada unidad adicional. Mientras que la utilidad disminuye con cada unidad, los costes marginales aumentan gradualmente. Según la teoría, los consumidores dejan de comprar cuando los costes marginales superan la utilidad marginal.

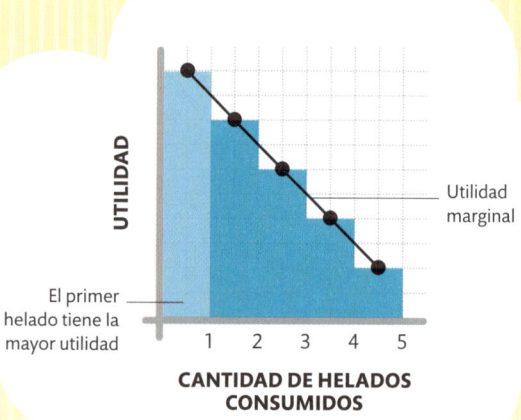

Utilidad marginal
En el caso del consumo de helados, el primer helado puede producir un gran placer, pero el placer disminuye con cada uno; esto puede deberse a que el consumidor se cansa gradualmente del sabor o se siente saciado.

«Cada unidad sucesiva agrega menos utilidad».

Alfred Marshall, economista británico, *Principios de economía* (1890)

A veces hay un umbral antes de que se aplique. Al coleccionar camisetas deportivas firmadas, la utilidad de cada una puede aumentar hasta que se haya completado la colección, entonces bajará a cero.

La constatación de que el precio depende de la utilidad marginal condujo a las teorías de la oferta y la demanda (véanse las págs. 44–45). Walras se inspiró en ellas para crear la primera curva de oferta (véase la pág. 43) y de demanda (véase la pág. 41). El precio viene determinado por el punto de intersección de estas dos curvas. En este punto, se dice que el mercado está «en equilibrio».

CASO PRÁCTICO

Paradoja del diamante y el agua

En su obra *La riqueza de las naciones* de 1776, el economista escocés Adam Smith (1723–90) presentó una clara paradoja en la forma en que el mercado refleja el valor. Dado que el agua es esencial para la supervivencia, ¿por qué cuesta mucho menos, unidad por unidad, que los diamantes, que son bellos pero relativamente inútiles? Al cabo de un siglo, la teoría de la utilidad marginal resolvió claramente esta paradoja. En conjunto, el valor del agua es inmenso comparado con el de los diamantes. Las primeras unidades pueden incluso salvarte la vida y, además de para beberla, necesitamos grandes cantidades para cultivar alimentos, cocinar y lavar. Sin embargo, como el agua es abundante y los diamantes son escasos, el valor marginal de una unidad de diamantes supera con creces el valor marginal de una unidad de agua.

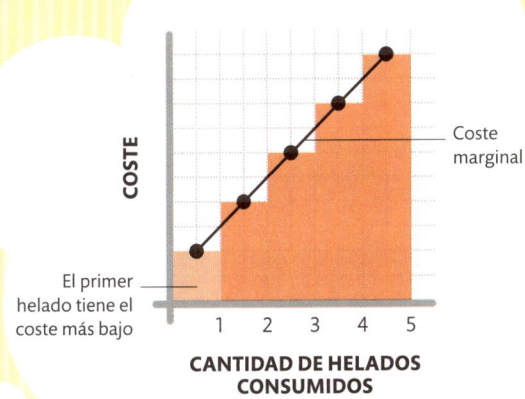

Coste marginal
Los helados tienen un coste económico, y demasiados pueden hacer que el consumidor se encuentre mal, de modo que el coste marginal aumenta con cada uno.

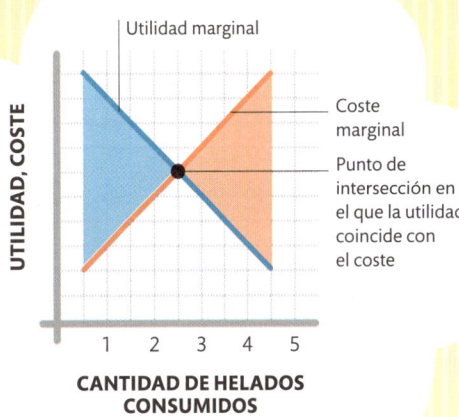

Utilidad frente a coste
La utilidad marginal para los consumidores disminuye con cada helado adicional, mientras que los costes marginales aumentan. Cuando los costes marginales coinciden con la utilidad marginal, el consumidor deja de sentirse satisfecho por consumir un helado adicional.

Coste de oportunidad

Siempre que los consumidores eligen una opción de compra, rechazan otras opciones que podrían haberles reportado mayores beneficios. Los economistas denominan «coste de oportunidad» al coste de estas oportunidades perdidas.

Sopesar las alternativas

Cuando una persona decide comprar un producto o servicio, se pierde las posibles ventajas de una opción alternativa. Por ejemplo, alguien puede querer viajar a algún sitio en coche o en tren. El coche es la opción más barata y cómoda, pero el tren ofrece costes de oportunidad, ya que permite pasar el tiempo leyendo o relajándose.

El concepto de coste de oportunidad reconoce que, además del coste monetario a corto plazo de una elección, hay costes a más largo plazo menos explícitos en la elección que no se hace, como el tiempo, el esfuerzo y el desgaste. Al tener en cuenta estos costes, las personas y las empresas pueden aprovechar al máximo los beneficios de sus decisiones económicas. Por ejemplo, supongamos que una empresa realiza una inversión de capital que le reportará un beneficio de 1 millón de euros, pero una opción alternativa es dejar el dinero en un banco para que devengue 2 millones de euros en intereses. En este caso, el beneficio del capital es una pérdida de 1 millón de euros después del coste de oportunidad.

Recuento del coste

Los costes de una elección no siempre son fáciles de evaluar, ni son siempre una cuestión de dinero. Si una empresa ofrece a sus trabajadores tres horas extras a la semana, esos empleados obtendrán tres horas de paga extra al aceptar la oferta, pero también incurrirán en un coste en tiempo de ocio perdido. Por otra parte, si los trabajadores rechazan la oferta, pueden perder la oportunidad de acumular ahorros e inversiones (véanse las págs. 186–87) que les proporcionen más tiempo de ocio a largo plazo.

¿Vale la pena?

Un conductor puede elegir entre dos gasolineras, una cercana y otra a 15 minutos que es un 15 % más barata. Esa elección, entre ahorrar dinero o ahorrar tiempo, conlleva unos costes de oportunidad para el conductor por la pérdida de dinero o de tiempo que podría dedicar a otras cosas.

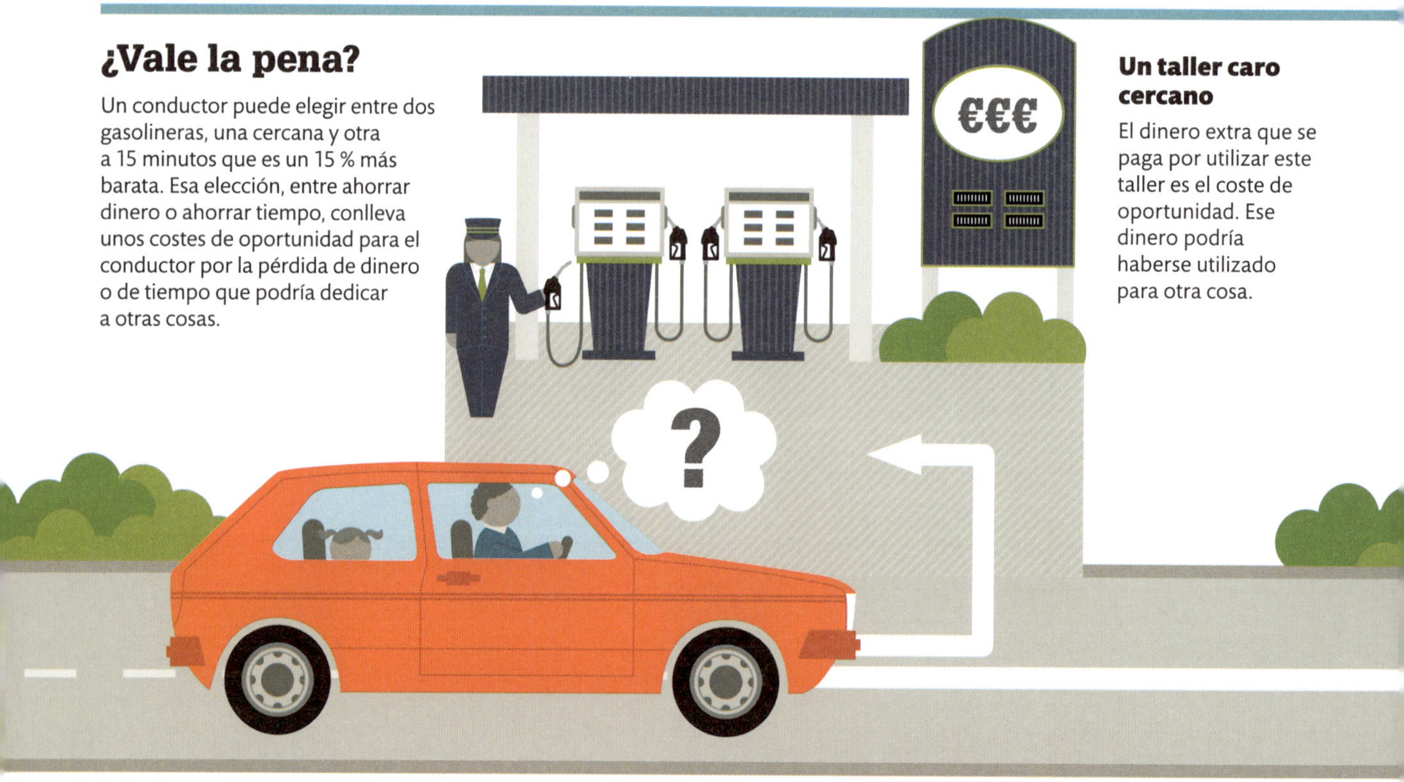

Un taller caro cercano

El dinero extra que se paga por utilizar este taller es el coste de oportunidad. Ese dinero podría haberse utilizado para otra cosa.

€€€

?

Un taller más barato más lejos

El tiempo que se tarda en ir al taller más barato
es el coste de oportunidad. Ese tiempo podría
haberse empleado en otra cosa.

«El dinero es cuestión de
oportunidades. Cada vez
que lo gastas en una
cosa, no vas a poder
gastarlo en otra».

Dan Ariely, economista del comportamiento israelí-
estadounidense, Iniciativa Think Forward (2017)

FRONTERA DE POSIBILIDADES DE PRODUCCIÓN

La frontera de posibilidades de
producción (FPP), trazada como una
curva en un gráfico, es una forma
que tienen los economistas de
estudiar los costes de oportunidad.
El gráfico toma dos bienes y explora
qué cantidades diferentes de cada
uno pueden producirse para hacer
el mejor uso posible de una cantidad
finita de recursos. La curva ilustra la
compensación necesaria (el coste de
oportunidad) entre los bienes para
optimizar su producción. En el
gráfico siguiente, los puntos B, D y
C muestran la producción ideal de
manzanas y peras en función de los
recursos disponibles, como la mano
de obra, la tierra y los conocimientos
técnicos. Aquí, un aumento de la
producción de peras significa menos
manzanas, mientras que menos
peras significa más manzanas. En el
punto A, los recursos no se utilizan
de forma eficiente, mientras que el
punto X solo puede alcanzarse con
mayores recursos, como más espacio
para el cultivo, más mano de obra
o mejor maquinaria. Con la FPP, el
agricultor podría calcular cuál sería la
mejor combinación de producción
de fruta: el punto D.

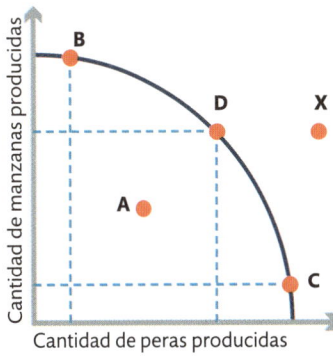

Especialización

En la mayoría de los países, la gente gana dinero especializándose en tareas concretas, como la enfermería, la fabricación de muebles o el cultivo de frutas. Es lo que se conoce como «división del trabajo».

Determinación

En algunas partes del mundo, todavía es posible que la gente lo haga todo por sí misma, desde cultivar alimentos hasta construir una casa. Sin embargo, en casi todas partes, las personas y las empresas se especializan y el trabajo se divide: algunas personas cultivan alimentos, otras los procesan, otras los venden, y así sucesivamente. El economista del siglo XVIII Adam Smith situó esta división del trabajo en el centro de la economía, argumentando que las economías crecen a medida que las personas se especializan y realizan intercambios para recibir todo lo que necesitan. Sostenía que cuanto más especializados se vuelven los trabajadores y las empresas, más se expanden los mercados y mayor es el rendimiento de las inversiones. Al mismo tiempo, los bienes se abaratan y los salarios aumentan.

Divisiones en la sociedad

El economista Karl Marx (1818–83) criticó el modelo de Smith, argumentando que la especialización y la división del trabajo conducen a la insatisfacción, ya que los trabajadores

Divide y vencerás

En las economías modernas, las personas y las empresas se especializan y comercian para satisfacer sus varias necesidades comprando a otros especialistas. Un supermercado puede proporcionar todo lo que una persona necesita en un solo lugar, pero la propia tienda recibe sus productos de una enorme variedad de especialistas. En las economías modernas, el trabajo de los distintos especialistas puede clasificarse en cuatro sectores: primario, secundario, terciario y cuaternario.

Especialistas
Los especialistas se convierten en maestros de su oficio. La práctica también les permite aumentar la producción.

FRUTICULTOR

PANADERO

VAQUERO

Bienes compartidos
Gracias al comercio, cada persona obtiene toda la gama de bienes y servicios que necesita comprando a otros especialistas.

se ven empujados a realizar trabajos aburridos y repetitivos (véanse las págs. 132–33). Otros también defendieron que la especialización crea jerarquías, puesto que algunas personas se convierten en directivos y otras en obreros. Sin embargo, la división del trabajo es ahora la norma en las economías modernas.

La especialización puede ser tanto microeconómica como macroeconómica. Las personas pueden especializarse en competencias, y países enteros pueden centrarse en sectores en los que tienen ventaja (véanse las págs. 159–59).

PROS Y CONTRAS DE LA ESPECIALIZACIÓN

Aunque las personas y las instituciones se han ido especializando con el tiempo, la especialización tiene pros y contras.

Pros

❯ **Las personas pueden centrarse** en hacer lo que se les da mejor.

❯ **Una mayor destreza** ayuda a los trabajadores a hacer las cosas mejor y más rápido.

❯ **Permite** la producción en serie y las economías de escala (véanse las págs. 50–51).

❯ **La producción** es más eficiente, lo que reduce la escasez.

Contras

❯ Las tareas **repetitivas** y poco variadas pueden resultar aburridas.

❯ **Las personas se vuelven** menos autosuficientes y, por tanto, más vulnerables cuando se interrumpe la actividad comercial.

❯ **Las fuerzas laborales** se vuelven inflexibles y son incapaces de responder a las demandas cambiantes.

SECTORES ECONÓMICOS

Primario
Los trabajadores del sector primario, que incluye la minería, la agricultura, la pesca y la silvicultura, extraen las materias primas de la Tierra.

Secundario
En el sector secundario, las materias primas se convierten en productos manufacturados, entre los que se encuentran servicios imprescindibles, como la electricidad y los combustibles.

Terciario
El sector o servicio terciario incluye los sectores minorista, financiero, informático, de la comunicación, la hostelería, el turismo y el ocio.

Cuaternario
El sector cuaternario incluye el sector público, la educación, la economía del conocimiento, y el desarrollo y la investigación científica.

CASO PRÁCTICO

Cultivo de manzanas

La división del trabajo ha adquirido un alcance mundial. Un buen ejemplo de cómo un solo producto puede ser obra de numerosos especialistas es el famoso móvil de Apple, el iPhone. Sorprendentemente, no es un producto estrictamente estadounidense, sino que en él trabajan muchos especialistas de todo el mundo. La mayoría de los diseñadores se encuentran en Estados Unidos, así como una pequeña parte del equipo de ventas de la empresa. Sin embargo, el teléfono lo ensamblan trabajadores de China, Vietnam e India, con piezas fabricadas en otros países lejanos. La carcasa, la pantalla y los procesadores se fabrican en Corea del Sur, Japón, Alemania y otros países, e incluso estas piezas contienen elementos en los que trabajan otros especialistas.

Factores de producción

Las economías producen bienes y servicios utilizando cuatro categorías diferentes de «recursos»: tierra, trabajo, capital y empresa. Estos recursos se conocen colectivamente como «factores de producción».

Piedras angulares

Los factores de producción son las piedras angulares de toda economía. La producción de bienes y servicios depende por completo de los insumos de los factores de producción. Sin embargo, estos factores deben estar disponibles en la cantidad, el

momento y el precio adecuados. Cada uno de ellos tiene, en cierta medida, una disponibilidad limitada, y es esta escasez la que les confiere su valor económico y, por lo tanto, crea una demanda. Un «bien libre» es algo que tiene disponibilidad ilimitada, como el aire o el agua del mar y, por tanto,

no es un factor de producción. Sin embargo, en realidad, hay muy pocas cosas que sean gratuitas; por ejemplo, uno de los costes del crecimiento económico puede ser la contaminación atmosférica. De hecho, algunos economistas sostienen que las economías deben juzgarse en función

Ingredientes básicos

Para producir bienes y servicios, una economía recurre a los cuatro factores de producción: la tierra (el planeta y sus recursos naturales); la mano de obra (el trabajo que realizan las personas para fabricar cosas); el capital (las herramientas, máquinas, edificios y otros equipos que las personas utilizan para fabricar otras cosas); y la empresa (la habilidad y las ideas que se necesitan para poner en marcha y mantener un proceso de producción).

Tierra

Todos los recursos naturales de la Tierra. Algunos acabarán agotándose, pero otros son renovables.

Mano de obra

Todas las personas que están disponibles para trabajar. Los distintos sectores de la población activa tienen cualificaciones diferentes.

Capital

El equipo, las oficinas, los vehículos, las fábricas y las escuelas que utiliza la población activa.

de hasta qué punto perjudican o ayudan al medio ambiente (véanse las págs. 142–43).

Factores «nuevos»

Los primeros pensadores económicos, como Adam Smith y Karl Marx (véanse las págs. 132–33), identificaron la tierra, el trabajo y el capital como los factores clave de la producción. En la actualidad, muchas personas viven y trabajan en zonas urbanas, la tierra ha perdido importancia y la mano de obra y el capital la han

ganado. La empresa es un cuarto factor que se ha añadido más recientemente.

Algunos economistas sostienen que ahora hay que tener en cuenta otros factores, como el conocimiento o el «capital humano» (la destreza o habilidad de los trabajadores), que, según ellos, es distinto de la mano de obra o la empresa; o la tecnología, que en realidad puede utilizarse para sustituir a otros factores, por ejemplo, el uso de robots para sustituir a los trabajadores en una cadena de producción.

PROPIEDAD

El control de los factores de producción es la clave de la riqueza. Las personas que poseen mucha tierra o capital son invariablemente ricas, y su riqueza les permite controlar otros factores de producción. En el sistema capitalista, los empresarios y los inversores controlan la mayoría de los factores de producción, mientras que en los sistemas socialistas, el Gobierno puede tener un mayor control.

«Es preferible considerar la mano de obra… como único factor de producción».

John Maynard Keynes, *Teoría general de la ocupación, el interés y el dinero* (1936)

Empresa

La voluntad de utilizar los otros tres factores de producción para crear empresas y producir cosas.

DERIVADOS DEL TRIGO

Bienes

Se necesita tierra, trabajo, capital y empresa para convertir las materias primas en bienes vendibles.

Costes de transacción

Un coste de transacción es cualquier gasto en el que se incurre al realizar una operación económica. En circunstancias clave, los costes de transacción pueden tener grandes efectos sobre las decisiones económicas.

El precio de comerciar

La mayoría de los modelos económicos parten de la base de que el comercio no tiene costes, por lo que se centran en otros aspectos del mercado. Sin embargo, hay tres formas en las que utilizar el mercado es costoso: los costes de búsqueda se incurren al buscar a alguien con quien comerciar, los costes de negociación son los que conlleva cerrar un trato y los costes de ejecución son los que comporta garantizar que las partes de un trato cumplan sus condiciones. Estos gastos pueden ser los honorarios pagados a los representantes para que trabajen en nombre del responsable para cerrar un trato, o a los abogados para que redacten los contratos, o simplemente el tiempo dedicado a buscar a alguien con quien hacer negocios.

El economista británico Ronald Coase (1910–2013) señaló que la creación de empresas se debe en parte a los costes de transacción, porque las empresas tienen departamentos que se ocupan de esos costes, lo que libera a todos los demás para realizar sus propias tareas especializadas. Aunque esto es más económico que el comercio individual, los costes de transacción de una empresa se convierten en parte de su burocracia y pueden acabar generando ineficiencias que hay que resolver, normalmente cerrando o vendiendo una unidad de negocio. De este modo, los costes de transacción pueden crear ciclos en los que las empresas se forman, se dividen y se reestructuran.

Reestructuración de mercados

Los costes de transacción pueden cambiar la estructura de los mercados. Por ejemplo, las compañías de seguros tradicionalmente solo operaban a través de brókeres, pero la caída del coste de la tecnología redujo los costes de transacción y llevó al sector a vender directamente a los consumidores. Sin embargo, esto dificultó a los consumidores la comparación de precios, lo que dio a los empresarios la oportunidad de crear sitios de recomendación en línea que sirvieron como un nuevo tipo de intermediario del sector. Esto redujo los costes de búsqueda de los consumidores y aumentó las ventas para las aseguradoras.

ECONOMÍA DE LOS COSTES DE TRANSACCIÓN

A diferencia de la economía tradicional, la economía de los costes de transacción ofrece un enfoque alternativo para analizar las transacciones.

Enfoque tradicional

❯ **La operación** se analiza en función de los bienes y servicios que se intercambian.

❯ **La empresa** es un simple productor.

❯ **Los derechos de propiedad**, legislación sobre quién posee qué recursos, son un hecho.

❯ **El enfoque por objetivos** afirma que el aprovechamiento de los beneficios es el único objetivo de la eficiencia.

❯ **El comportamiento** de todas las partes es completamente racional.

Enfoque transaccional

❯ **La operación** se analiza desde el punto de vista de la transacción en sí.

❯ **La empresa** es una estructura de la organización.

❯ **Los derechos de propiedad** pueden aumentar los costes de transacción, lo que reduce la eficiencia.

❯ **El enfoque por objetivos** afirma que todos los objetivos tienen limitaciones.

❯ **El comportamiento** sigue una «racionalidad limitada», elige un resultado satisfactorio en lugar de uno perfecto.

La división de los costes

Todas las empresas incurren en costes de transacción. Pagan a agentes de transacción externos para que les proporcionen bienes o servicios que no pueden prestar por sí mismas. Algunos costes son internos porque las empresas desempeñan sus propias funciones. A veces, las empresas se expanden fuera de su área de especialización original para suministrar bienes o prestar servicios adicionales internamente. Aunque algunos servicios, como la contabilidad, se llevan a cabo internamente por la mayoría de las empresas, las pequeñas empresas pueden optar por contratar a un contable externo.

Costes de transacción externos

Estos costes se producen al traer los materiales para fabricar un producto o al comercializarlo.

 Económicos y legales Gastos bancarios, cambio de divisas, honorarios legales, seguros.

 Marketing Estudios de mercado, marcas, campañas publicitarias, promociones.

 Transporte Embalaje, traslado de mercancías, almacenamiento.

 Comercio minorista Identificación de clientes minoristas, negociación de acuerdos, muestras, ferias, descuentos.

UNA REVOLUCIÓN DE INTERNET

Internet, que se dio a conocer en la década de 1990, ha reducido los costes de transacción y ha hecho más competitivos los mercados, lo que beneficia tanto a productores como a consumidores. Internet ha reducido, sobre todo, el coste de la búsqueda de información. Servicios como las compras y la banca en línea también reducen los costes de transacción y ponen en contacto a vendedores y compradores de forma más eficiente (véase la pág. 97). Internet ha facilitado que las empresas pequeñas compitan y lleguen a más clientes, aunque también ha aumentado el dominio de las grandes empresas.

EMPRESA A

EMPRESA B

Costes de transacción internos

Estos costes se producen por completo dentro de una organización.

 Planificación Investigación y desarrollo, pruebas de enfoque, diseño, ensayos, prototipos, muestras.

 Administración Estrategia, presupuestos, previsiones, informes, gestión.

 Recursos humanos Contratación, formación, cuidado de los trabajadores, resolución de conflictos.

 Servicio posventa Asistencia técnica, garantías, comentarios, programas de fidelización.

Derechos de propiedad

Los mercados son lugares en los que las personas intercambian propiedades, que pueden ser bienes o activos, pero solo pueden funcionar sin problemas si los derechos de propiedad están claramente definidos y regulados.

Tipos de propiedad

Los derechos de propiedad son fundamentales en economía porque son la base de todos los intercambios en el mercado. Una persona solo puede vender lo que le pertenece, y por este motivo es vital que se defina claramente quién posee qué. La propiedad puede abarcar desde bienes «tangibles» (físicos), como casas y coches, hasta bienes «intangibles», como acciones, bonos y otros activos financieros (véanse las págs. 188–89). También incluye la propiedad intelectual, como la música, las patentes y las ideas protegidas por derechos de autor.

Los derechos de propiedad suelen estar garantizados por leyes establecidas por el Estado. Estas definen lo que es la propiedad, establecen los límites de lo que los propietarios

pueden hacer con ella y excluyen a otros de su uso. Por ejemplo, los propietarios de viviendas pueden modificarlas a su antojo siempre que obedezcan las leyes de urbanismo, conservación y edificación. También pueden tener derecho a proteger su propiedad de los intrusos.

Comercio seguro

Los derechos de propiedad también determinan cómo se distribuyen los recursos entre toda la población. Otorgan al propietario el derecho a hacer lo que quiera con su propiedad, lo que incluye modificarla, venderla

Propiedad tangible

El tipo de propiedad más familiar es la propiedad tangible, que incluye la tierra, la vivienda y las posesiones personales. En términos jurídicos, hay tres tipos principales de propiedad tangible: propiedad privada, pública y común. La mayoría de las economías contienen una mezcla de los tres, desde casas de propiedad privada hasta terrenos de propiedad común y hospitales de propiedad pública.

PROPIEDAD Y PRECIO

Los derechos de propiedad individual sustentan las economías capitalistas competitivas. Los propietarios son, de hecho, competidores, porque solo una persona o empresa puede poseer una propiedad en particular. Cada transacción en el mercado es, por tanto, una transacción entre un propietario y un comprador. El precio al que una propiedad cambia de manos depende de cuánto la valoren el propietario y el comprador, que suele ser el precio más alto que el comprador está dispuesto a pagar.

PROPIEDAD PRIVADA

La propiedad de las personas y las empresas está protegida por derechos de propiedad privada. Estos derechos también otorgan al propietario el derecho a impedir que otros utilicen su propiedad sin permiso.

o alquilarla. Si estos derechos están debidamente regulados, las personas pueden comerciar con confianza. De lo contrario, los intercambios se vuelven problemáticos y una persona puede acusar a otra de comprar, vender o poseer la propiedad ilegalmente.

> «La libertad y los derechos de propiedad son inseparables. No se puede tener la una sin los otros».
>
> George Washington, presidente de Estados Unidos (1789-97)

RECURSOS SIN PROPIETARIO

Unas malas normas de propiedad pueden tener consecuencias medioambientales desastrosas. En un fenómeno conocido como la «tragedia de los comunes» (véanse las págs. 68-69), los recursos naturales, como las zonas de senderismo y de pesca, tienen más probabilidades de usarse de forma incorrecta si no son propiedad privada ni están administrados por el Estado. Es decir, si nadie es propietario de la tierra, es mucho más probable que se eche a perder.

AGUAS CONTAMINADAS

PROPIEDAD PÚBLICA

Las propiedades del Estado, como los parques nacionales, se denominan «bienes públicos» porque los administra el Estado en nombre del pueblo, que paga por ellos con sus impuestos.

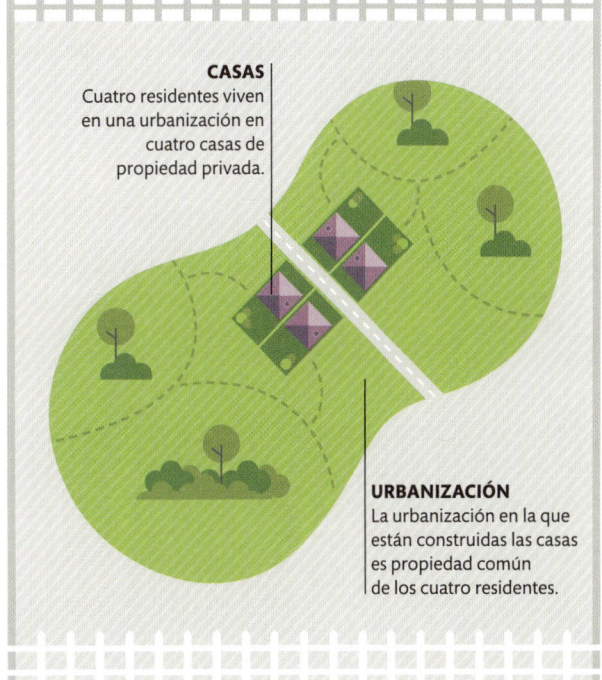

CASAS
Cuatro residentes viven en una urbanización en cuatro casas de propiedad privada.

URBANIZACIÓN
La urbanización en la que están construidas las casas es propiedad común de los cuatro residentes.

PROPIEDAD COMÚN

La propiedad común es la que pertenece y es administrada por muchas personas. Este tipo de propiedad incluye zonas de pesca y senderismo, así como terrenos de pastoreo.

Sistemas económicos

Las economías se basan en sistemas de libre mercado (capitalistas) o dirigidos (comunistas). La mayoría de los mercados han evolucionado hacia una mezcla de estas dos estructuras.

Capitalismo frente a comunismo

En el siglo XIX, países industriales como el Reino Unido permitían a quienes poseían tierras, fábricas y maquinaria dirigir sus negocios con una mínima regulación gubernamental. A esto se le llamó «*laissez faire*» («dirección liberal») y, más tarde, «capitalismo». En el siglo pasado, los economistas neoliberales (véanse las págs.140–41) abogaron por un control gubernamental aún menor, pues creían que solo un mercado sin regulación era eficiente. En las economías comunistas, como las de la Unión Soviética y la República Popular China, los Gobiernos tenían un control total.

A finales del siglo XX, la mayoría de los Estados comunistas empezaban a abrir sus mercados, mientras que los estados capitalistas intervenían más, proporcionando protección social y servicios públicos para hacer frente a la desigualdad y a otros problemas que parecían comunes con el capitalismo. En la actualidad, la mayoría de las economías combinan el capitalismo con un cierto nivel de control estatal.

58,3 %

fue el gasto público del PIB de Francia

Fondo Monetario Internacional (2022)

Los tres sistemas

Los sistemas económicos son la economía dirigida (comunismo), el libre mercado (capitalismo) y un sistema mixto (por ejemplo, el socialismo democrático). La mayoría de las economías actuales son una mezcla de empresas privadas y control estatal de recursos naturales, como el agua y los bosques.

ECONOMÍA DIRIGIDA

En una economía dirigida, o controlada, los sistemas se planifican de forma centralizada. El Gobierno fija los objetivos de producción, controla la distribución y decide los salarios. La mayor parte de la industria es propiedad del Estado y la competencia es limitada o inexistente. Al eliminarse los beneficios y fijarse los salarios, suele haber pocos incentivos para mejorar.

GOBIERNO

SECTOR PRIMARIO **FABRICACIÓN** **SECTOR MINORISTA**

Qué producir
El Gobierno decide qué producirá y elimina cualquier elección.

Cómo producir
Los métodos de producción los fija el Gobierno, pero los productores pueden tener alguna elección.

Para quién producir
El Gobierno controla dónde pueden comprarse los bienes y servicios.

Pros

La atención se centra en los bienes y servicios para todos. El objetivo es superar los fallos de mercado, reducir la desigualdad, anteponer la protección social a los beneficios y evitar el desempleo masivo.

Contras

Los Gobiernos pueden responder con lentitud a los cambios de preferencias, lo que provoca escasez y excedentes. Se restringe la libre elección. Sin beneficios, se reducen los incentivos.

ECONOMÍA DE LIBRE MERCADO

En las economías capitalistas de libre mercado, el mercado y la búsqueda del propio interés controlan la economía y estimulan la competencia. Las empresas y los consumidores interactúan libremente y dictan la oferta y la demanda. Esto influye en los precios y en cómo se asignan los recursos, un proceso denominado «mecanismo de fijación de precios».

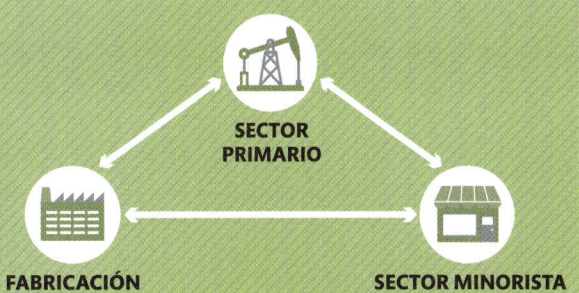

SECTOR PRIMARIO

FABRICACIÓN

SECTOR MINORISTA

Qué producir
Las preferencias de los clientes fijan la demanda de determinados productos.

Cómo producir
Los productores deciden cómo pueden beneficiarse de la demanda del consumidor.

Para quién producir
Los precios fijados por los productores deciden quién puede permitirse sus productos y servicios.

Pros
La competencia aumenta la calidad y baja los precios. El afán de lucro reduce el despilfarro, la oferta y la demanda asignan los recursos de forma eficiente y los ciudadanos tienen más donde elegir.

Contras
Los mercados libres no proporcionan suficientes bienes públicos (véase la pág. 36) y la desigualdad es generalizada. Los monopolios, en los que una empresa tiene poca competencia, se desarrollan con facilidad y los precios fluctúan.

ECONOMÍA MIXTA

Una economía mixta combina mercados libres y control gubernamental. Las personas y las empresas poseen propiedad privada y pueden tomar decisiones económicas. Al mismo tiempo, el Gobierno apoya la economía para lograr programas sociales, políticos y nacionales.

GOBIERNO

FABRICACIÓN

SECTOR PRIMARIO

SECTOR MINORISTA

Qué producir
La producción la dirigen las preferencias del consumidor y las decisiones del Gobierno.

Cómo producir
Los productores deciden cómo obtener beneficios, pero el Gobierno desempeña un papel importante en la dirección de la producción.

Para quién producir
Los precios fijados por los productores, junto con las preferencias de los Gobiernos, determinan el destino de los productos.

Pros
Los consumidores y las empresas toman sus propias decisiones. Los Gobiernos intervienen dando apoyo financiero para subsanar los fallos de mercado y ayudar a la industria y la agricultura.

Contras
El sistema de protección social genera una elevada carga impositiva. Las intervenciones pueden alterar los mecanismos de oferta y demanda (véanse las págs. 44–45) y el sistema está abierto a los grupos de presión por interés propio.

Mercados

Para los economistas, la palabra «mercado» puede describir un lugar físico, como un mercado local, donde la gente intercambia bienes y servicios, pero también se refiere a todo el sistema teórico de compraventa.

El mercado

Un mercado ofrece a los ciudadanos los medios para obtener de los productores los bienes y servicios que desean, y a los productores para vender sus mercancías, normalmente a cambio de dinero. Los mercados han existido desde la Antigüedad, cuando los humanos empezaron a comerciar (véanse las págs. 182–33), y hoy en día pueden verse ruinas de ellos en el Foro Romano (Italia) y el Ágora de Atenas (Grecia), entre otros. Muchos pueblos y ciudades conservan todavía hoy plazas de mercado concurridas, donde se compran y se venden todo tipo de productos.

Pero para los economistas, el «mercado» es mucho más que un espacio al aire libre con puestos de venta, ya que se aplica a todos los ámbitos de la economía en los que se producen intercambios. Puede ser un sitio web o una aplicación donde se venden productos artesanales o ropa, o puede no tener ninguna realidad física: el «mercado de trabajo», por ejemplo, es simplemente el proceso general por el que se encuentran las personas que buscan empleo y las empresas. Hoy en día existen innumerables tipos de mercados, tanto físicos como virtuales, que surgen siempre que la gente quiere bienes o servicios que otros pueden proporcionar.

Elección y competencia

El concepto de mercado es la esencia de todas las economías, y lo que todos los mercados tienen en común es la elección y la competencia, la venta y la compra, la oferta y la demanda (véanse las págs. 44–45). La competencia es fundamental, ya que permite fijar el precio en función del equilibrio entre la oferta y la demanda: si hay mucha demanda y poca oferta, los precios suben; si hay poca demanda y mucha oferta, los precios bajan. Este es el mecanismo esencial del mercado.

Características de un mercado

Un mercado puede ser pequeño, con unos pocos puestos o tiendas, o grande, como un centro comercial. Pero los mayores mercados son los de Internet: Amazon mueve cada año medio billón de dólares en ventas. Cada mercado, ya sea físico o virtual, tiene una serie de características que lo definen.

Plaza

La plaza es donde tienen lugar las transacciones. Puede ser un mercado físico al que se desplacen vendedores y compradores, o un lugar en línea en el que puedan realizarse transacciones.

Compradores y vendedores

Todo mercado necesita vendedores y compradores que estén dispuestos a reunirse para cerrar un trato. Los vendedores y los compradores pueden ser particulares o grandes empresas.

EL MERCADO DEL TRIGO

El trigo proporciona una quinta parte de los alimentos del mundo. A medida que crece la población, aumenta la demanda de trigo, lo que hace subir los precios, pero hay muchos otros factores que pueden afectar al precio. Por ejemplo, en 1996 se produjo un repunte de los precios a causa, en gran medida, del mal tiempo, y en 2008 tuvo lugar otro mayor debido a la subida de los precios del petróleo, que aumentó la demanda de cultivos para alimentar biocombustibles. Sin embargo, los precios pueden bajar con acontecimientos como las buenas cosechas.

PRECIO GLOBAL DEL TRIGO

DÓLARES POR TONELADA MÉTRICA

1996
Crisis del precio de los cereales

2008
Aumento del precio del aceite

AÑO

«La economía de mercado es muy buena en la creación de riqueza, pero no es perfecta en su distribución».

Jonathan Sacks, rabino y filósofo británico, *Markets and Morals* (1998)

Bienes

Un mercado debe tener bienes o servicios que comprar y vender, ya sea una sola mercancía, como el trigo en el mercado mundial del trigo, o muchas mercancías, como los productos de un mercado local.

Precios

En todos los mercados, las mercancías tienen precios, que pueden variar en función de la competencia y del equilibrio entre la oferta y la demanda. Comprenderlo es la esencia de la economía.

Competencia

Los mercados deben tener más de un comprador y un vendedor. Los vendedores alternativos permiten al comprador elegir, y esto crea la competencia que controla los precios.

Cómo fallan los mercados

El fallo de mercado se debe al desequilibrio entre la oferta y la demanda; es decir, que los mercados no ofrecen lo que la gente quiere, o lo ofrecen en exceso o en defecto.

Consecuencias no deseadas

Muchos economistas solían creer que la forma más eficaz de asignar los recursos en la sociedad era dando rienda suelta a las fuerzas de la oferta y la demanda (véanse las págs. 44–45). Es decir, que los Gobiernos se mantuvieran al margen del mercado y dejaran que los productores produjeran lo que la gente deseara y que los precios se estabilizaran en su nivel natural. Sin embargo, la mayoría de los fervientes defensores de la economía de libre mercado (véanse las págs. 126–27) aceptan ahora que hay muchas situaciones en las que dejar que el mercado funcione por sí mismo conduce a consecuencias no deseadas. Estas consecuencias incluyen lo que los

economistas llaman «externalidades» (véanse las págs. 66–67), que son costes pagados por personas que no participan en la producción o el consumo de un bien o servicio. Un ejemplo drástico de este tipo de costes es el aumento de la temperatura del planeta provocado por las industrias que contaminan la atmósfera con gases de efecto invernadero.

Hoy en día, los economistas reconocen que hay muchas causas de fallos de mercado (véase más abajo), el problema es decidir cómo abordarlas. Algunos defienden que es necesaria la intervención del Gobierno, mientras que otros piensan que los puede resolver el propio mercado, y algunos sostienen que no se pueden resolver en absoluto.

Formas de fallar

Hay ocho formas fundamentales en las que un mercado puede fallar. Van desde la existencia de externalidades negativas y positivas hasta el hecho de que algunos bienes sean impopulares aunque beneficien a los consumidores, mientras que otros son comercialmente viables aunque perjudiquen a los consumidores y puedan ser muy caros.

Bienes públicos

Bienes o servicios financiados con impuestos, como el alumbrado público, de los que se benefician los ciudadanos aunque no paguen sus impuestos (véanse las págs. 70-71).

Externalidades negativas

Daños sufridos por terceros. Por ejemplo, un productor puede vender un producto químico a un consumidor, sin que ninguno de los dos pague por la contaminación causada (véanse las págs. 66-67).

Externalidades positivas

Beneficios de los que disfrutan terceros. Por ejemplo, un profesor puede educar a un alumno, que luego comparte lo aprendido con otros alumnos de forma gratuita.

Falta de información

Consecuencias negativas derivadas de que los consumidores o los productores no dispongan de toda la información sobre un bien o servicio (véanse las págs. 72-73).

CASO PRÁCTICO

Daño medioambiental

Un ejemplo potencialmente catastrófico de fallo de mercado es el daño medioambiental causado por las industrias que queman combustibles fósiles. Para hacer frente a este problema, muchos Gobiernos han fijado impuestos sobre el carbono con el fin de reducir las emisiones de carbono (véase la pág. 67). Sin embargo, los impuestos sobre el carbono no reducen necesariamente la contaminación. Algunas industrias simplemente suben los precios para cubrir el coste adicional, o compran el «derecho a contaminar» con sistemas como el mercado de carbono, que les permiten producir emisiones siempre que financien sistemas de reducción de emisiones en otras industrias.

¿ES LA POBREZA UN FALLO DE MERCADO?

La pobreza aumenta en todo el mundo y la brecha entre ricos y pobres se ensancha (véanse las págs. 122–23). Muchos economistas sostienen que se trata de un fallo de mercado, no solo por la miseria que causa, sino porque va en contra de la lógica del mercado: los productores tienen que vender los bienes que producen, pero como la mayoría de la gente se empobrece, el mercado de esos bienes no puede sino reducirse. Algunos economistas abogan por la intervención gubernamental para corregir este fallo, por ejemplo, gravando a los ricos o concediendo subsidios a quienes viven en la pobreza.

«El cambio climático es el resultado del mayor fallo de mercado que se ha producido nunca».

Nicholas Stern, economista británico, *Informe Stern sobre la economía del cambio climático* (2006), encargado por el Tesoro británico.

Monopolios

Empresas (véanse las págs. 58–59) o grupos de empresas (véanse las págs. 60–61) que dominan un mercado hasta tal punto que las nuevas empresas no pueden establecerse en él.

Inmovilidad de factores

Cuando un factor de producción (véanse las págs. 26–27), como la mano de obra, no puede desplazarse fácilmente de una región de una economía a otra.

Bienes preferentes

Bienes o servicios, como la energía renovable y la educación, que tienen un efecto beneficioso para el consumidor, pero pueden infrautilizarse si se dejan en manos de la oferta y la demanda.

Bienes de demérito

Bienes o servicios, como el tabaco y el juego, que pueden tener un efecto nocivo en el consumidor y que pueden utilizarse en exceso si se dejan en manos de la oferta y la demanda.

MICROECONOMÍA

La microeconomía es una rama de la economía que se ocupa de las decisiones de los «agentes» individuales (consumidores y empresas). Examina cómo se comportan y se intercambian en distintos tipos de mercados.

El consumidor

La microeconomía gira en torno a los consumidores, ya que sus necesidades y demandas impulsan los mercados. Dado que los consumidores son un motor fundamental de la economía, los economistas intentan comprender sus comportamientos de compra.

Impulsor de mercado universal

Toda persona es un consumidor (un comprador de bienes o servicios), y lo que gastan los consumidores es, con mucho, la mayor parte del producto interior bruto (PIB) de un país, es decir, el valor total de sus productos y servicios (véanse las págs. 88–89). Las valoraciones que hacen los consumidores de lo que necesitan impulsan la demanda de un mercado. El problema para los economistas es que los consumidores son personas y, por tanto, difieren mucho en su visión de los productos y servicios. Para entender la elección de los consumidores, los economistas parten de una serie de premisas sencillas: los consumidores saben lo que quieren, son coherentes en sus preferencias y buscan la máxima utilidad, es decir, el valor y el disfrute que obtienen de los bienes o servicios que deciden comprar (véanse las págs. 16–17). A partir de ahí, los economistas elaboran un sencillo modelo de comportamiento: la curva de demanda (véase a la derecha).

Comportamientos de la demanda

Los economistas afirman que los consumidores que se enfrentan a cambios de precios reaccionan de dos maneras diferentes, a la vez que se aseguran de seguir obteniendo la mayor utilidad. Cuando suben los precios, los consumidores pueden

361,3 mil millones de libras

es lo que se gastaron los consumidores británicos **durante el segundo trimestre de 2019,** la mayor cantidad registrada

www.tradingeconomics.com (2023)

Reacciones del consumidor

En economía, el consumidor se modela como un individuo racional, que optimiza sus decisiones de consumo para aprovechar al máximo la utilidad. Dos comportamientos distintos, el efecto renta y el efecto sustitución, determinan las reacciones del consumidor ante los cambios de precios.

Consumidor racional

Dado que un consumidor no puede controlar los precios y tiene un presupuesto limitado, quiere obtener la mayor utilidad posible en sus elecciones de compra.

Cambios de precio

La subida o bajada de los precios indica al consumidor que debe revisar sus decisiones de gastos. Cambiará su nivel de consumo para obtener la mayor utilidad posible.

pagar menos, por lo que o bien compran menos en conjunto, o bien compran la misma cantidad de algunos productos o servicios, pero menos de otros. Es el «efecto renta». Alternativamente, los consumidores sustituyen un producto o servicio por otro más barato para mantener su nivel de utilidad. Es el «efecto sustitución».

Los dos comportamientos se aplican a la mayoría de los mercados, pero hay excepciones. Por ejemplo, en los mercados del superlujo, como el de los yates, la demanda se alimenta de la utilidad que se deriva de presumir de la capacidad de uno para permitirse bienes tan extravagantes.

LA CURVA DE DEMANDA

Al trazar la relación entre el precio cobrado por un bien o servicio y la cantidad que comprarán los consumidores, se crea una curva de demanda. La curva refleja la norma de mercado según la cual, a medida que aumenta el precio de un bien o servicio concreto, disminuirá la cantidad solicitada, lo que se conoce como «relación inversa». En cambio, la curva también muestra que un aumento de la cantidad provocará una caída del precio.

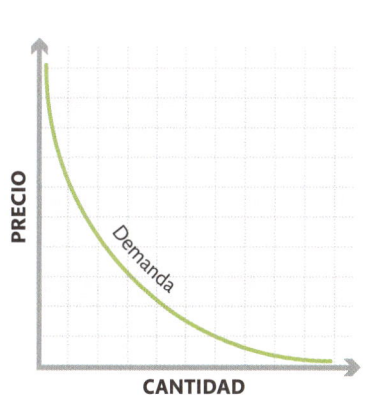

Efecto renta

Una subida de precios equivale a una disminución de la renta porque deja al consumidor con menos poder adquisitivo. Por el contrario, un aumento de la renta animará al consumidor a comprar más.

A medida que el poder adquisitivo aumenta, los consumidores gastan más

A medida que el poder adquisitivo disminuye, los consumidores gastan menos

Efecto de sustitución

Un consumidor puede cambiar a un producto más barato si los precios suben, o a uno más caro si los precios bajan. Los cambios en la demanda dependerán de la disponibilidad de los sustitutos.

A medida que los precios aumentan, los consumidores no solo compran menos, sino que optan por artículos más baratos

A medida que los precios bajan, los consumidores no solo compran más, sino que cambian a artículos más caros

✓ DEBES SABER

❯ **Demanda del consumidor** Los bienes y servicios que quieren comprar los particulares y su disposición a pagar un precio determinado por ellos.

❯ **Gasto del consumidor** La cantidad total gastada en una economía por las personas y los hogares en bienes y servicios para su propio uso y disfrute.

❯ **Índice de precios al consumo (IPC)** Una medida mensual de los cambios de precios y una medida esencial de la inflación (véanse las págs. 96–97). La cifra, también conocida como «índice de precios al consumo» (IPC), se expresa en porcentaje y se basa en el coste medio de una selección de bienes y servicios populares.

❯ **Consumidor racional** Un modelo de persona que toma decisiones de compra basadas en lo que le resulta más beneficioso en términos de utilidad y satisfacción.

La empresa

Las empresas fabrican y venden los bienes y servicios que compran los consumidores en una economía. El objetivo de una empresa es obtener el máximo beneficio posible, basándose en decisiones sobre inversión, mano de obra, precio y volumen.

El equilibrio de la producción

En economía, la producción es la función de las empresas (compañías, instituciones y otros grupos de personas) que fabrican y venden bienes y servicios a los consumidores. La función básica de las empresas es aumentar al máximo los beneficios (los ingresos después de los costes y gastos) produciendo bienes que puedan vender por más de lo que cuesta fabricarlos.

Para alcanzar un nivel de producción que pueda generar beneficios, las empresas utilizan una combinación de mano de obra (trabajadores) y capital (herramientas, maquinaria, edificios, inversiones financieras y otros activos) que se denomina «tecnología» (los medios para producir los bienes). Para alcanzar la cantidad óptima de bienes o servicios, una empresa aumenta su producción hasta el punto de que el coste de producción de una unidad adicional

(el coste marginal) supera los ingresos de esa unidad (el ingreso marginal).

La decisión sobre cuánto producir también se ve afectada por los cambios en la demanda del consumidor (véanse las págs. 40–41) o el efecto de los cambios de precios en la oferta de bienes. Los ingresos de una empresa dependen tanto del precio del bien como de su utilidad, es decir, del valor que los consumidores atribuyen a ese bien y de si pueden permitírselo. Cuanto más pueda

El camino hacia los beneficios

Se supone que una empresa quiere aumentar al máximo sus beneficios. Lo hará eligiendo el mejor nivel de producción dada su tecnología y el coste de sus insumos. Los insumos serán el capital (todos los activos, incluida la inversión financiera) y la mano de obra (trabajadores).

FACTORES DE PRODUCCIÓN

En teoría, una empresa aumenta al máximo sus beneficios simplemente produciendo todo lo que puede al menor coste. Sin embargo, para llegar a este punto la empresa tiene que equilibrar determinados factores, sobre todo el capital y la mano de obra, y después tener en cuenta el nivel de la demanda del consumidor y la fijación de precios dentro de su sector para ajustar sus previsiones de producción.

INVERSIÓN EN CAPITAL
Una empresa invierte dinero en el capital necesario para crear su producto.

ASIGNACIÓN DE MANO DE OBRA
Una empresa elige los niveles de mano de obra en función de la tasa salarial esperada y de la producción de mano de obra.

TÉCNICAS DE PRODUCCIÓN
Combinando mano de obra y capital, una empresa elige una tecnología para fabricar su producto.

obtener una empresa por un bien, más probable es que lo produzca.

Acciones influyentes

Aunque la demanda del consumidor impulsa en gran medida la actividad del mercado, los cambios en la forma de actuar de las empresas también pueden influir. Por ejemplo, los avances en la tecnología de producción pueden reducir los costes y abaratar los productos, mientras que los factores adversos, como los equipos obsoletos o la escasez de materias primas, pueden aumentar los costes de una empresa, disminuir la producción y subir los precios.

LA CURVA DE OFERTA

La correlación entre el precio cobrado por un producto y la cantidad total producida por las empresas de un sector determinado crea una curva de oferta. Esta curva relaciona el coste de producción de una unidad adicional de un producto con su precio. Cuanto más alto sea el precio, más producirán las empresas del sector. Como resultado, la curva se inclina hacia arriba e indica una relación positiva entre precio y cantidad para los productores.

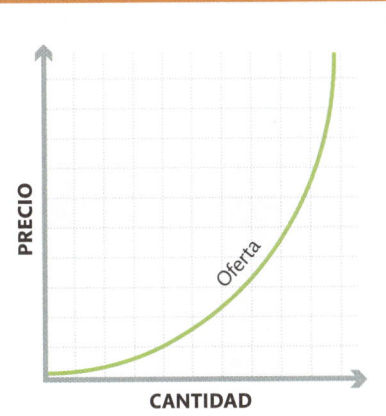

DEBES SABER

> **Coste marginal** El cambio en el coste de producción de una empresa causado por la fabricación de una unidad más.

> **Ingreso marginal** La variación de los ingresos de una empresa por la venta de una unidad más de producto o servicio.

> **Productividad** Medida de la eficiencia de una empresa que compara la producción con los insumos de mano de obra o capital.

> **Señal de precio** Un cambio en el mercado, como una escasez de bienes o un cambio en el gusto de los consumidores, que afecta a los precios e indica a una empresa que debe revisar su nivel de producción.

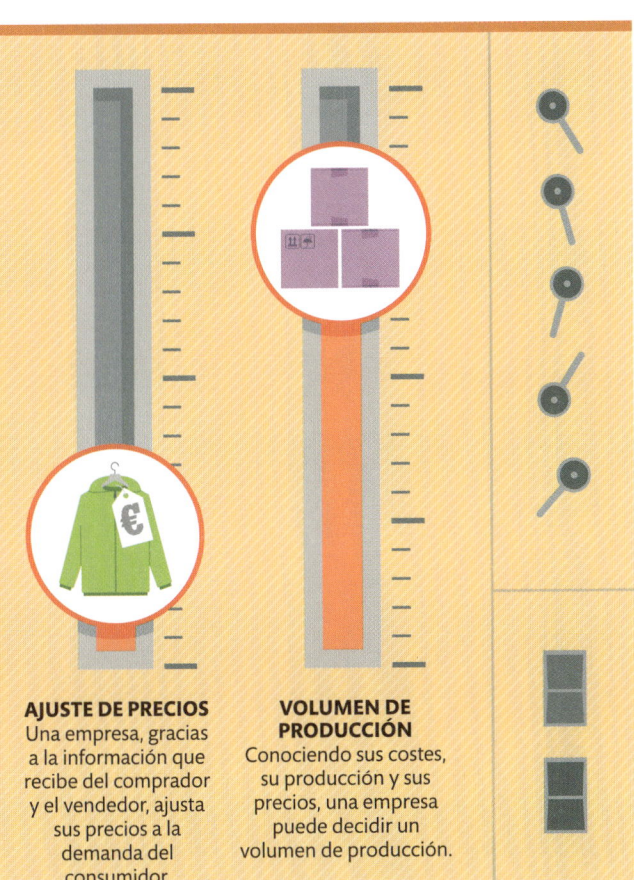

AJUSTE DE PRECIOS
Una empresa, gracias a la información que recibe del comprador y el vendedor, ajusta sus precios a la demanda del consumidor.

VOLUMEN DE PRODUCCIÓN
Conociendo sus costes, su producción y sus precios, una empresa puede decidir un volumen de producción.

El **63,5 %** de las pequeñas empresas en EE. UU. fueron rentables en 2022

Guidant Financial, «Small Business Trends» (2022)

Oferta y demanda

El modelo de la oferta y la demanda explora la relación entre la venta y la compra de bienes y servicios. Su objetivo es ayudar a los mercados a determinar el mejor equilibrio entre los precios y las cantidades.

Seguimiento de las curvas

Una de las formas más sencillas de entender la actividad económica en un mercado es estudiar cómo interactúan las cantidades de bienes o servicios (la oferta) con lo que los consumidores quieren comprar (la demanda). Este modelo básico puede representarse gráficamente mediante dos «curvas» (a menudo dibujadas como líneas rectas), una para la demanda y otra para la oferta, lo que permite a los economistas evaluar distintos escenarios de mercado y cómo afectan a los precios y a las cantidades de los bienes y servicios.

La curva de «demanda» sigue la relación entre el precio y la cantidad de un comprador. A medida que aumenta el precio de un producto o servicio, menos consumidores quieren comprarlo, por lo que la demanda de cantidad disminuye y la curva se inclina hacia abajo. La curva de la «oferta» muestra la relación entre el precio y la producción para todas las empresas del mercado. A medida que sube el precio, las empresas existentes empiezan a suministrar más cantidad de un producto o servicio, o nuevas empresas deciden entrar en el mercado. Esto hace que la curva de oferta se incline hacia arriba.

El punto en el que se cruzan las dos curvas se denomina «equilibrio». En este punto, la demanda del consumidor coincide exactamente con la cantidad del producto o servicio, sin que haya escasez ni exceso de oferta. En una situación de equilibrio, no es necesario modificar los precios ni la oferta de los bienes y servicios. Una vez conocido el punto de equilibrio, es posible investigar qué ocurre cuando algo modifica alguno de los factores que determinan la oferta o la demanda.

Cambios en la demanda

Cuando el factor que cambia es algo distinto del precio, un desplazamiento paralelo de ambas curvas muestra el efecto de ese cambio. Por ejemplo, un aumento de la renta de los consumidores incrementará la demanda, haciendo que la curva se desplace hacia la derecha, mientras que un aumento de los costes de producción de todas las empresas de un sector puede reducir la oferta, haciendo que la curva se desplace hacia la izquierda. Se crea así un nuevo equilibrio en el que la oferta y la demanda están equilibradas.

MODELO DE OFERTA Y DEMANDA

El modelo básico se basa en que el precio es el factor clave que afecta tanto a la oferta como a la demanda. No se tienen en cuenta otros factores, como la moda, la calidad y las nuevas tecnologías. Esto aclara los efectos del cambio de precios en cualquier curva. Si se añade otro factor, el modelo lo refleja desplazando la curva de la oferta o la demanda para encontrar un nuevo equilibrio.

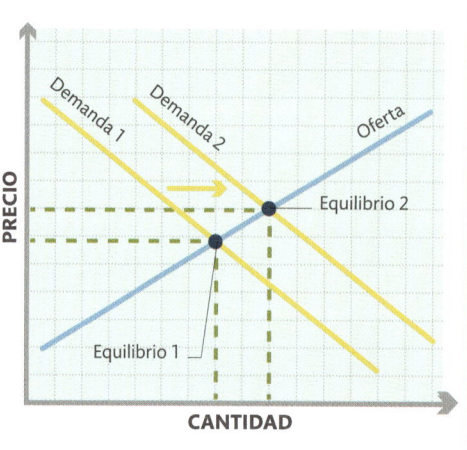

El **26 %** fue la caída global de la demanda del consumidor británico durante la crisis de la COVID-19 en 2020

McKinsey Global Institute, «The consumer demand recovery and lasting effects of COVID-19» (2021)

Seguimiento de las fluctuaciones de precios

Un estado de equilibrio no significa que los precios se mantengan estables. En la práctica, el equilibrio entre el precio y la cantidad puede fluctuar mucho. Sin embargo, cualquier oscilación de precios puede explicarse por las condiciones económicas, que se manifestarán en desplazamientos de las curvas de oferta y demanda. Si hay fluctuaciones de precios, el mercado intentará compensarlas ajustando la oferta y la demanda para restablecer el equilibrio.

 DEBES SABER

❯ **La ley de la demanda** A medida que aumenta el precio de un bien o servicio, disminuye su cantidad solicitada. Y al revés, cuando el precio disminuye, la cantidad solicitada aumenta.

❯ **La ley de la oferta** Un aumento del precio de un bien o servicio conduce a un aumento de la cantidad suministrada, mientras que una disminución del precio se traduce en una menor cantidad producida.

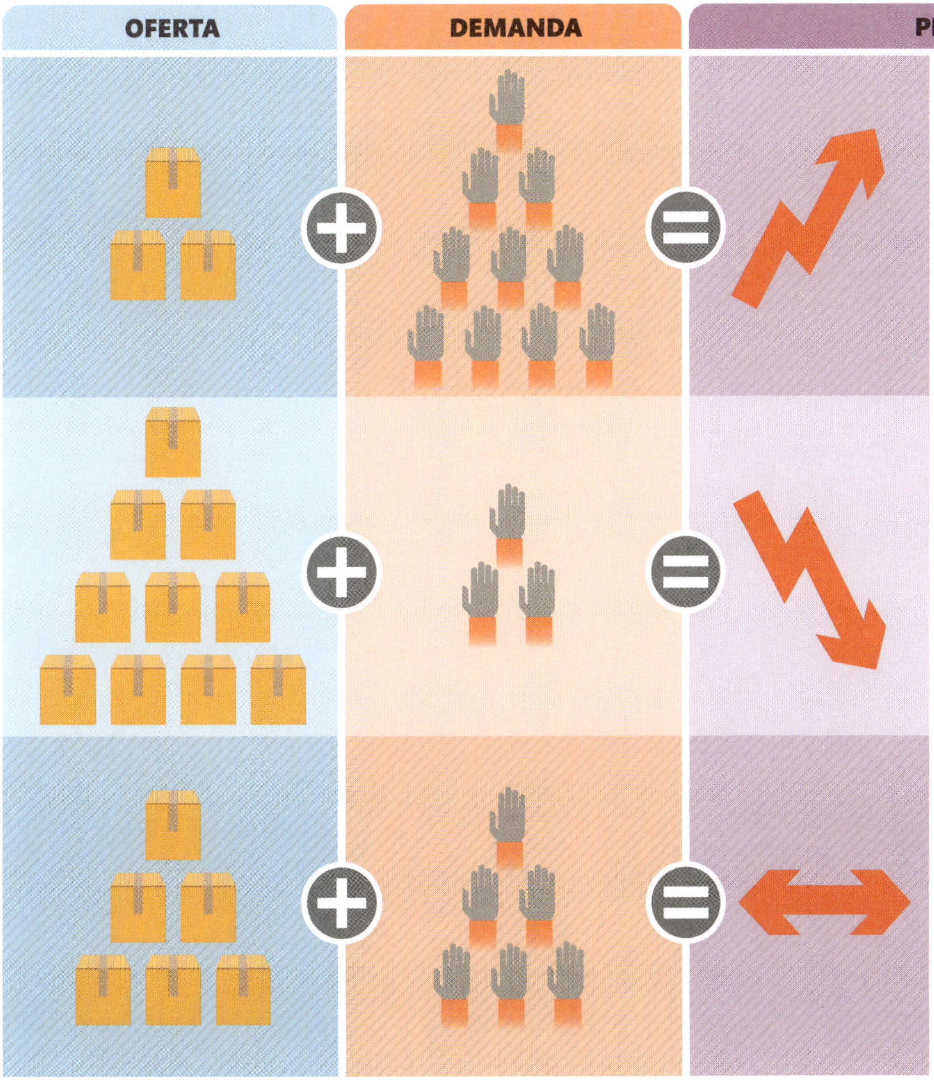

OFERTA		DEMANDA		PRECIO

Oferta baja, demanda alta

Cuando la demanda supera a la oferta, los precios suben. Esto limita la demanda, pero fomenta una mayor producción para satisfacer la demanda existente.

Oferta alta, demanda baja

Cuando la oferta supera a la demanda, los vendedores bajan los precios para reducir el exceso de existencias. Algunos vendedores se ven obligados a abandonar el mercado, con lo que este volverá al equilibrio.

Oferta/demanda en equilibrio

Cuando la oferta y la demanda están exactamente equilibradas, se dice que el mercado está en equilibrio. No es necesario que cambien los precios.

Elasticidad

En economía, el término «elasticidad» se utiliza normalmente para describir la relación entre el precio y la demanda, es decir, la respuesta de la demanda a los cambios de precio.

Elasticidad de la demanda

Con la elasticidad de precios de la demanda se evalúa hasta qué punto la demanda de bienes se ve afectada por un cambio en el precio. Un bien es «elástico al precio» si los consumidores compran menos cuando sube su precio, pero es «inelástico» si su precio apenas influye en la demanda. Un bien «perfectamente elástico», como la insulina, es aquel que los consumidores comprarán a cualquier precio (si pueden), mientras que un bien «perfectamente inelástico», como el oro, es aquel que se valora por tener un precio fijo en cualquier momento. Un bien «relativamente elástico», como una bicicleta, es aquel por el que los consumidores pagarán un poco más si es necesario, mientras que un bien «relativamente inelástico», como la sal, es aquel por el que la gente pagará mucho más, pero solo hasta cierto punto. Algunos bienes, como la fruta, son «elásticos por unidad», lo que significa que un aumento de su precio produce una disminución proporcional de la demanda.

Evaluación de la elasticidad

La elasticidad de precios se mide calculando la variación porcentual de la demanda de un bien tras un

Tipos de elasticidad

En economía existen varios tipos de elasticidad. Algunos, por ejemplo, se refieren a la sustitución entre bienes o factores de producción (véanse las págs. 26–27). Sin embargo, las más utilizadas son las elasticidades de la demanda con respecto al propio precio, al precio cruzado y a la renta.

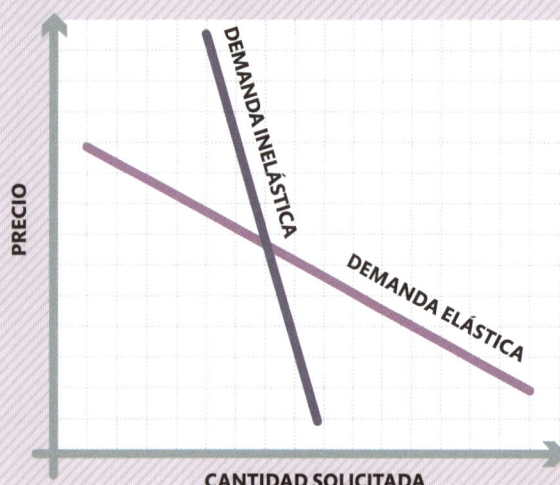

Elasticidad con respecto al propio precio

Evalúa la capacidad de respuesta de la demanda de un bien a las variaciones de su precio. Una alta capacidad de respuesta indica una demanda elástica, mientras que una baja capacidad de respuesta indica una demanda inelástica.

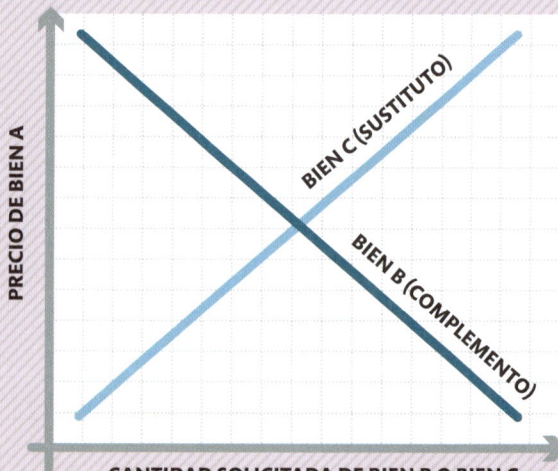

Elasticidad con respecto al precio cruzado

Evalúa cómo responde la demanda de un bien al precio de otro. Si la elasticidad coste-precio es positiva, los bienes son sustitutos, y si la elasticidad coste-precio es negativa, los bienes son complementarios (se utilizan juntos).

aumento de precio del 1 %. Un bien con una elasticidad de -3, por ejemplo, pierde el 3 % de su demanda tras un aumento del precio del 1 %. Aunque la disminución de la demanda suele seguir a la subida de precios, no todas las elasticidades de precios son negativas. Por ejemplo, algunos artículos de lujo son más populares cuanto más caros son.

«El precio es lo que pagas; el valor es lo que obtienes».

Warren Buffett, empresario estadounidense, carta a los accionistas de 2008 Berkshire Hathaway Inc.

ESTRATEGIAS COMERCIALES

Al igual que los distintos bienes tienen distintas elasticidades de precios, las industrias que los producen tienen distintas estrategias empresariales. Una empresa que produce bienes inelásticos, como el petróleo y el gas, puede exigir un rescate a los consumidores cobrándoles precios altos. Por otro lado, una empresa que produce bienes con elasticidad de precios, como los caramelos, puede ofrecer mejores precios que sus competidores bajándolos.

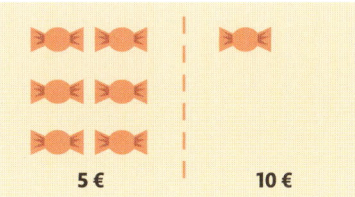

5 €   10 €

Elástico
La demanda de caramelos es elástica; varía en función del precio.

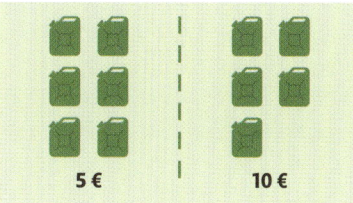

5 €   10 €

Inelástico
La demanda de gasolina es inelástica; se mantiene bastante constante.

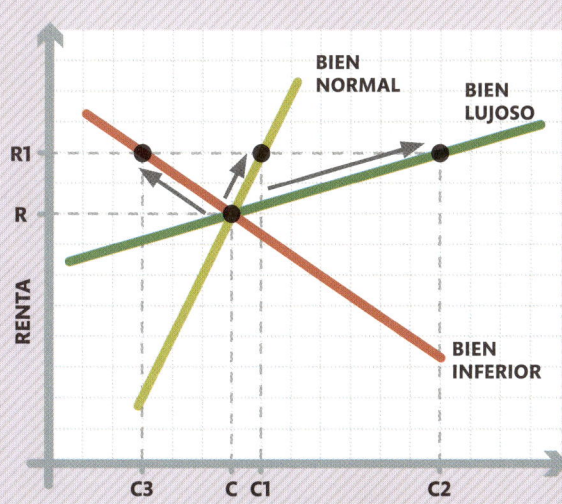

Elasticidad de la renta
Evalúa la sensibilidad de la cantidad solicitada (C) de un bien a una variación de la renta del consumidor (R). Permite saber si un bien es inferior, normal o lujoso (véase a la derecha).

Bienes inferiores
Bienes cuya demanda disminuye a medida que aumenta la renta del consumidor; por ejemplo, la ropa usada.

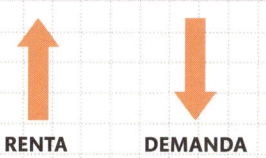

RENTA   DEMANDA

Bienes normales
La demanda de bienes normales, como el gas, solo se ve ligeramente afectada por los cambios en la renta.

RENTA   LA DEMANDA NO CAMBIA MUCHO

Bienes lujosos
Bienes cuya demanda aumenta significativamente a medida que aumenta la renta; por ejemplo, las joyas.

RENTA   DEMANDA

Costes de producción

Los gastos en que genera una empresa cuando fabrica un producto o presta un servicio se conocen como «costes de producción». Incluyen el precio de las materias primas y los salarios de los trabajadores.

Costes totales, medios y marginales

Las empresas tienen que hacer frente a una serie de costes, desde el alquiler de locales hasta los gastos corrientes de programas informáticos y maquinaria. Los economistas clasifican estos costes en función de si están relacionados con la producción o no. Dos distinciones esenciales son los costes totales y los costes medios y marginales. El coste total es el coste de producción de un lote completo de bienes, mientras que el coste medio es el coste de producción de una sola unidad (el coste total dividido por el número de bienes de un lote). Las empresas utilizan el coste medio para calcular los márgenes de beneficio (la cantidad que pueden cobrar por los productos una vez descontados los costes de producción) y las economías de escala (la cantidad en que deben aumentar la producción para alcanzar la máxima eficiencia). El coste marginal es la cantidad que cuesta aumentar la producción en una sola unidad. Este valor se utiliza para fijar los niveles de producción: el nivel óptimo es cuando el ingreso marginal obtenido por la venta de una sola unidad es igual al coste marginal de fabricarla (véanse las págs. 42–43).

Tipos de coste

Para aumentar al máximo sus beneficios, y posiblemente lograr economías de escala (véanse las págs. 50–51), las empresas tienen que producir bienes de la forma más eficiente posible. Para ello deben vigilar constantemente los cinco costes principales.

ALQUILER

LICENCIAS

PAGOS DE PRÉSTAMOS

SEGUROS

COSTES FIJOS

Costes empresariales que no cambian cuando los niveles de producción aumentan o disminuyen.

ELECTRICIDAD

ENTREGAS

MATERIAS PRIMAS

FUERZA LABORAL

COSTES VARIABLES

Costes empresariales que cambian en función del nivel de producción.

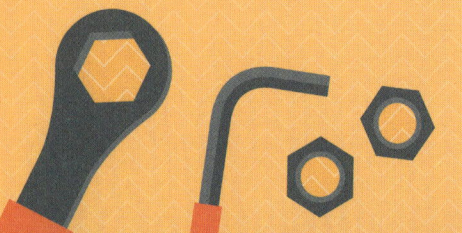

Costes fijos y variables

Otra distinción fundamental es entre costes fijos y variables. Los costes fijos son los que no dependen del nivel de producción. Por ejemplo, una empresa manufacturera incurre en el coste de construir o contratar una fábrica antes que en un único coste de producción. Los costes variables, en cambio, dependen totalmente de la cantidad de unidades producidas, que a su vez depende de la cantidad de materia prima y mano de obra que se emplee en el proceso. Cuanto más produzca la empresa, mayor será el coste variable.

CAMBIAR CON EL MERCADO

Si el coste de fabricación de un producto es demasiado elevado, la empresa puede intentar aumentar las ventas comercializándolo para un nuevo sector demográfico. Si no, puede reducir sus costes de producción. Esto podría implicar la sustitución de materiales y métodos existentes por alternativas más baratas. Sin embargo, una empresa que se centre demasiado en el ahorro de costes corre el riesgo de poner en peligro la calidad de su producto. Si ninguna de las dos opciones funciona, es posible que la empresa tenga que cerrar, ya sea temporalmente (hasta que cambie el mercado) o de forma definitiva.

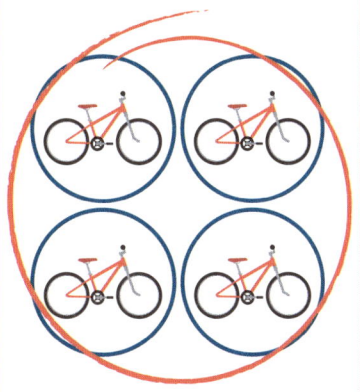

COSTES TOTALES

El coste total de producir un lote de bienes.

COSTES MEDIOS

El coste total de producir un lote de bienes dividido por la cantidad de bienes producidos.

COSTES MARGINALES

El aumento de los costes totales de producción en que se incurre al producir una unidad adicional de un bien.

Economías de escala y de alcance

A medida que las empresas crecen, pueden beneficiarse de las economías de escala y de alcance, repartiendo sus costes entre más bienes o servicios. Esto se traduce en mayor eficiencia, mayores beneficios y, posiblemente, precios más bajos.

Hacer más con más

Las economías de escala son ahorros que obtiene una empresa cuando produce más bienes u ofrece más servicios. Al hacerlo, la proporción fija de sus costes, como el alquiler, los seguros y la publicidad, se absorbe en más bienes o servicios, y los costes globales medios disminuyen. Como resultado, la empresa funcionará de forma más eficiente y generará mayores beneficios para sí misma y precios más bajos para los consumidores. También fomentará la eficiencia en las empresas competidoras.

La mayoría de los procesos que intervienen en la fabricación de productos, como el funcionamiento de las máquinas y el suministro de materias primas, suelen ser más baratos en grandes cantidades. Del mismo modo, la venta de servicios puede ser más eficaz y rentable mediante la ampliación de herramientas como los programas informáticos y la recopilación de datos. Asimismo, factores externos

pero beneficiosos que escapan al control de una empresa, como los nuevos proveedores de materias primas o la mejora de las conexiones de transporte, pueden generar mayores eficiencias. A la larga, los problemas que surgen de la expansión de la producción o los servicios, como la contratación de demasiados empleados o la inversión

Economías de escala

Si una empresa tecnológica aumenta su producción de ordenadores, se beneficiará de economías de escala. Aunque algunos costes aumentan en función de la producción, otros se mantienen al mismo nivel. Un uso más eficiente de los recursos de la empresa y mayores cantidades de producto conducen a mayores beneficios.

COSTES Y BENEFICIOS PARA POCAS CANTIDADES

BENEFICIOS
La diferencia entre el precio y el coste medio de producción (el beneficio) aumenta con una mayor producción.

COSTES VARIABLES
Las materias primas, el embalaje, la mano de obra y otros costes variables aumentan en función de la producción.

COSTES FIJOS
Los cambios en la producción no afectan a los costes fijos, como las facturas de servicios públicos o el alquiler, que se mantienen al mismo nivel a medida que aumenta la producción.

COSTES Y BENEFICIOS POR UNIDAD

¼ ½ ¼

CAMBIO DE FORTUNAS
Cuando aumenta la producción, los costes y los beneficios cambian como proporciones de cada unidad de producto. Los costes fijos de producción disminuyen mientras que los beneficios aumentan.

excesiva en maquinaria, provocarán un aumento de los costes unitarios. En ese momento, las economías de escala se convierten en deseconomías de escala.

Uso compartido de recursos

Las empresas pueden ahorrar más costes mediante economías de alcance, es decir, compartiendo materiales o procesos entre dos o más productos o servicios. Por ejemplo, un fabricante de camisas podría utilizar recortes de tela para otras prendas, o una aerolínea podría utilizar sus aviones para transportar carga y pasajeros. Las economías de escala también se consiguen cuando las empresas se fusionan y comparten sus recursos.

CURVA DE COSTES MEDIOS

La curva de costes medios muestra el efecto del aumento de la producción sobre los costes. Las economías de escala son mayores cuando el coste medio (el coste total de fabricar un producto dividido por la cantidad de unidades producidas) es más bajo. Este punto se conoce como «escala mínima eficiente» (EME).

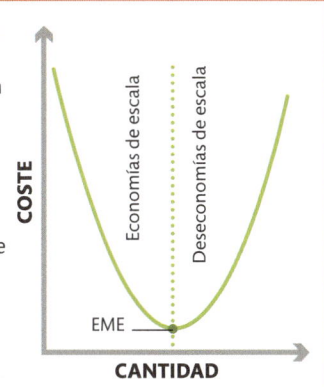

COSTES Y BENEFICIOS PARA GRANDES CANTIDADES

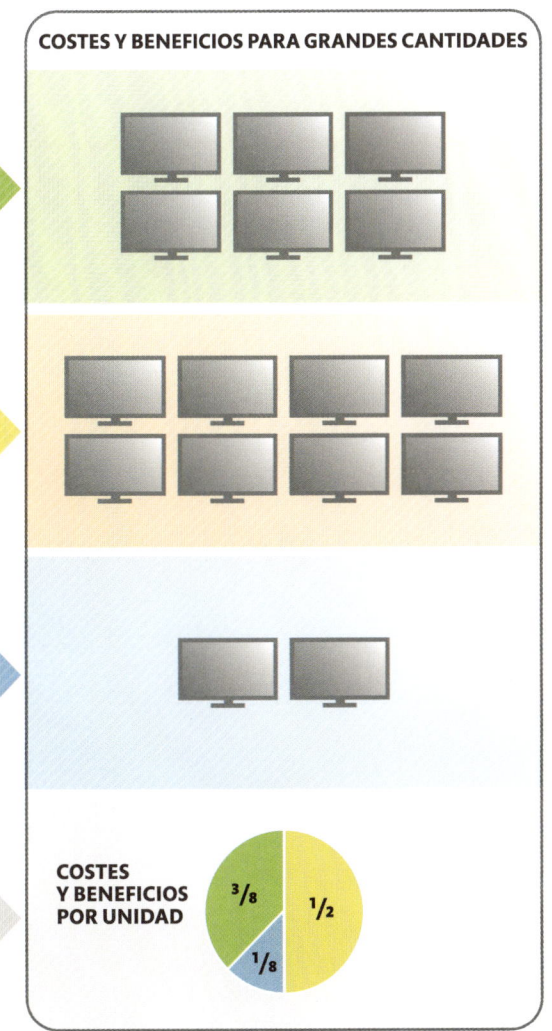

COSTES Y BENEFICIOS POR UNIDAD

3/8   1/2   1/8

«Economías de escala...
Si no las tuviéramos, seguiríamos viviendo en tiendas y comiendo búfalo».

Jamie Dimon, banquero estadounidense, *The New York Times* (2010)

ECONOMÍAS DE ALCANCE

Una empresa que fabrica productos diferentes pero relacionados, como un fabricante de bienes tecnológicos, puede reducir costes y aumentar la eficiencia utilizando más de los mismos componentes en toda la gama de productos. Se trata de una economía de alcance.

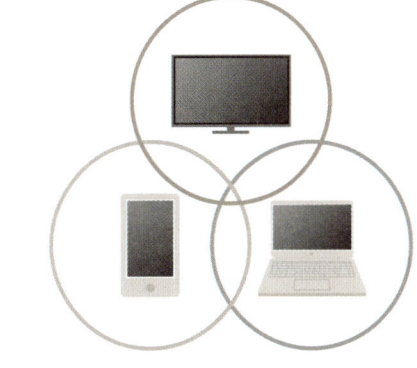

Mercados e industrias

Para entender cómo funcionan los mercados y las industrias, los economistas estudian tanto la oferta como la demanda, es decir, lo que las industrias pueden ofrecer y lo que los consumidores desean.

Empresas y consumidores

Las industrias son grupos de empresas (véanse las págs. 42–43) que suministran determinados bienes o servicios a los consumidores (véanse las págs. 40–41), cuya demanda colectiva constituye sus mercados. Por tanto, un «mercado» es tanto un lugar, real o virtual, en el que se pueden realizar transacciones de bienes o servicios (véanse las págs. 34–35), como la demanda que hace

posibles dichas transacciones. Algunas industrias, como la cinematográfica o la aeroespacial, pueden agruparse en categorías conocidas como «sectores», que incluyen el ocio, la fabricación y el comercio minorista.

Definir una industria permite hacer comparaciones significativas entre el rendimiento, los costes, los ingresos o la eficiencia de las empresas que lo componen, aunque no compartan la misma ubicación geográfica. Esto

Demanda del mercado y oferta de la industria

Los mercados y las industrias son las dos caras de cualquier intercambio que tenga lugar entre compradores y vendedores. La prueba para definirlos consiste en identificar todos los sustitutos cercanos de sus bienes o servicios, es decir, si un artículo puede sustituirse fácilmente por otro para satisfacer la demanda o la oferta.

CONSUMIDORES

SUSTITUTOS CERCANOS
Las pelotas de tenis amarillas y verdes son sustitutos cercanos. Un aumento del precio de una provocará un aumento de la demanda de la otra.

NO SUSTITUTOS
La demanda de bicicletas y de pescado no está relacionada. Un aumento del precio de una tendrá poco efecto en la demanda del otro.

UN MERCADO

Un grupo de consumidores que quieren comprar lo mismo forman un mercado. Sus preferencias combinadas crean la demanda. Si lo que quieren es demasiado caro, es más probable que los consumidores de un mercado cambien a una alternativa si es un sustituto cercano.

DEMANDA DEL MERCADO
Que los bienes o servicios pertenezcan al mismo mercado depende de la probabilidad de que un consumidor compre algo como alternativa si su primera opción no estuviera disponible.

permite, por ejemplo, analizar la producción de la industria electrónica coreana en el mercado argentino.

Tendencias de la oferta y la demanda

Una vez identificados los mercados y las industrias, son útiles para analizar cómo se ajustan los precios y las cantidades de productos y servicios en función de la oferta y la demanda (véanse las págs. 44–45).

Analizar un mercado implica averiguar dónde están las oportunidades para vender un producto o servicio, quizá para aumentar una cuota de mercado, lo que requiere una investigación detallada de las preferencias de los consumidores, los precios de los productos y su posicionamiento. Analizar un sector industrial es más sencillo y consiste en examinar los principales agentes y las tendencias del sector.

MERCADOS MONOPOLÍSTICOS

La definición de un mercado es importante a la hora de identificar monopolios, y puede ser objeto de conflicto jurídico. En un monopolio, un proveedor tiene una cuota de mercado dominante, lo que puede ir en detrimento de la libre competencia y de los consumidores (véanse las págs. 58–59). Los organismos reguladores pueden utilizar poderes legales para impedir o acabar con un monopolio, pero antes requieren una definición precisa del mercado de referencia. La «prueba del monopolista hipotético» parte de una definición amplia de un mercado y después elimina todos los bienes o servicios que no son sustitutos «suficientemente cercanos» hasta que lo que queda debe ser el mercado de referencia.

Las ventas se producen cuando la demanda del mercado y la oferta de la industria coinciden con el precio adecuado.

SUSTITUTOS CERCANOS
La producción de un maizal puede destinarse a la alimentación o a la fabricación de aceite. Por tanto, el maíz y el combustible de aceite de maíz son sustitutos en la oferta.

NO SUSTITUTOS
La ropa y los ordenadores no son sustitutos en la oferta. Cambiar las operaciones para producir ordenadores en lugar de ropa es complejo.

OFERTA DE LA INDUSTRIA
Una industria se define por su actividad. La pertenencia de un bien o un servicio a una misma industria depende de lo fácil que sea pasar de producir un artículo a otro.

EMPRESAS

UNA INDUSTRIA
Las empresas con la misma actividad principal constituyen una industria. Las industrias se clasifican según varios códigos, como el Sistema de Clasificación Industrial de América del Norte (código SCIAN) o la nomenclatura estadística de actividades económicas de la Unión Europea (código NACE).

Mercados laborales

En los mercados laborales, las empresas solicitan y las personas ofrecen trabajo. La interacción entre estas dos partes determina el salario y el empleo en una economía.

Oferta y demanda

Considerar la mano de obra un tipo de mercado ayuda a los economistas a reflexionar sobre cuestiones relacionadas con el trabajo, los salarios y el empleo. La oferta y la demanda se enfocan de forma diferente a los mercados de venta de bienes y servicios, ya que las empresas proporcionan la demanda con su necesidad de mano de obra, que las personas suministran. El precio cobrado es ahora el nivel salarial de los empleados, en lugar del coste de los bienes y servicios; la cantidad está representada por la cantidad total de personas empleadas, en lugar de por la cantidad de bienes y servicios suministrados.

Mano de obra y salarios

Dado que la mano de obra se utiliza para fabricar bienes, que se venden en los mercados, esta es a la vez un producto (o servicio) para los trabajadores y un insumo (el elemento necesario para producir bienes) para las empresas. En consecuencia, los costes de la mano de obra influyen en los precios que pagan los consumidores, pues un aumento de los costes de la mano de obra a menudo conduce a un aumento de los precios de los bienes. Las empresas, por lo tanto, quieren comprender el aumento de la producción que obtienen por cada trabajador adicional. La denominada

Cada trabajador cuenta

La «productividad marginal del trabajo» (PMT) evalúa los cambios en la producción con el último trabajador adicional. Normalmente, la producción aumenta con un trabajador adicional, pero los rendimientos pueden empezar a disminuir. En este caso, por ejemplo, la cantidad de manzanas y las escaleras disponibles son fijas, por lo que el cuarto trabajador añade poco valor. Calculando la PMT, las empresas pueden controlar cuándo el personal adicional reduce la rentabilidad.

PRODUCTO MARGINAL
DEL TRABAJO = 100

Producción total

Si se compara la producción total de los recolectores de manzanas con la cantidad de trabajadores, se observa cómo se reduce gradualmente la producción de cada trabajador. Es lo que se denomina «rendimiento decreciente de la mano de obra».

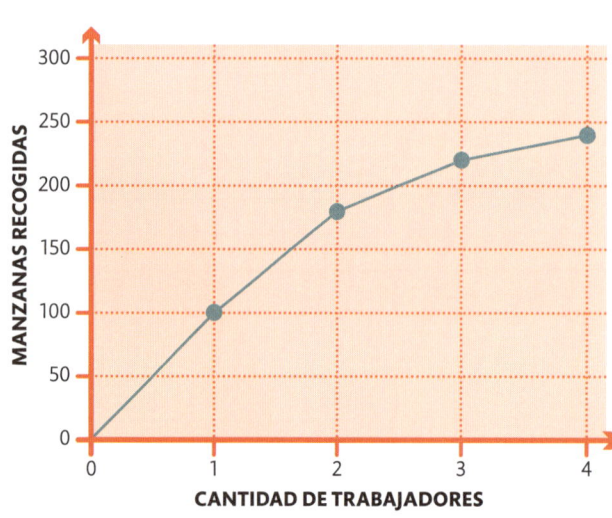

«productividad marginal del trabajo» (véase más adelante) puede determinar las tendencias a largo plazo de los salarios. Esto se debe a que cuando la productividad deja de aumentar con los nuevos trabajadores, los salarios y los niveles de empleo se revalorizan.

Mercados adherentes

Los mercados laborales también pueden ser «adherentes» (véase la pág. 105), los salarios se ajustan lentamente a los cambios económicos. Por ejemplo, en las recesiones, los empresarios suelen reducir las fuerzas laborales en lugar de bajar los salarios, ya que los trabajadores y los sindicatos se resisten a los recortes salariales. En su lugar, se pueden implantar contratos más cortos, o de cero horas, y reducirse los beneficios de los empleados.

✓ DEBES SABER

> **Productividad laboral** La producción global obtenida por un grupo de trabajadores en un período de tiempo determinado.

> **Productividad marginal del trabajo** El cambio en la producción resultante de añadir un trabajador adicional.

> **Salario mínimo** La cantidad legal más baja que los empresarios deben pagar a los trabajadores por hora.

> **Sindicatos** Grupos de empleados que trabajan colectivamente para conseguir el precio para sus miembros, cuando negociar individualmente reduce el poder de negociación.

180 MANZANAS

PRODUCTIVIDAD MARGINAL DEL TRABAJO = 80

220 MANZANAS

PRODUCTIVIDAD MARGINAL DEL TRABAJO = 40

240 MANZANAS

PRODUCTIVIDAD MARGINAL DEL TRABAJO = 20

Competencia «perfecta»

El término «competencia "perfecta"» describe un mercado lo más competitivo posible, en el que los consumidores obtienen la mejor relación calidad-precio posible, pero las empresas pueden tener dificultades para obtener beneficios.

Competencia limitada

Un mercado perfectamente competitivo es un modelo teórico de mercado opuesto al monopolio (véanse las págs. 58–59). Aunque no existe tal mercado, el modelo es útil para comprender muchos mercados de la vida real que son casi perfectamente competitivos, «perfectos» en el sentido de tener límites claramente definidos (véase más adelante).

Un mercado perfectamente competitivo es aquel en el que hay varios compradores y varias empresas que compiten entre sí para vender productos idénticos o casi idénticos.

Los mercados de cambios de divisa y agrícola son buenos ejemplos de ello, ya que ambos comercian con los mismos productos intercambiables. También es un mercado en el que los vendedores pueden entrar o salir sin coste alguno, es decir, es un mercado en el que la inversión inicial para

Un mercado perfecto

Los puntos de venta independientes de comida rápida son buenos ejemplos de empresas que existen en un estado de competencia casi perfecta. Venden productos intercambiables a cambio de unos rendimientos que les permiten mantenerse en activo, a la vez que ofrecen a sus clientes las comidas más baratas posibles.

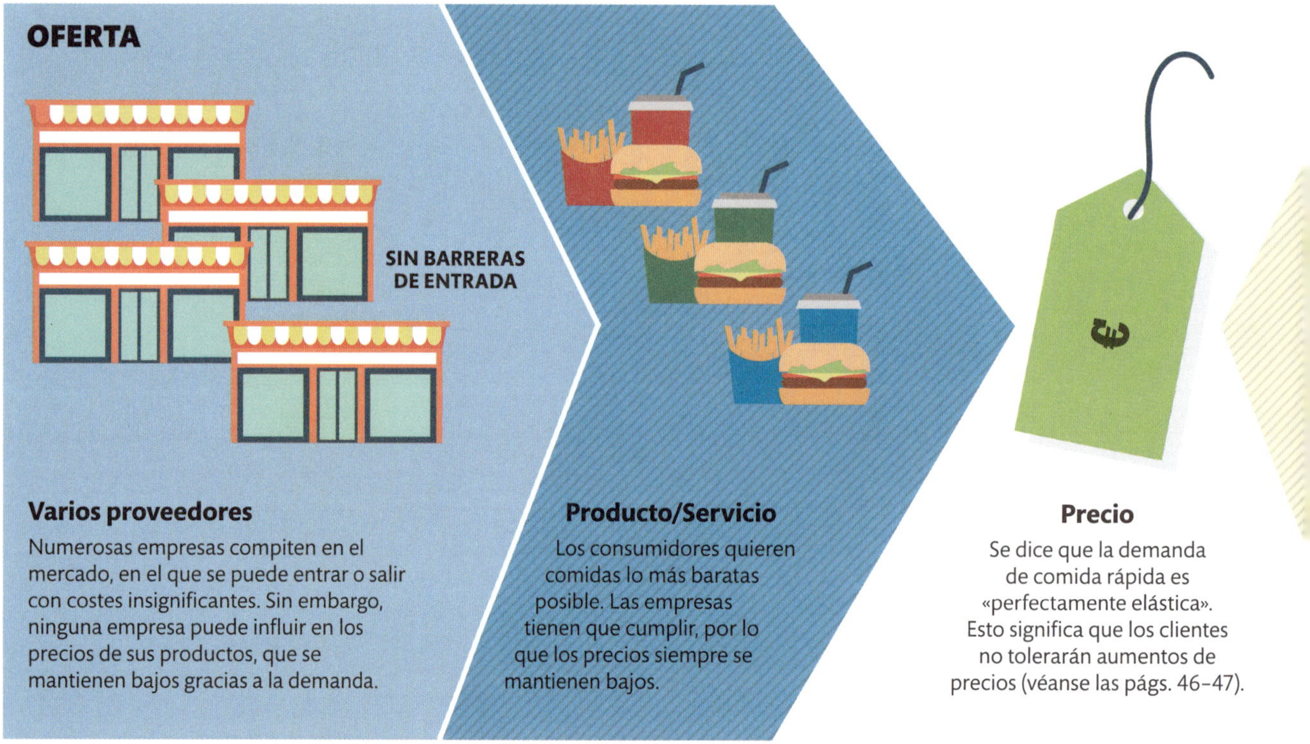

OFERTA

SIN BARRERAS DE ENTRADA

Varios proveedores

Numerosas empresas compiten en el mercado, en el que se puede entrar o salir con costes insignificantes. Sin embargo, ninguna empresa puede influir en los precios de sus productos, que se mantienen bajos gracias a la demanda.

Producto/Servicio

Los consumidores quieren comidas lo más baratas posible. Las empresas tienen que cumplir, por lo que los precios siempre se mantienen bajos.

Precio

Se dice que la demanda de comida rápida es «perfectamente elástica». Esto significa que los clientes no tolerarán aumentos de precios (véanse las págs. 46–47).

entrar es escasa o nula y del que se puede salir sin pagar comisiones, como, por ejemplo, indemnizaciones por despido. Por último, es un mercado en el que tanto compradores como vendedores disponen de información completa sobre el producto. En un mercado de este tipo, las empresas no obtienen beneficio alguno una vez contabilizados sus costes.

Precio-aceptantes

En los mercados perfectamente competitivos, las empresas no controlan los precios que cobran por sus productos, sino que se conforman con aceptar el precio de mercado. Los economistas llaman a estas empresas «precio-aceptantes»: si suben los precios, perderán sus ventas en favor de sus competidores, y si los bajan, ganarán las ventas de sus competidores hasta que se vean obligadas a volver a subir los precios hasta el precio de mercado. Como en estos mercados hay muchos vendedores, ninguna empresa representa más que una pequeña porción del mercado. Además, como no obtienen beneficios, no pueden invertir en sus negocios, por lo que nunca podrán mejorar sus productos.

COSTES DE ACCESO

Los obstáculos que impiden a las nuevas empresas acceder a un mercado se conocen como «costes de acceso». Estos pueden incluir la cantidad de dinero que las empresas deben gastar para establecer sus negocios —que pueden requerir maquinaria, puntos de venta al por menor y espacio de almacenamiento— y la fidelidad que los clientes ya tienen hacia marcas similares. Los costes de salida son los gastos en que incurren las empresas cuando deciden abandonar un mercado.

«... la competencia pura resulta no ser el ideal, sino todo lo contrario».

Edward Chamberlain, economista estadounidense, «Product Heterogeneity and Public Policy», *The American Economic Review, Vol. 40, N.º 2* (1950)

DEMANDA

Varios consumidores

Hay una gran cantidad de consumidores en el mercado de la comida rápida. Nadie puede influir en los precios del mercado.

INNOVACIÓN

Como en los mercados perfectamente competitivos las empresas no obtienen beneficios, no pueden innovar, ya que hacerlo cuesta dinero. Esto significa que, aunque los clientes se benefician de precios baratos, el producto o servicio que reciben nunca cambia ni mejora.

TIEMPO

Monopolios

Un monopolio es una estructura de mercado con un único proveedor dominante y poca o ninguna competencia. Esta falta de competencia puede hacer que el mercado funcione peor que otros modelos alternativos.

Competencia limitada

Los monopolios suelen encontrarse en mercados en los que es difícil que entren nuevos competidores y en los que los productos o servicios no tienen sustitutos, lo que significa que los consumidores no pueden elegir una alternativa.

Los monopolios pueden surgir de numerosas situaciones. Cuando una empresa más grande se beneficia de economías de escala extremas (véanse las págs. 50–51), resulta bastante imposible que los rivales más pequeños puedan competir. Se ven obligados a abandonar el mercado, por lo que se crea así un monopolio. Una empresa con una ventaja técnica única o de otro tipo puede provocar un monopolio. A veces estas ventajas se legalizan como patentes o marcas, o un Gobierno puede conceder a una empresa el derecho exclusivo a comerciar en un mercado concreto. Un «monopolio natural» se produce en un mercado libre en el que solo existe un producto o servicio porque las altas barreras de entrada hacen que la actividad solo sea económicamente viable si una empresa sirve a todo el mercado. Por ejemplo, las redes ferroviarias y algunos servicios públicos son monopolios naturales.

Un mercado dominado por el monopolio

En economía convencional, se supone que una empresa racional quiere aumentar al máximo sus beneficios. En este ejemplo, un único proveedor vende agua en un mercado en el que el suministro de agua se ha privatizado. Dado que el agua es un monopolio natural, el mercado privatizado está dominado por un monopolio.

OFERTA

ALTAS BARRERAS DE ENTRADA

Un proveedor

Una sola empresa domina el mercado y puede tomar decisiones en su propio interés, sin preocuparse por la competencia. Cualquier posible competidor tendría que crear otra red de agua, lo que sería prohibitivamente caro.

Servicio

Suponiendo que no existen factores externos como la sequía, el proveedor puede influir en el precio controlando la oferta. Los consumidores no pueden elegir un producto similar en su lugar.

Precio

Un monopolio da lugar a precios más altos, ya que la empresa no se enfrenta a la competencia. Sin embargo, si aumenta demasiado el precio, los consumidores pueden reducir su consumo.

«Un monopolio es algo terrible, a menos que tengas uno».

Rupert Murdoch, empresario de medios de comunicación nacido en Australia, citado por Andrew Neil en *Full Disclosure* (1996)

Los monopolios aportan estabilidad y pueden dar a las empresas confianza para invertir. Sin embargo, también pueden dar lugar a productos de baja calidad. Las empresas sin escrúpulos pueden fijar precios más altos de lo razonable o restringir la oferta de forma artificial. Esto provoca una «pérdida de eficiencia para la sociedad», es decir, que todos pierden el beneficio de la producción adicional.

Normativa legal

Existen ciertas restricciones legales en los monopolios para permitir la libre competencia. Las leyes antimonopolísticas en EE. UU., como las leyes Sherman y Clayton, y las leyes de competencia de la Unión Europea (UE), como el artículo 102 del TFUE, pueden incluso permitir a los Gobiernos eliminar los monopolios (véanse las págs. 64–65).

CASO PRÁCTICO

Google Shopping

En 2010, Google tenía el monopolio en la UE de las búsquedas en internet y promocionaba los enlaces de compra de las empresas que pagaban frente a las que no. Esto distorsionaba el mercado y aumentaba los precios para los consumidores. Tras un largo proceso judicial, Google recibió una multa de más de 2000 millones de euros y se le ordenó cambiar sus prácticas.

FUSIONES Y ADQUISICIONES

Una empresa puede aumentar su cuota de mercado y beneficiarse de las economías de escala integrándose con otra empresa ya existente. Dos empresas pueden unirse como iguales (una fusión), o una empresa puede absorber a otra (una adquisición).

Integración vertical

Este tipo de integración se produce cuando una empresa se fusiona o adquiere otra que desempeña una función diferente en su cadena de suministro. Por ejemplo, un fabricante podría unir fuerzas con la empresa que procesa sus materias primas (integración regresiva), o con la empresa que distribuye sus productos acabados (integración progresiva), o ambas.

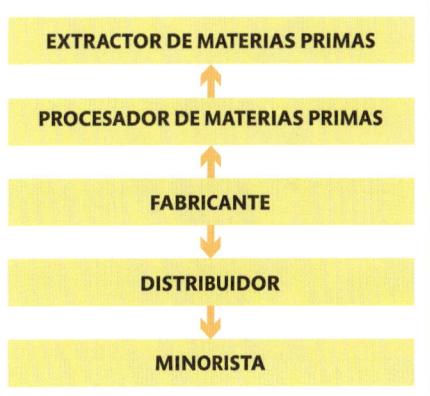

Integración horizontal

Este tipo de integración se produce cuando una empresa se fusiona con un competidor. Esta actividad suele estar regulada legalmente para evitar la creación de un monopolio.

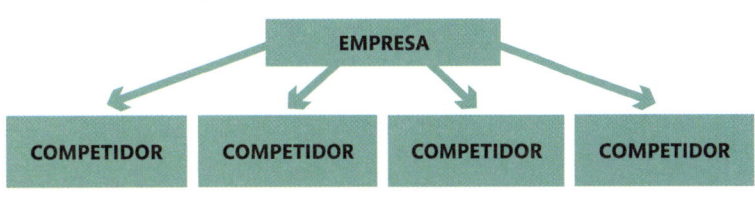

DEMANDA

Varios consumidores

Hay una gran demanda de agua, pero nadie puede influir en el precio. La gente debe comprar al precio establecido o reducir su consumo de agua.

Oligopolio

Un oligopolio es un mercado en el que solo hay un pequeño número de empresas, que pueden trabajar juntas para mantener su posición dominante y disuadir a cualquier competidor de entrar en el mercado.

Mercados restringidos

Los oligopolios son muy habituales y se encuentran en mercados tan variados como los especializados en artículos cotidianos de supermercado y los que producen artículos eléctricos de gama alta. Una característica impresionante de un oligopolio es que las empresas que operan en él rara vez modifican sus precios en respuesta a los cambios en la demanda. Esto se debe al hecho de que estas empresas interactúan estratégicamente y toman decisiones basándose en sus creencias sobre lo que hacen sus competidores en lugar de en lo que creen que pueden preferir los consumidores.

Los oligopolios existen por dos motivos. En primer lugar, debido a las economías de escala (véanse las págs. 50–51), ya que a las grandes empresas les resulta más barato fabricar productos que a las pequeñas porque fabrican un mayor número de productos y así pueden repartir los costes de forma más eficiente. Por esto, los oligopolios tienden a producirse en sectores que presentan importantes economías de escala, como los del automóvil, los medios de comunicación y la industria farmacéutica. En segundo lugar, las empresas que ya están en el sector rara vez se ven

Un mercado oligopolístico

Un oligopolio, como la industria farmacéutica, tiene varias características esenciales. En primer lugar, cuenta con grandes barreras de entrada y salida. En segundo lugar, el comportamiento estratégico de sus empresas da lugar a menos cambios de precios. Por último, los productos no están necesariamente diferenciados.

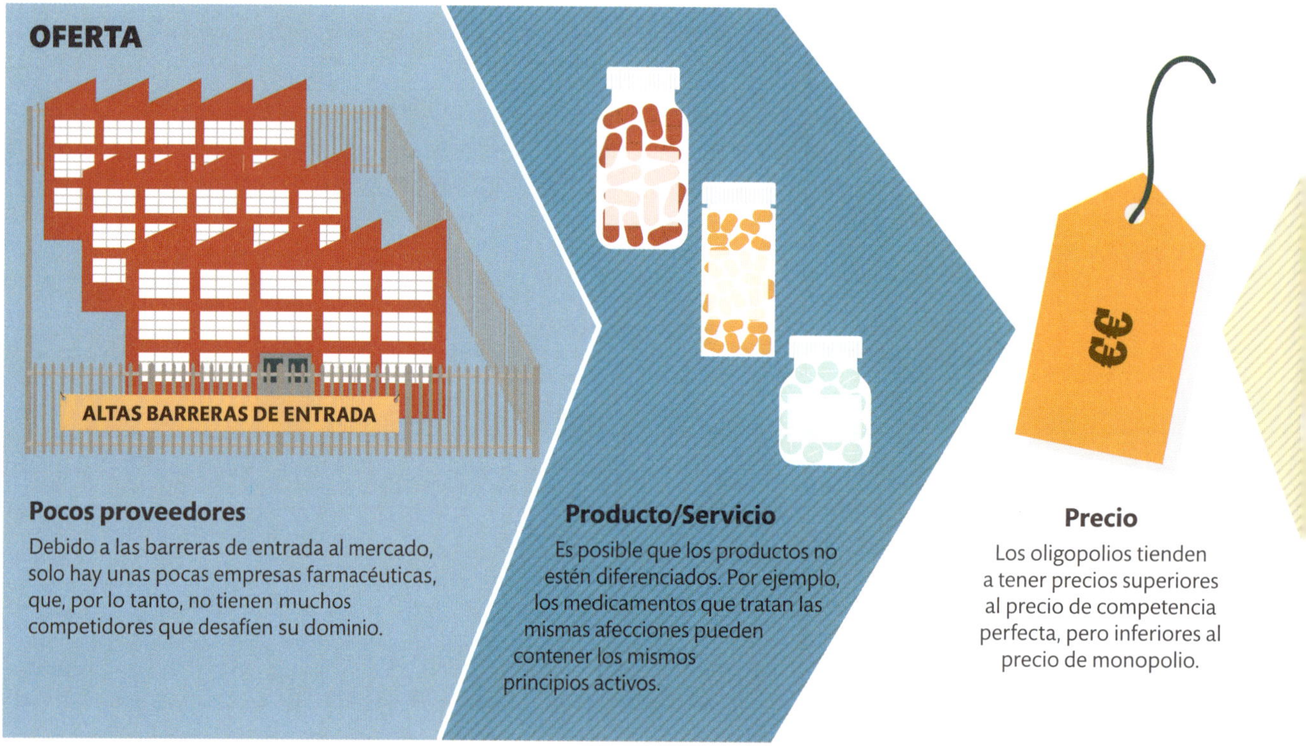

OFERTA

ALTAS BARRERAS DE ENTRADA

Pocos proveedores

Debido a las barreras de entrada al mercado, solo hay unas pocas empresas farmacéuticas, que, por lo tanto, no tienen muchos competidores que desafíen su dominio.

Producto/Servicio

Es posible que los productos no estén diferenciados. Por ejemplo, los medicamentos que tratan las mismas afecciones pueden contener los mismos principios activos.

Precio

Los oligopolios tienden a tener precios superiores al precio de competencia perfecta, pero inferiores al precio de monopolio.

«El oligopolio... se salva solo por su incompetencia».

John Kenneth Galbraith, economista estadounidense, *The New Industrial State* (1967)

amenazadas por las recién llegadas, porque el coste de acceso es elevado. Por ejemplo, se requiere una gran inversión en maquinaria y espacio en las fábricas. Como consecuencia, los precios en los oligopolios tienden a ser más altos de lo que serían en un mercado perfectamente competitivo, pero más bajos de lo que serían en un monopolio. Dado que solo una pequeña cantidad de empresas controla un oligopolio, cualquier cosa que haga una empresa afecta a las demás, lo que significa que a todas les interesa cooperar en cierta medida. Sin embargo, la legislación antimonopolística existe para penalizar a las empresas que actúan como cárteles, es decir, grupos de empresas que hacen imposible la entrada de nuevas empresas en el mercado.

CASO PRÁCTICO

La industria automovilística

La fabricación de automóviles es un buen ejemplo de oligopolio. En Estados Unidos, el mercado está dominado por Ford, Chrysler y General Motors, mientras que a escala mundial solo hay una decena de fabricantes esenciales, como Honda, Renault-Nissan-Mitsubishi, Toyota y el Grupo Volkswagen. Cada empresa tiene su propio nicho de mercado.

DEMANDA

Varios consumidores

Existen varios consumidores, pero es posible que ninguno pueda influir en el precio.

CÁRTELES

Un cártel es un grupo de empresas que han acordado limitar la producción o subir los precios, o incluso repartirse los clientes y los mercados, en beneficio común. Aunque los cárteles se prohibieron después de la Segunda Guerra Mundial, siguen siendo habituales prácticas similares. Por ejemplo, Virgin y British Airways fueron procesadas en 2006 por fijar los precios de los vuelos transatlánticos.

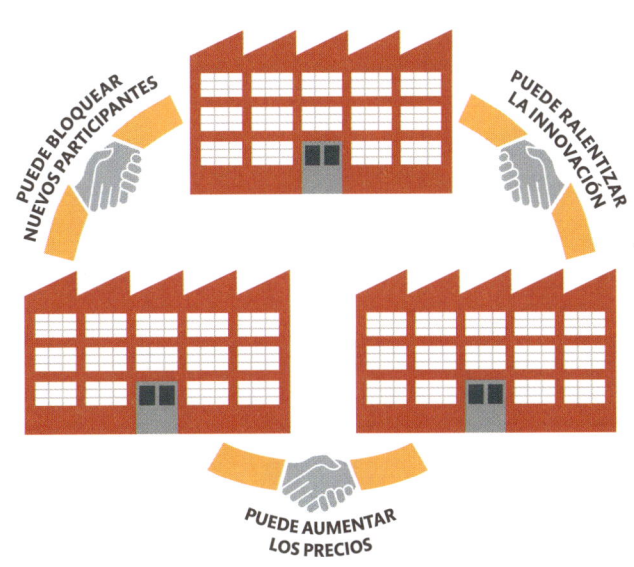

PUEDE BLOQUEAR NUEVOS PARTICIPANTES

PUEDE RALENTIZAR LA INNOVACIÓN

PUEDE AUMENTAR LOS PRECIOS

Competencia monopolística

Cuando varias empresas ofrecen productos y servicios que son similares pero no sustitutos perfectos entre sí, encontramos lo que los economistas denominan «competencia monopolística».

Un mercado abarrotado

Un mercado monopolísticamente competitivo es aquel en el que hay varias empresas que venden productos o servicios similares a varios consumidores, que están dispuestos a cambiar de marca si una se vende a un precio más bajo que otra. Algunos ejemplos comunes reales incluyen la competencia que existe entre los hoteles de la calle principal y entre las empresas que producen tipos similares de productos de limpieza para el hogar.

En todos los casos, hay una ligera diferencia entre los productos o servicios, pero no la suficiente como para disuadir a los clientes de gastar su dinero en otro sitio si es necesario. Por ello, para mantener la fidelidad de sus clientes, estas empresas gastan

Competencia monopolística en un mercado

Una cadena de televisión ocupará un nicho en el mercado y obtendrá beneficios mientras pueda impedir que sus competidores entren en el mercado y ocupen su lugar. Si no puede diferenciarse con éxito, habrá otro canal competidor que lo hará.

OFERTA

BAJAS BARRERAS DE ENTRADA

Varios proveedores

Como la mayoría de la gente ve la televisión y los costes de creación de un nuevo canal son relativamente bajos, existe un mercado floreciente de cadenas de televisión.

Producto/Servicio

Cada canal produce programas asequibles y ligeramente diferentes de los de sus competidores.

Precio

La mayoría de las cadenas cobran aproximadamente la misma tarifa por espectador en concepto de publicidad; solo las más rentables cobran tarifas más elevadas.

mucho dinero en branding y marketing, los cuales pueden marcar la diferencia entre el éxito y el fracaso de sus productos o servicios.

A largo y corto plazo

En competencia monopolística, las empresas son libres de fijar el precio de su producto o servicio. Sin embargo, debido al alto nivel de competencia, la demanda de su producto o servicio será muy elástica, es decir, aumentará o disminuirá bruscamente en función de si bajan o suben el precio, por lo que deberán mantenerlo dentro de unos límites. Como consecuencia, otras empresas pueden sentirse alentadas para entrar en el mercado, lo que a su vez obliga a las empresas existentes a diferenciar aún más sus productos.

A largo plazo, las empresas en competencia imperfecta deben seguir invirtiendo en sus productos para mantener su diferenciación. Esto puede significar que innoven y produzcan algo único, como una versión más respetuosa con el medio ambiente de un producto que ya está en el mercado.

> «La miseria de que te exploten los capitalistas no es nada comparado con la miseria de que no te exploten en absoluto».
>
> Joan Robinson, *Filosofía económica* (1962)

DEMANDA

Varios consumidores

La demanda seguirá siendo alta mientras las cadenas mantengan sus precios bajos y diferencien los tipos de programas que producen.

DIFERENCIACIÓN DE PRODUCTOS

Las empresas monopolísticamente competitivas se enfrentan a un dilema: a menos que diferencien sus productos de los de sus competidores, se enfrentan a más competencia y obtienen menos beneficios. Sin embargo, si se diferencian demasiado, corren el riesgo de dejar de estar en el mercado en el que quieren estar y, tal vez, entrar en un mercado demasiado avanzado para los productos que ofrecen.

Precio

Las empresas en competencia monopolística tienden a cobrar aproximadamente lo mismo por sus productos. Esto se debe a que hay poca flexibilidad en el precio que los clientes están dispuestos a pagar.

Calidad

Si una empresa diferencia su producto disminuyendo o aumentando su calidad, puede acabar produciendo algo que no sea lo suficientemente bueno o demasiado caro para los clientes a los que va dirigido.

Marketing

Diferenciar un producto dándole una marca distintiva y comercializándolo bien es caro. Pero el gasto puede verse ampliamente compensado por el aumento de las ventas del producto.

Legislación antimonopolística

Cuando las empresas ocupan una posición dominante en el mercado, se reduce la competencia y los consumidores salen perdiendo. La legislación antimonopolística aplica la economía para hacer frente a los peores casos de pérdida de consumidores.

Un enfoque triple

Los monopolios de mercado se producen cuando varias empresas se unen para dominar su sector, de modo que limitan la naturaleza competitiva del negocio que mantiene los precios bajos y la calidad alta. De este modo, los monopolios pueden perjudicar a los consumidores desde el punto de vista económico. La mayoría de los Gobiernos han promulgado leyes para intentar impedir estas prácticas monopolísticas, conocidas como «trust», con el fin de garantizar que los mercados sigan siendo justos y competitivos.

La legislación antimonopolística está concebida para abordar tres ámbitos problemáticos. El primero es la formación de cárteles (véanse las págs. 60–61), ya que casi todas las colusiones de este tipo son ahora ilegales y a las empresas declaradas culpables se les impondrán multas cuantiosas. El segundo es el abuso del monopolio. Una empresa en posición dominante puede fijar precios más altos, también en detrimento de los consumidores.

Por ello, leyes como el artículo 102 de la Unión Europea (UE) y la ley Sherman de EE. UU. ilegalizan determinados tipos de comportamiento si se demuestra que causan tal perjuicio a los consumidores. El último ámbito que se pretende abordar con estas medidas es el poder de mercado excesivamente concentrado que puede acompañar a las fusiones y adquisiciones (véanse las págs. 58–59). Hoy en día, existen las leyes de aprobación de fusiones para evitar este control del mercado.

Mantener la competencia

La legislación, conocida como «bloqueo de monopolios», pretende bajar los precios y aumentar la producción, así como incrementar el grado de innovación de los productores y la elección de los consumidores. Sin embargo, las acusaciones en este ámbito pueden ser difíciles de probar y, al tratarse de grandes sumas de dinero, las investigaciones son a menudo muy controvertidas y pueden llevar mucho tiempo. También existe cierto desacuerdo sobre si las leyes son suficientes para proteger a los consumidores.

CASO PRÁCTICO

Microsoft

En 1998 se inició una causa antimonopolio contra Microsoft, que se investigó tanto en EE. UU. como en Europa. La infracción de Microsoft consistió en incluir su navegador Internet Explorer en su sistema operativo Windows. Esto le dio ventajas sobre otras empresas, en particular su principal competidor, Netscape. Se dictaminó que Microsoft había «vinculado» su producto con la intención de monopolizar el mercado de los ordenadores personales. La empresa recibió una multa de más de mil millones de euros solo en Europa.

100 M DE DÓLARES es la **mayor multa** a la que puede enfrentarse una empresa en **EE. UU.** por infringir la legislación antimonopolística

La ley Sherman, cuarta enmienda (2004)

Cómo funciona la legislación

Aquí se utiliza como ejemplo el artículo 102 del Tratado de Funcionamiento de la Unión Europea, aunque estos principios están ampliamente aceptados en todo el mundo. Esta ley se refiere al abuso de posición dominante (comportarse de manera anticompetitiva a la vez que se tiene una cuota dominante del mercado).

Limitación de la oferta
Si, por ejemplo, una empresa tiene una pieza esencial de propiedad intelectual, no puede negarse a conceder una licencia de esa propiedad a un competidor.

Precios excesivamente altos
Las empresas tienen incentivos para fijar precios demasiado altos, lo que perjudica a los consumidores. Este artículo pretende evitarlo.

Aplicar condiciones comerciales desiguales
Una empresa debe tratar a todo el mundo por igual. No puede, por ejemplo, hacer descuentos a los clientes preferidos.

Exigir ventas adicionales para comprar un producto
Las «vinculaciones» (condicionar la venta de un producto a la compra de otro) son ilegales.

Sanciones
Si es posible cambiar el comportamiento de la empresa, se firma un contrato por el que esta se compromete a comportarse de forma más justa en el futuro. A las empresas también se las puede multar.

Fragmentación
Si no es posible controlar el comportamiento de la empresa de esta manera, la fragmentación (la ruptura del monopolio) puede ser la única acción disponible para los organismos reguladores.

Costes externos

Las transacciones entre compradores y vendedores suelen tener consecuencias para terceros que no tienen nada que ver con la transacción. Estas consecuencias se conocen como «costes externos» o «externalidades».

Elecciones de los consumidores

Cuando una persona paga por un producto, a menudo es normal que asuma que el precio es un reflejo honesto de lo que le ha costado al productor fabricarlo. Sin embargo, si la fabricación del producto afecta de algún modo a un tercero, ya sea de forma positiva o negativa, el precio ya no representa todo el valor del producto. Por ejemplo, si una fábrica compra una sustancia química a un proveedor para fabricar un producto, y la contaminación procedente del proceso de producción de la fábrica contamina el campo de un agricultor, entonces el agricultor, que no participó en la transacción, incurre en un coste negativo —o externalidad

Consecuencias para los demás

Cuando las personas realizan transacciones, pagan el coste privado de sus acciones y suelen recibir beneficios privados. Cuando existe una externalidad, el coste privado no tiene en cuenta los costes pagados o los beneficios disfrutados por otras personas.

Externalidades positivas

Una persona que mejora su vivienda puede generar beneficios superiores al coste de hacerlo. Entre ellas podrían incluirse:

❯ El aumento del valor inmobiliario de las viviendas vecinas.

❯ Un mayor atractivo visual de la zona.

❯ El fomento de un sentimiento de orgullo en la comunidad local.

negativa— por la compra de la fábrica. En el otro extremo, toda la sociedad se beneficia de tener una población con educación, por lo que la construcción de una escuela es una externalidad positiva.

Cambio de conducta

Hay varias formas de hacer frente a las externalidades negativas. En el caso del agricultor, la fábrica podría pagarle una indemnización por las pérdidas causadas por la contaminación. Otra posibilidad es que el Gobierno aplique impuestos para encarecer la actividad contaminante y compensar a los afectados. Si eso falla, podría simplemente prohibir la actividad contaminante.

CASO PRÁCTICO

Impuestos sobre el carbono

Una forma que tienen los Gobiernos de combatir el cambio climático es cobrar impuestos sobre el carbono, los cuales están dirigidos a las industrias que queman carbono y liberan dióxido de carbono (un gas de efecto invernadero) a la atmósfera (véanse las págs. 142–43). Los impuestos sobre el carbono se basan en la idea de que una persona incurre en un coste externo cuando decide comprar un producto o servicio cuya producción o suministro requiere cantidades excesivas de carbono, y que los impuestos pueden pagar ese coste adicional. Pretenden animar a la gente a depender menos de las industrias perjudiciales para el medioambiente.

INCENTIVOS E IMPUESTOS PIGOVIANOS

El economista británico Arthur Pigou (1877–1959) propuso que los Gobiernos gravaran las transacciones que crean externalidades negativas, como las causadas por la contaminación. Hoy en día, los impuestos sobre el carbono y el azúcar son ejemplos de impuestos «pigovianos». Sin embargo, los Gobiernos también pueden subvencionar a las empresas que producen externalidades positivas, por ejemplo, las que producen poca o ninguna contaminación al fabricar sus productos.

Externalidades negativas
Un propietario puede convertirse en una carga para sus vecinos. Entre ellas podrían incluirse:

> Contaminación atmosférica a causa de combustibles.

> Contaminación acústica a causa de música alta.

> Atasco de vehículos en la carretera.

> Presencia de basura maloliente en el exterior.

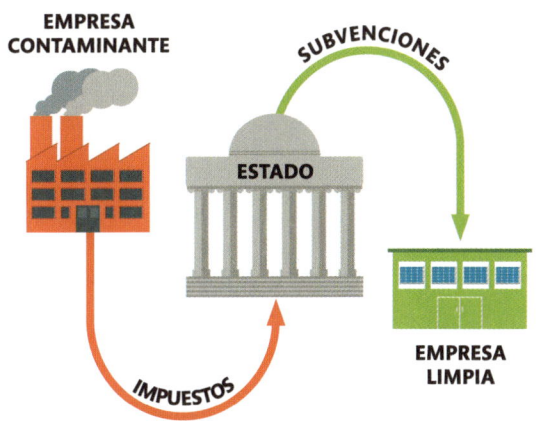

EMPRESA CONTAMINANTE

SUBVENCIONES

ESTADO

IMPUESTOS

EMPRESA LIMPIA

Tragedia de los comunes

La «tragedia de los comunes» es una expresión que describe lo que suele ocurrir con los recursos naturales cuando no son de propiedad pública ni privada: pierden su valor al utilizarse en exceso.

Incentivos privados

Cuando las personas tienen derechos sobre los recursos, ya sean privados o comunitarios, tienen incentivos para gestionarlos de forma sostenible. Sin embargo, si esos mismos recursos no son propiedad de nadie, cualquiera que lo desee puede explotarlos. Si lo hacen demasiadas personas, no podrán explotar los recursos de forma sostenible, lo que conducirá a su sobreexplotación y agotamiento. Esta tragedia de los comunes puede producirse en muchos contextos. El recurso puede ser una tierra agrícola, una selva pluvial, un yacimiento petrolífero, o incluso el agua, que ha sido fuente de numerosos conflictos a lo largo de la historia. Del mismo modo, las zonas de pesca en el mar pueden echarse a perder si no se controla y se mantiene a niveles sostenibles la cantidad de peces que hay en ellas (véase el recuadro). En todos los

Derechos de pasto

Un experimento mental clásico ilustra la tragedia de los comunes. La tragedia surge porque existe un conflicto entre los intereses individuales de cada agricultor y lo que sería mejor para ellos colectivamente si gestionaran la tierra juntos.

USO BAJO

Cada pastor quiere aprovechar al máximo su uso de la tierra para sus ovejas. Pero, si individualmente la utilizan de forma limitada con el fin de preservarla para el futuro, entonces la tierra se mantiene saludable.

USO INTENSIVO

Si cada pastor utiliza la tierra tanto como quiere, sin ningún control, a todos les va bien a corto plazo, pero el campo se satura y se vuelve insalubre por el uso excesivo.

casos en que los incentivos individuales y colectivos no son los mismos, y la gente no se organiza para gestionar sus recursos, los colectivos salen perdiendo.

Evitar la tragedia

En los lugares donde los derechos sobre un recurso están bien establecidos, suelen crearse instituciones para defender el interés colectivo. Por ejemplo, el Tribunal de las Aguas de Valencia, en España, se creó hace unos mil años para resolver conflictos sobre derechos del agua y sigue activo hoy en día. Asimismo, la economista estadounidense Elinor Ostrom (1933–2012) estudió las sociedades africanas y descubrió que muchos pueblos africanos, especialmente los masáis, protegen sus recursos agrícolas con un conjunto de prácticas bien definidas. Estas prácticas, que garantizan de forma eficaz que la tierra común se trate como si fuera de propiedad colectiva, ejemplifican la mejor manera de asegurar que se evite una tragedia de los comunes.

CASO PRÁCTICO

Sobrepesca

El atún rojo es un ingrediente culinario muy apreciado, de modo que tiene un precio elevado. Como es tan popular, los pescadores tienen grandes incentivos para capturarlo, por lo que las poblaciones de atún rojo están disminuyendo de forma drástica, y varias especies de atún rojo se encuentran incluso en peligro de extinción.

«La libertad de un pueblo trae la ruina a todos».

Garrett Hardin, ecologista estadounidense, *La tragedia de los comunes* (1968)

TIERRA DAÑADA

Si los pastores siguen sobreexplotando el campo, los recursos se agotan. Con el tiempo, la tierra se queda sin hierba ni nutrientes, y ya no puede utilizarse para el pastoreo.

TRAGEDIA DE LOS ANTICOMUNES

La tragedia de los comunes describe una falta de cooperación. Sin embargo, igual de trágica es una situación en la que demasiadas personas poseen un recurso. Por ejemplo, un grupo de personas puede negarse a vender sus propiedades privadas (quizá para dar paso a un proyecto de construcción a escala comunitaria), aunque hacerlo beneficiaría no solo a su comunidad, sino a ellos mismos. Es decir, aunque la propiedad privada crea riqueza individual, un exceso de ella puede ser perjudicial para el bienestar de una comunidad.

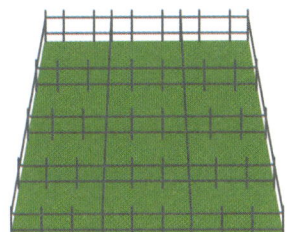

PROPIEDADES PRIVADAS

Bienes públicos

Los productos o servicios que están disponibles para todos en la sociedad se conocen como «bienes públicos». Los suele administrar el Gobierno y se financian con impuestos.

Definición de bienes públicos

En economía, hay muchas formas de clasificar los bienes. Una forma de hacerlo es planteándose dos preguntas. La primera: ¿es un bien cuyo consumo por parte de una persona no impide el consumo por parte de otra? Y la segunda: ¿es un bien que no permite impedir el consumo por parte de alguien que no ha pagado por él? Si la respuesta a ambas preguntas es «Sí», se trata de un bien público.

Los bienes los proporciona en su mayoría, aunque no siempre, el Estado y no empresas privadas. El alumbrado público es un buen ejemplo de por qué suele ser así. La luz

Tipos de bienes

Existen cuatro tipos principales de bienes (privados, comunes, de club y públicos) que, a su vez, son rivales o no rivales. La mayoría de los bienes se denominan «bienes económicos», porque son escasos y deben obtenerse mediante el esfuerzo humano. Mucho más raros son los «bienes libres», como el aire, que están disponibles en abundancia y apenas requieren esfuerzo humano para su obtención.

Excluibles

Los bienes excluibles son aquellos que alguien no puede usar si no paga por ellos.

Rivales

Los bienes rivales son aquellos cuyo uso por parte de una persona afectará al de otra. Por tanto, el coste marginal (véanse las págs. 48–49) de suministrar los bienes será superior a cero.

Bienes privados

Los bienes privados son excluibles y rivales. Incluyen productos comunes y cotidianos como libros, secadores de pelo y coches.

No rivales

Los bienes no rivales son aquellos cuyo uso por parte de una persona no afecta al de otra. Por lo tanto, el coste marginal de suministrar los bienes será cero.

Bienes de club

Los bienes de club son excluibles y no rivales. Incluyen bienes como la televisión por cable, el acceso a internet en cafeterías y las autopistas de peaje.

que produce es la misma independientemente de las personas que se benefician de ella, y es imposible impedir que alguien se beneficie de ella si no la paga. Otra fuente de bienes públicos es la filantropía, por ejemplo, cuando se ceden de forma gratuita terrenos o propiedades privadas.

Limitar los bienes públicos

En algunos casos, los bienes públicos están disponibles sin que nadie más que el consumidor se beneficie de ellos. Una empresa puede proporcionar bienes públicos, pero solo porque hacerlo le permite cobrar a la gente por otra cosa. Los primeros faros, por ejemplo, se construyeron a menudo para aumentar el número de barcos que utilizaban los puertos y garantizar desembarcos más seguros en ellos, que también cobraban tasas de atraque.

Si los bienes públicos están limitados, como cuando solo pueden acceder a una carretera los conductores que pagan un peaje por ella, se convierten en «bienes de club». Otro ejemplo de un bien de club es un servicio de televisión que requiere una cuota de suscripción. Ambos prestan un servicio importante al público, pero con un coste económico.

No excluibles
Los bienes no excluibles son bienes cuyo uso no puede impedirse a una persona si no paga por ellos.

Bienes comunes
Los bienes comunes son rivales y no excluyentes. Pueden incluir las carreteras, las poblaciones de peces, el aire y las fuentes de agua.

Bienes públicos
Los bienes públicos son no excluyentes y no rivales. Pueden incluir escuelas, hospitales, fuerzas policiales, ejércitos nacionales y carreteras.

> «Cuanto más compleja era la civilización, mayor era el número de bienes públicos que era necesario proporcionar».
>
> Martin Wolf, periodista británico, *Financial Times* (2012)

EL PROBLEMA DE LOS GORRONES

Las personas que utilizan bienes públicos sin pagar por ellos se conocen como «gorrones». Una forma de evitarlos es crear mecanismos de exclusión. Por ejemplo, los servicios de streaming que requieren suscripciones pueden protegerse con contraseñas, lo que supone un coste para el posible gorrón, ya que robar o piratear una contraseña puede llevar tiempo y dinero. Aplicar estos mecanismos de exclusión a los bienes públicos los convierte en bienes de club.

Información asimétrica

La información es «asimétrica» cuando una persona o una parte sabe más que otra sobre un producto o servicio durante una transacción. Normalmente, es el vendedor quien sabe más, pero puede ser el comprador.

Mercados de los limones

Los mercados dependen de una buena información para funcionar. Cuando una de las partes de una transacción tiene más conocimientos que la otra, las diferencias, o asimetrías, pueden tener un efecto perjudicial en el funcionamiento del mercado. En su artículo «El mercado de los "limones"» (1970), el economista estadounidense George Akerlof (1940) ilustra este concepto con el ejemplo del mercado de los coches de segunda mano. Los vendedores de coches de segunda mano tienen más información sobre el estado de sus vehículos que los compradores potenciales, y pueden endosar coches de baja calidad (o «limones») a clientes desprevenidos. Saber que en el mercado existen este tipo de coches crea incertidumbre entre los compradores, lo que, a su vez, reduce los precios que están dispuestos a pagar por cualquier coche de segunda mano. Los vendedores con coches de alta calidad pueden entonces retirarse del mercado debido a la

Colapso económico

En 2007–08, el mercado financiero estadounidense se hundió y desencadenó una recesión mundial (véanse las págs. 94–95). El desastre se debió en gran medida a la asimetría de la información. Antes de 2007, los bancos concedían hipotecas baratas a consumidores que, en muchos casos, desconocían que sus tipos hipotecarios pronto subirían. Los bancos luego agruparon las hipotecas y las renegociaron como activos conocidos como «obligaciones de deuda garantizadas (CDO)». Sin embargo, los inversores que compraron estas CDO desconocían que las hipotecas que contenían eran «de baja solvencia», es decir, tenían un alto riesgo de no pagarse.

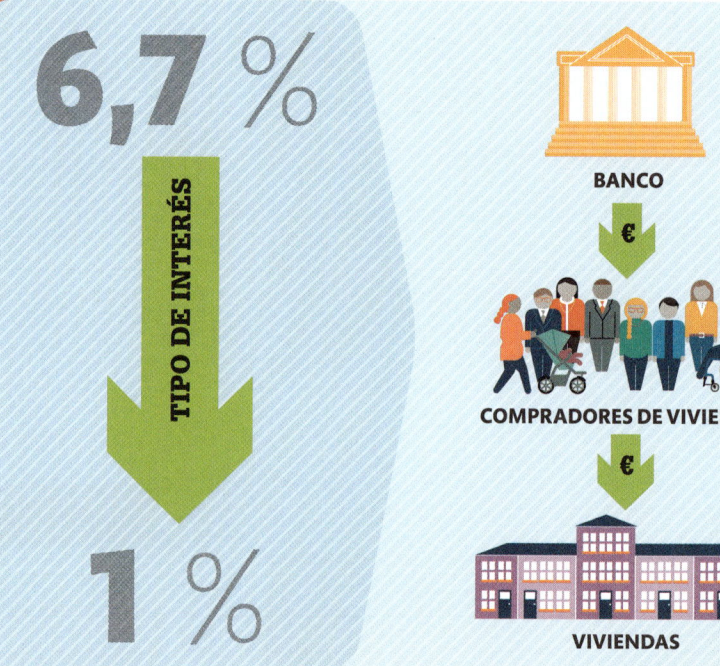

6,7 %

TIPO DE INTERÉS

1 %

BANCO

€

COMPRADORES DE VIVIENDAS

€

VIVIENDAS

«... la peor crisis económica de la historia».

Ben Bernanke, presidente del Sistema de Reserva Federal de Estados Unidos (2006-14)

Bajada de los tipos de interés

Entre 2001 y 2004, para impulsar la economía estadounidense, el Sistema de Reserva Federal (el banco central de Estados Unidos) bajó drásticamente los tipos de interés. Esto animó a la gente a pedir préstamos y a gastar dinero.

Auge inmobiliario

Aprovechando los tipos hipotecarios bajos, los bancos vendieron propiedades a millones de personas que de otro modo nunca habrían podido comprar una casa. Los precios de la vivienda se dispararon.

incapacidad de asegurar precios justos, por lo que dejan posiblemente solo coches de baja calidad y bajo precio. Si no se producen intercambios comerciales, este mercado, conocido como «mercado de los limones», podría hundirse.

Selección adversa

En algunas transacciones, una de las partes puede beneficiarse de sus conocimientos superiores, lo que se denomina «selección adversa». Es probable que los compradores de seguros de salud sepan más sobre su propia salud que una aseguradora, que, al carecer de información suficiente sobre el riesgo, podría asumir un riesgo mayor y cobrar primas infladas y rechazar a compradores más prósperos y de bajo riesgo. Para evitar la selección adversa, las aseguradoras utilizan métodos de filtración para evaluar el riesgo de cada comprador.

RIESGO MORAL

Cuando un comprador o un vendedor ocultan información durante una transacción, o cambia su comportamiento más tarde, y se expone así a una de las partes a un mayor riesgo, se habla de riesgo moral. Por ejemplo, un cabeza de familia puede dejar de tomar precauciones razonables tras contratar un seguro del hogar.

MENOR RIESGO PARA LA ASEGURADORA

MAYOR RIESGO PARA LA ASEGURADORA

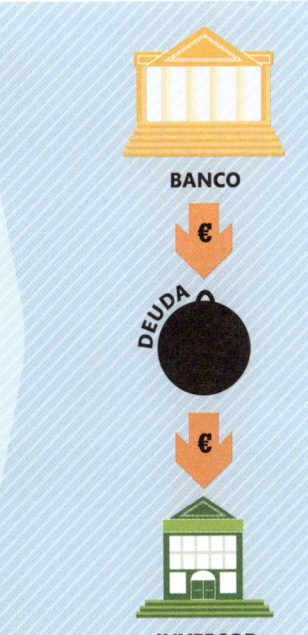

BANCO

€

DEUDA / CDO

€

INVERSOR

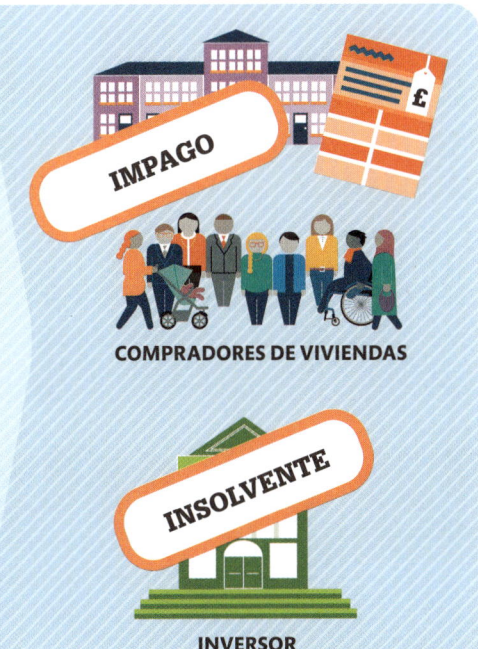

IMPAGO

COMPRADORES DE VIVIENDAS

INSOLVENTE

INVERSOR

5,4 %

TIPO DE INTERÉS

1 %

Deuda renegociada

Los bancos renegociaron las hipotecas como CDO, las vendieron a los inversores y ocultaron el hecho de que muchas de las hipotecas tenían un riesgo extremadamente alto de no poder pagarse.

Subida de los tipos de interés

Entre los veranos de 2004 y 2007, los tipos de interés subieron sin cesar, y dejaron a millones de personas sin poder pagar las hipotecas. Los CDO perdieron todo su valor y los inversores perdieron su dinero.

Quiebra

Los bancos embargaron las viviendas de las personas que no podían pagar las hipotecas. A partir de 2007, muchos bancos de Estados Unidos y de otros países quebraron, y algunos pasaron a estar bajo control gubernamental.

Incentivación de la producción

Las empresas se ven incentivadas a entrar en producción cuando existe la posibilidad de obtener beneficios en el futuro. Si los beneficios son inciertos, los Gobiernos pueden utilizar diversas herramientas para impulsar la producción cuando sea necesario.

Beneficios inciertos

Normalmente, las empresas producen bienes y servicios porque creen que generarán beneficios. A veces, sin embargo, un producto o servicio es necesario para la sociedad, pero las empresas son reacias a producirlo si los beneficios son demasiado inciertos o es probable que se generen demasiado lejos en el futuro para poder contabilizarlos como activos. En estos casos, los Gobiernos pueden incentivar a las empresas para que produzcan bienes y servicios. Pueden hacerlo, por ejemplo, para garantizar determinados tipos de producción de energía (véase el recuadro de al lado), apoyar infraestructuras esenciales o incentivar el desarrollo de nuevas tecnologías. Los incentivos pueden ser indirectos (mediante la fijación de impuestos o la concesión de subvenciones) o directos, que proporcionan incentivos financieros pagados con impuestos públicos para repartir los costes entre las empresas (véase más abajo).

Los incentivos directos incluyen el apoyo a la investigación especulativa, por ejemplo, de una nueva tecnología. Esto puede hacerse concediendo derechos de propiedad intelectual (véanse las págs. 30–31) sobre un producto, que otorgan al titular un «monopolio de duración limitada» (derechos exclusivos para fabricar y vender un producto durante un período de tiempo) a cambio de sufragar los costes los costes de investigación y producción de nuevos inventos.

Incentivar la energía solar

La energía solar es cada año más barata, pero transformar los sistemas energéticos para que funcionen con energía solar implica unos costes de puesta en marcha muy elevados. Varias intervenciones pueden incentivar la producción de paneles fotovoltaicos.

GOBIERNO

INCENTIVOS DIRECTOS

INCENTIVOS INDIRECTOS

EMPRESA CONTAMINANTE

HOGARES

Impuestos sobre la contaminación

Los impuestos sobre el carbono encarecen la producción de energía mediante tecnologías contaminantes, lo que incentiva a las empresas a cambiar a nuevas fuentes de energía menos contaminantes.

Estimulación de la demanda

Las subvenciones o los préstamos públicos baratos para los hogares pueden subvencionar los costes de instalación de paneles fotovoltaicos y baterías, y aumentar así la demanda de paneles fotovoltaicos.

Sufragar los costes iniciales

Los Gobiernos pueden tener que sufragar los costes iniciales si estos son inasequibles. Las centrales nucleares, por ejemplo, son costosas de construir y puede pasar una década o más antes de que generen ingresos para pagar los gastos de construcción. Es poco probable que las empresas puedan obtener capital de inversores con unos rendimientos tan lentos. Por tanto, necesitan una subvención garantizada incluso para iniciar las obras de construcción de una planta. En estos casos, los Gobiernos pueden conceder préstamos directos (véase el recuadro de la derecha) o actuar como avales de los préstamos de los inversores para que la producción pueda seguir adelante.

> «El apoyo fiscal puede desempeñar un papel en la estimulación de la innovación...».

Ellen MacArthur Foundation

CASO PRÁCTICO

Una transición energética

Corea del Sur es un gran importador de combustibles fósiles porque carece de recursos nacionales de carbón y gas. Para reducir su dependencia de los combustibles fósiles, pretende generar el 30 % de la electricidad del país mediante energía nuclear para 2030. Sin embargo, los costes de construcción y puesta en marcha de una nueva central nuclear suponen casi el 60 % de los costes totales de la vida útil de la central, lo que significa que obtener beneficios es una posibilidad remota. Por ello, para alcanzar su objetivo, el Gobierno surcoreano ha puesto en marcha un gran programa de construcción, con subvenciones directas y compromisos de construcción de centrales en los próximos diez años.

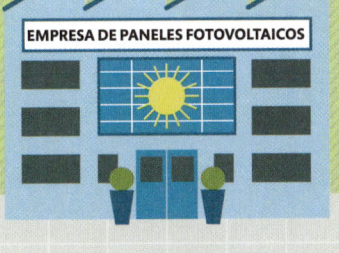

EMPRESA DE PANELES FOTOVOLTAICOS

Créditos fiscales

La concesión de créditos fiscales permite a los fabricantes de nuevas tecnologías conservar una mayor proporción de sus ingresos, lo que los anima a seguir produciendo a pesar de los costes elevados.

Apoyo de financiación

La investigación y el desarrollo (I+D) suelen ser procesos largos y costosos con resultados inciertos. La financiación pública de la I+D puede mejorar la calidad de los productos y reducir los costes de fabricación.

Ayudas y subvenciones

Las subvenciones públicas directas, como las ayudas financieras o las garantías de préstamos, incentivan la producción. Las subvenciones no requieren devolución, pero deben utilizarse para un fin definido.

Apoyo regulador

Un marco normativo de apoyo puede fomentar la proliferación de nuevos mercados. Establecer unas buenas normas básicas para el mercado de la energía solar a la vez que se aumentan los reglamentos existentes en el mercado de los combustibles fósiles puede incentivar la fabricación de energía solar.

Preferencia temporal

¿Es mejor gastar el dinero ahora o invertirlo para el futuro? La respuesta depende de un concepto conocido como «preferencia temporal», y una fórmula utilizada por los economistas nos ayuda a entender cómo funciona.

Evaluación del valor de una inversión

En economía, la decisión de gastar ahora o ahorrar para más adelante depende de la «utilidad», es decir, del beneficio o la satisfacción que se obtiene de los bienes o servicios (véanse las págs. 16–17). Se evalúa la utilidad de gastar ahora o la utilidad potencial de esperar a gastar más adelante. La preferencia individual o de una empresa por uno de estos niveles de utilidad se denomina «preferencia temporal».

Decidir una preferencia temporal se complica por el hecho de que el futuro es incierto, por lo que el valor de algo en el presente se considera mayor que la promesa de su valor potencial en el futuro. Por ello, los economistas utilizan herramientas para comparar el valor presente y el futuro.

Valores equivalentes

Para mostrar juntos los valores presentes y futuros se utiliza una herramienta, o fórmula, denominada «tipo de descuento». Idealmente, esto capta tanto la preferencia temporal sobre los dos períodos como el riesgo de que un valor futuro no se realice. Al multiplicar los rendimientos futuros por un tipo de descuento, pueden hacerse equivalentes a los valores actuales, lo que se denomina «valor actual neto» (VAN). Si los rendimientos esperados están demasiado lejos en el futuro como para poder evaluarlos (por ejemplo, la futura repercusión económica del cambio climático y los beneficios de la intervención), no es posible encontrar un tipo de descuento que permita comparar con exactitud el presente y el futuro. En estos casos, hay otros métodos de evaluación que los Gobiernos pueden utilizar.

FIJAR UN TIPO DE DESCUENTO

Los tipos de descuento se deciden calculando el tipo mínimo aceptable de rendimiento de una inversión a lo largo de un período determinado. Tiene en cuenta todos los costes implicados y los posibles riesgos futuros, como las recesiones económicas, por lo que un tipo de descuento más alto implica un mayor riesgo, y viceversa. Por ejemplo, podría aplicarse un tipo de descuento del 20 % a una inversión en una empresa emergente, mientras que un tipo de descuento más bajo, del 5 %, podría ser adecuado para inversiones menos arriesgadas, como en empresas consolidadas.

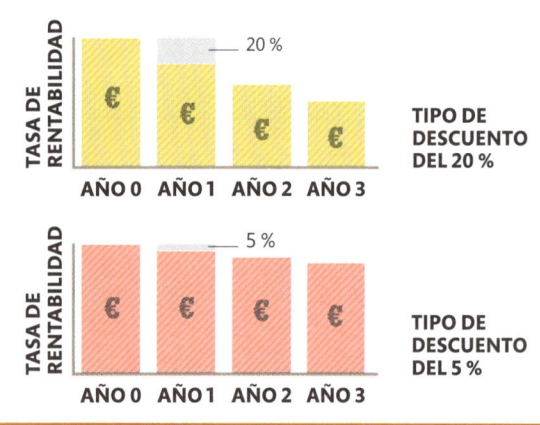

Cálculo del VAN

Para calcular el valor actual neto (VAN) de una inversión, se tienen en cuenta los costes de la duración de la inversión y se aplica un tipo de descuento. Este tipo compara el valor actual de una inversión con los rendimientos futuros. Así se puede decidir si merece la pena seguir adelante con la inversión.

«... los bienes presentes siempre valen más que los bienes futuros de la misma clase y calidad».

Frank Fetter, economista estadounidense, *Economic Principles* (1915)

1. ¿Debemos invertir?

Una fábrica está pensando en invertir en una máquina que costará 1000 euros y le reportará 500 euros al año durante cuatro años.

INVERSIÓN
1000 EUR

RENDIMIENTO

Año 1	Año 2	Año 3	Año 4
500 €	500 €	500 €	500 €

2. Rendimiento total de la inversión

La simple suma de los rendimientos y la resta de la inversión inicial arroja un beneficio de 1000 EUR, pero no muestra todo el conjunto.

500 €

+ 500 €

+ 500 €

+ 500 €

- 1000 €

= 1000 €

3. Ecuación algebraica del VAN

Para corregir la proyección, se aplica la fórmula del VAN para el valor futuro de cada uno de los rendimientos.

C= inversión inicial

$$\text{VALOR ACTUAL} = \frac{C}{(1 + R)^T}$$

1 + R = tipo de descuento usado

T = cantidad de años desde el presente

4. Aplicación de un tipo de descuento

Multiplicando el rendimiento futuro por la fórmula se obtiene un valor en términos de dinero actual. En este caso, se supone un tipo de descuento del 20 % (1,2).

Año 1

$$\frac{500 €}{(1,2)^1} = 417 €$$

Valor actual del rendimiento futuro

Año 2

$$\frac{500 €}{(1,2)^2} = 347 €$$

Valor actual del rendimiento futuro

5. Rendimientos ajustados al tiempo

Completar la fase de ajuste temporal para cada año de la inversión muestra que su valor futuro disminuye a medida que avanza el tiempo.

INVERSIÓN
1000 EUR

RENDIMIENTO

Hoy	Año 1	Año 2	Año 3	Año 4
417 €	← 500 €			
347 €	← 417 €	← 500 €		
289 €	← 347 €	← 417 €	← 500 €	
241 €	← 289 €	← 347 €	← 417 €	← 500 €

6. Valor actual neto

Sumando los rendimientos ajustados al tiempo y restando la inversión original se obtiene un beneficio de 294 EUR. Este es el valor actual neto de la inversión a cuatro años.

417 €

+ 347 €

+ 289 €

+ 241 €

- 1000 €

= 294 €

Economía de la información

La información digitalizada se diferencia de otros bienes y servicios porque su suministro y consumo pueden ser gratuitos. Para obtener beneficios, las empresas deben explorar otras formas de relacionarse económicamente con los consumidores.

Información gratuita

En la actualidad, una parte importante de la economía gira en torno al comercio de información, o contenidos, en forma de palabras, música y vídeo, a los que se accede a través de un ordenador, una tableta o un teléfono inteligente. Esta información, una vez digitalizada, puede transmitirse a coste cero, consumirse repetidamente y compartirse con facilidad —a menudo gratis— de una persona a otra. El coste de producción y las diferencias de precio entre los contenidos digitales y los bienes físicos hacen que los proveedores de contenidos sigan un modelo de negocio diferente. Si cada nuevo consumidor puede acceder digitalmente a los contenidos de forma gratuita, no hay ingresos (beneficios totales) para el proveedor, que tiene que encontrar otras formas de mantenerse en el negocio.

Encontrar los beneficios

Las empresas suelen monetizar sus contenidos digitales con publicidad de terceros, ya sea en un sitio web o en una aplicación. Algunas empresas adoptan el modelo de semipago y ofrecen una versión básica gratuita de su servicio con la opción de pagar por una experiencia sin publicidad. Para evitar o limitar el acceso gratuito a los contenidos, muchos proveedores establecen una barrera

---

Físico frente a digital

Todas las empresas, incluidos los productores de contenidos, asumen unos costes costes para suministrar bienes (véanse las págs. 42–43). En el caso de los bienes físicos, cada nueva unidad conlleva un coste adicional, el «coste marginal», y las empresas fijan el precio de sus productos para cubrirlo y obtener algún beneficio. En el caso de los bienes digitales, los costes son elevados cuando una empresa crea la primera copia de su contenido, pero son nulos a partir de entonces, lo que permite a las empresas ofrecer unidades casi ilimitadas y obtener ingresos sin costes.

El 92 %
de los estadounidenses accedieron a contenido en línea en 2023

Digital 2023: The United States of America

Bienes físicos

Una empresa que ofrece contenidos informativos en forma física, como un libro o una revista, soporta un coste un coste marginal por cada unidad, que incluye la producción, la mano de obra y la distribución.

COSTE MARGINAL = 2 €

digital o «muro de pago duro». La empresa invita entonces al consumidor a pagar una suscripción para leer, ver o escuchar sus contenidos. Algunas empresas ofrecen un «muro de pago blando», que permite al consumidor recibir algunos contenidos gratis antes de tener que pagar por más.

Las empresas también pueden aumentar sus ingresos utilizando la información o los datos digitales que obtienen de sus clientes. Estos datos pueden ayudar a una empresa a mejorar su eficiencia, reducir costes y desarrollar nuevos productos. O una empresa puede ofrecer datos a otra empresa, para que pueda comercializar sus productos o servicios a nuevos consumidores. Esto ha suscitado preocupación por la privacidad de los consumidores, lo que ha llevado a algunos Gobiernos a implantar normas para controlar la recogida de datos.

CASO PRÁCTICO

The Wall Street Journal

En la década de 1990, a medida que aumentaba la posesión de ordenadores, los periódicos empezaron a crear sitios web donde la gente podía leer artículos gratis. La idea era atraer a nuevos lectores, pero las ventas de los periódicos empezaron a caer. En 1997, el periódico estadounidense *The Wall Street Journal* fue el primer medio de comunicación en establecer un «muro de pago», que exigía a los lectores el pago de 50 dólares al año para acceder a las versiones digitales de sus artículos. Aunque el uso general de internet disminuyó, en abril de 1998 el periódico contaba con 200 000 suscriptores digitales, y otras publicaciones siguieron gradualmente su ejemplo.

PLATAFORMAS

La tecnología de la información permite a las empresas operar no como productoras de bienes o servicios, sino como «plataformas» en línea que permiten a compradores y vendedores comerciar entre sí. Las plataformas —a través de un sitio web o una aplicación, o ambos— suelen cobrar a una parte del mercado y subvencionar a la otra. Por ejemplo, una tienda de aplicaciones puede cobrar a los proveedores por vender en su plataforma, pero sin exigir pago alguno a los usuarios.

PRODUCTORES
Una plataforma permite a los productores ponerse en contacto con posibles compradores. A los productores se les cobra una cuota por ello.

PLATAFORMAS
Las plataformas de comercio electrónico cobran una comisión a una parte y subvencionan a la otra al no cobrarle nada. La comisión tiende a cobrarse a los productores, lo que impulsa el uso de la plataforma por parte de los consumidores.

CONSUMIDORES
Los clientes pagan por un producto, y los costes de la plataforma corren a cargo de la parte del mercado que paga una cuota, normalmente los productores.

Bienes de información

Si una empresa ofrece sus contenidos en formato digital para verlos en un ordenador, una tableta o un teléfono inteligente, no hay costes de presentación de la información al consumidor una vez que se han creado los contenidos y la tecnología para suministrarlos.

COSTE MARGINAL = 0 €

Efectos de red

El poder de las redes (los servicios y sus usuarios) tiene la capacidad de transformar las economías. Las redes pueden afectar a los mercados de forma directa e indirecta, creando valor, por ejemplo, aumentando simplemente de tamaño.

El poder de las redes

Las innovaciones en las tecnologías de la información, desde la infraestructura de internet hasta el auge de las redes sociales, han abaratado y facilitado la conexión, y han potenciado así el poder de las redes. Esto ha dado lugar a cambios económicos de gran alcance, que han provocado la aparición de nuevas empresas y la caída de varias ya establecidas. Todos estos cambios están relacionados con la economía de las redes, en particular con lo que los economistas denominan «efectos de red».

Tipos de efectos de red

Existen dos tipos de efectos de red. Los «efectos de red directos» son los beneficios derivados de la incorporación de más personas a una red. También se denomina «efecto de red del mismo lado», porque un cambio en la cantidad de clientes provoca un efecto en el lado de la demanda del mercado.

Un «efecto de red indirecto» se produce cuando un aumento de la cantidad de usuarios incentiva a los proveedores a crear más o mejores productos. Por ejemplo, cuantos más abonados tenga un servicio de

Efectos de red directos

En una red de telecomunicaciones, el beneficio para un usuario individual depende del número de personas con las que puede comunicarse. Cuanta más gente pueda llamar, mayor será la «utilidad», es decir, el beneficio o la satisfacción derivados (véanse las págs. 16–17), lo que, a su vez, puede aumentar la demanda.

NÚMERO DE USUARIOS ^{2}
=
VALOR DE RED

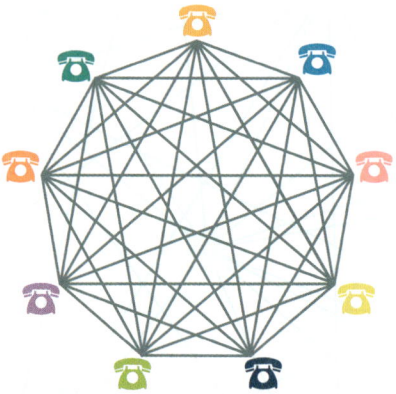

1. Una conexión
Con solo una conexión, el usuario puede hacer solo una llamada. El beneficio resultante para el usuario es bajo.

2. Conexiones únicas
A medida que crece el número de usuarios, aumentan las ventajas de poder hacer y recibir llamadas, ya que aumentan las posibles conexiones en la red.

3. Red desarrollada
Finalmente, un número elevado de conexiones aumenta el valor de la red, que se aproxima al cuadrado del número de usuarios.

streaming, más gastará en contenidos. Dado que el beneficio se produce a través de un cambio en el comportamiento de la oferta, los efectos de red indirectos también se denominan «efectos cruzados».

Combinar los efectos de red con la digitalización significa que la empresa anfitriona tiene unos costes medios en continuo descenso. En otras palabras, cuanto más grande es una empresa, más dinero gana, sin experimentar deseconomías de escala (véanse las págs. 50–51).

3 mil millones
de usuarios activos mensuales en Facebook en 2023

Meta, la empresa matriz de Facebook (2023)

✓ DEBES SABER

❯ **Masa crítica** Número de usuarios necesario para que se produzca un efecto de red.

❯ **Congestionamiento** Efecto negativo de la red en el que un número excesivo de usuarios ralentiza la red, lo que reduce su eficacia.

❯ **Mercados en los que el ganador se lo lleva todo** Un mercado en el que solo puede haber un competidor principal.

Efectos de red indirectos

Para una plataforma que vende un producto, lo que cuenta es la conexión entre los usuarios y los proveedores de un producto, más que la conexión entre usuarios individuales. En este ejemplo, el número de usuarios afecta a los ingresos. A su vez, la red invierte en más proveedores y productos.

1. Más usuarios
La red se sitúa entre los productores y los usuarios. Su función es conectar a los usuarios con los productores. Cuantos más usuarios tenga una red, más podrá conectar con los productores.

2. Más ingresos
Esto crea un ciclo en el que cuantos más usuarios haya, mayores serán los ingresos generados para la red.

3. Más proveedores
El beneficio económico lleva a la red a invertir en más productos o de mayor calidad.

4. Más variedad
Alternativamente, puede optar por almacenar una mayor variedad de productos a través de la red. Esto, a su vez, atrae a nuevos usuarios, lo que aumenta los ingresos.

MACROECONOMÍA

La macroeconomía, el estudio del funcionamiento de las economías en su conjunto, examina indicadores económicos como el producto interior bruto, el crecimiento y el desempleo, y cómo estos afectan a un país o región, o incluso al mundo.

El flujo circular

Una transacción económica es un intercambio de recursos entre participantes en un mercado. Cuando un mercado funciona libremente, estos recursos se mueven en lo que se conoce como «flujo circular».

Flujo en dos direcciones

A medida que el dinero pasa de los consumidores a los productores, los bienes y servicios pasan de los productores a los consumidores. Del mismo modo, cuando un Gobierno (o «Estado») recauda dinero de los ciudadanos, proporciona a cambio servicios públicos, como hospitales financiados por el Estado. Las empresas, los hogares y el Estado son, por tanto, tres canales a través de los cuales el dinero fluye en una dirección y los bienes y servicios en otra. Un cuarto canal es el sector financiero, que facilita todo tipo de transacciones financieras entre los otros tres canales.

Los dos flujos principales son siempre interdependientes y representan dos perspectivas distintas de un mismo intercambio económico. Son circulares porque el dinero que gastan los hogares en bienes y servicios lo proporcionan las empresas que pagan sus salarios y producen esos bienes y servicios.

Fomentar la eficiencia

El flujo circular no está concebido ni diseñado, y no requiere la dirección de los Gobiernos para funcionar. De modo que, mientras los hogares, las empresas y los Gobiernos tengan acceso a un medio de confianza —en especial, el dinero—, el flujo surge de forma natural en un mercado libre.

Un mercado libre es aquel en el que el Estado defiende los derechos de las personas y las empresas a poseer propiedad privada y a controlar y transferir lo que poseen como consideren oportuno. Fomenta el libre flujo de intercambios entre compradores y vendedores, y los vendedores compiten entre sí para ofrecer a los compradores bienes y servicios con la mejor relación calidad-precio. La competencia no solo ayuda a mantener los precios bajos, sino que también anima a las empresas a innovar y conduce a la especialización, ya que algunas empresas se vuelven mejores en la producción de determinados bienes. De este modo, las empresas se vuelven más eficientes y aumentan sus beneficios al máximo a la vez que satisfacen las demandas de los consumidores y emplean a trabajadores con las cualificaciones pertinentes.

Un bucle sin fin

Las instituciones financieras, como los bancos y las casas de corretaje, constituyen el eje de una economía de libre mercado (véanse las págs. 32–33). Ofrecen préstamos y proporcionan un foro en el que se pueden negociar obligaciones y otros instrumentos financieros. Como tales, son fundamentales para el éxito del flujo circular entre los hogares, las empresas y el Estado.

FUGAS E INYECCIONES

Todo el dinero de las empresas y los hogares que no se gasta directamente en el intercambio de productos nacionales se conoce como «fuga» del flujo circular. Esto se debe a que no contribuye a la actividad económica. Pagar impuestos, comprar productos importados e ingresar dinero en una cuenta de ahorro son ejemplos de fugas. En cambio, el dinero procedente de instituciones internacionales, estatales o financieras que se gasta directamente en el intercambio de productos nacionales se conoce como «inyección» en el flujo circular. Esto se debe a que contribuye a la actividad económica. El gasto público, la venta de bienes y servicios para la exportación y la inversión del dinero ahorrado son ejemplos de inyecciones. Un flujo circular está equilibrado cuando sus fugas son iguales a sus inyecciones.

Hogares

Los miembros de los hogares intercambian trabajo por salarios para comprar bienes y servicios. También pagan impuestos y reciben los beneficios económicos de poseer acciones.

El Estado

El Gobierno —el Estado— recauda impuestos sobre todos los intercambios económicos y proporciona a cambio bienes y servicios valiosos. Y lo que es más importante, defiende el Estado de derecho.

Empresas

Las empresas privadas ofrecen bienes o servicios a cambio de una compensación monetaria. Durante el proceso, pagan tanto impuestos al Estado como dividendos a los accionistas.

Instituciones financieras

Los bancos y otras instituciones financieras conceden préstamos a cambio del pago de intereses sobre los préstamos. Durante el proceso, pagan impuestos al Estado y dividendos a los accionistas.

«La propensión [a] cambiar una cosa por otra es común a todos los hombres».

Adam Smith, economista escocés, *Una investigación sobre la naturaleza y causas de la riqueza de las naciones* (1776)

TRABAJO
SALARIOS
IMPUESTOS
GASTOS DEL ESTADO
IMPUESTOS
GASTOS DEL ESTADO
PRÉSTAMOS
AHORROS
AHORROS
AHORROS
PRÉSTAMOS
PRÉSTAMOS
BIENES
COSTE

Indicadores económicos

La solidez de una economía, su evolución prevista y cómo podría mejorarse se comprenden mejor estudiando los datos económicos y humanos («indicadores») y evaluando sus resultados.

Lectura de las señales

Las economías atraviesan períodos de altibajos —entre crecimiento y recesión (véanse las págs. 94–95)— conocidos como «ciclos económicos». Cada ciclo consta de cuatro etapas (expansión, pico, contracción y depresión). A medida que una economía crece, alcanza un punto álgido, luego se ralentiza para llegar a un punto bajo y vuelve a subir. Una característica esencial de la economía es el estudio de estos ciclos fluctuantes, que duran de media unos cinco años y forman parte de un patrón de expansión y contracción a más largo plazo.

Para comprender en qué punto del ciclo actual se encuentra una economía y cómo pueden evolucionar las tendencias al alza o a la baja, los economistas estudian datos o indicadores. Estos datos se basan en evaluaciones financieras o de mercado, como la inflación, los salarios y los precios de los productos básicos, y en factores humanos, como la salud, la esperanza de vida y la educación.

Recopilación de los datos

La mayoría de los Gobiernos tienen organismos estadísticos que recogen datos de indicadores para poder evaluar el estado del ciclo económico. Los economistas analizan los datos para explicar el ciclo, compararlo con otros períodos y predecir su comportamiento futuro. Con esta información, los Gobiernos pueden elaborar políticas financieras, las empresas pueden decidir sus objetivos de producción y los inversores pueden asignar con eficiencia el capital. La publicación de datos también puede tener una repercusión notable en la vida cotidiana de los hogares, ya que aporta buenas o malas noticias económicas que podrían afectar a ámbitos como los niveles impositivos, los salarios y la inflación de los precios.

17 meses

es el ciclo económico más corto de la historia de EE. UU. (1920–21)

Oficina Nacional de Investigaciones Económicas (2023)

Lectura de los indicadores

Los altibajos de una economía se evalúan con tres tipos de indicadores: avanzados, rezagados y coincidentes, cada uno de los cuales se refiere a un punto concreto del ciclo económico. Los indicadores avanzados preceden a cambios más amplios en la economía y se utilizan para hacer predicciones sobre esta. Los indicadores rezagados confirman los cambios que ya se han producido y se utilizan para evaluar las pautas de los ciclos económicos. Los indicadores coincidentes reflejan lo que está ocurriendo ahora y proporcionan información sobre el estado actual de la economía. Los economistas pueden estudiar una amplia gama de indicadores, aunque hay cinco áreas, o sectores de actividad, principales (véase a la derecha) comunes a todas las economías.

Tarifas de mercado

Los indicadores avanzados, que reflejan las fluctuaciones de los precios — incluidos los de los productos básicos, como el petróleo, el gas, los metales y el trigo—, así como los movimientos de los tipos de cambio y los tipos de interés.

Actividad económica

Indicadores coincidentes que evalúan el comportamiento de la oferta y la demanda en distintos sectores económicos. Estos indicadores están a su vez influidos por los indicadores de mercado, trabajo e inflación.

Balanza de pagos

Indicadores coincidentes que siguen el flujo de exportación e importación de productos y servicios, así como las transferencias internacionales de dinero cobradas por el sistema bancario.

Mercado laboral

Indicadores rezagados, obtenidos a partir de encuestas de empresas y hogares, como los niveles de empleo y desempleo, el número de ofertas de trabajo y el número de solicitudes de prestaciones por desempleo.

Salarios

Las subidas salariales pueden considerarse un indicador avanzado de la inflación. Los aumentos de los costes salariales de las empresas, que se esfuerzan por seguir siendo rentables, suelen repercutirse en los consumidores a través de una subida de los precios.

Inflación

A menudo considerada como un indicador rezagado, la inflación (la tasa de variación de los precios de una lista de artículos de consumo normales) está directamente influida por los tipos de mercado y los salarios.

Construcción

El número de obras recién iniciadas, la evolución de los trabajos y el número de viviendas construidas.

Producción

Producción industrial y manufacturera combinada, así como materias primas y productos acabados.

Consumo

Las ventas totales de bienes y servicios a los hogares.

INDICADORES DE DESARROLLO HUMANO

Las Naciones Unidas han creado el índice de desarrollo humano (IDH) para poner de relieve los aspectos que afectan al progreso de un país más allá del crecimiento económico. El IDH ofrece cuatro indicadores principales de bienestar (véanse las págs. 144–45) basados en tres objetivos: una vida sana, una buena educación y un nivel de vida digno.

Salud

❯ Esperanza de vida al nacer

Educación

❯ Años previstos de escolarización de los niños

❯ Años medios de escolarización de los adultos

Nivel de vida

❯ Renta nacional bruta (RNB) por habitante

Producto interior bruto

El producto interior bruto (PIB), la medición más común de la actividad económica, refleja el valor de las transacciones que tienen lugar en un país en un período determinado.

El tamaño de una economía

El PIB agrega el valor de las transacciones de mercado, por lo que no incluye la producción personal de bienes y servicios. Si se come en un restaurante, la comida contribuye al PIB, pero si esta se prepara con alimentos cultivados por uno mismo, el PIB no cambia.

El PIB evalúa la actividad dentro de un determinado período. Si se vende una casa construida hace muchos años, el PIB solo tiene en cuenta las comisiones y los impuestos pagados durante la transacción. Sin embargo, si la vivienda es de nueva construcción, el PIB reflejará el valor de la propiedad en sí.

Como medición del crecimiento (véanse las págs. 90–91), el PIB es un indicador útil de la solidez de una economía. El aumento del PIB, o crecimiento positivo, contribuye a aumentar el empleo, el nivel de vida y el poder adquisitivo. La disminución del PIB, o crecimiento negativo, tiene el efecto contrario y puede llevar incluso a la recesión (véanse las págs. 94–95).

PIB nominal frente a PIB real

El PIB puede evaluarse en términos nominales o reales. El PIB nominal da el valor de la actividad económica utilizando el precio actual de los bienes y servicios. Resulta útil para comparar el PIB con otros factores económicos, como la deuda pública (véanse las págs. 112–13). El PIB real es la misma medición, pero ajustada a la inflación (véanse las págs. 96–97), por lo que elimina la influencia de las variaciones de precios de un período a otro. Permite una comparación justa de la actividad económica entre períodos de tiempo o entre países.

Gastos domésticos

Los gastos totales de las familias en productos básicos como alimentos, ropa, vivienda, sanidad, ocio y transporte. Suelen ser el mayor componente del PIB.

Gastos del Estado

Todos los gastos del Estado, como los destinados a infraestructuras públicas, defensa, educación, sanidad y pago de intereses de la deuda. La política fiscal puede usarse para controlar los ciclos económicos (véanse las págs. 110–11).

PIB de la demanda

Una forma de evaluar el PIB consiste en sumar el valor de todos los factores de demanda de la economía. Es decir, el valor total de las ventas de todos los bienes y servicios que se consumen en un país en un período determinado (véanse las págs. 44–45). Esta demanda puede dividirse entre los cuatro factores principales que se muestran a continuación.

El **70–80** % del **PIB** en la mayoría de los países procede de los gastos domésticos y del Estado

Banco Mundial (2022)

Gastos de inversión

Gasto de las empresas en bienes de equipo como equipos, edificios e infraestructuras. También incluye el valor de los bienes que constan en inventarios. Este gasto está impulsado por los planes de expansión de las empresas.

Exportaciones netas

El valor de las exportaciones de un país menos sus importaciones. Cuando las exportaciones superan las importaciones, se contribuye positivamente al PIB. Cuando las importaciones superan las exportaciones, se contribuye negativamente al PIB (véanse las págs. 176–77).

PIB DE LA OFERTA

El PIB de la oferta, una forma alternativa de evaluar el PIB, es el total del «valor añadido» (o «beneficios brutos») de todas las empresas. Se calcula como los ingresos totales menos los costes de producción de los bienes o servicios. Aunque el PIB de la oferta y el PIB de la demanda utilizan datos de fuentes diferentes, sus valores son los mismos porque «todo lo producido» equivale a «todo lo consumido».

EVALUACIÓN DE LA PRODUCTIVIDAD

Las comparaciones del PIB entre países pueden ser engañosas. Un país rico con poca población puede tener el mismo PIB que un país pobre con mucha población. Para que las comparaciones sean más significativas, los economistas se fijan en las evaluaciones de productividad. El «PIB per cápita» es el PIB dividido por la población. Indica la eficiencia con la que una economía genera PIB.

PIB DE EE. UU. EN 2022 = 25,47 BILLONES DE DÓLARES

POBLACIÓN DE EE. UU. EN 2022 = 333 MILLONES

=

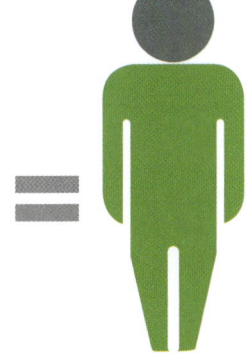

PIB PER CÁPITA EN EE. UU. EN 2022 = 76 486 DÓLARES

Crecimiento económico

El crecimiento se refiere a los cambios en la cantidad de actividad económica que se producen a lo largo del tiempo. Las economías que crecen a un ritmo constante y ascendente tienden a producir más prosperidad y un nivel de vida más alto.

Crecimiento positivo y negativo

Los economistas se refieren a la tasa de crecimiento económico como positiva (creciente) o negativa (decreciente). El crecimiento positivo contribuye a aumentar el empleo, mejorar el nivel de vida y aumentar las posibilidades de inversión en servicios públicos como la sanidad y la educación. El crecimiento negativo equivale al declive económico, que provoca la pérdida de puestos de trabajo y reduce el poder adquisitivo. El crecimiento negativo prolongado conduce a la recesión (véanse las págs. 94–95).

Los economistas separan el crecimiento económico en dos componentes distintos: el crecimiento positivo estable a largo plazo y las fluctuaciones inestables a corto plazo.

Impulsores de crecimiento

El crecimiento a largo plazo se ve afectado por factores de la oferta y la demanda a largo plazo que están interconectados y a menudo se alimentan mutuamente. La oferta depende de la demografía, la inversión de capital y el progreso tecnológico. La demanda viene determinada por el consumo de los hogares, la inversión de las empresas, el comercio internacional y los gastos del Estado. Los países con economías de crecimiento más rápido tienden a beneficiarse de los efectos positivos de estas tendencias de la oferta y la demanda.

Algunos economistas consideran que la innovación y el progreso tecnológico son la fuerza impulsora fundamental del crecimiento económico prolongado. Para ellos, el ingenio humano y el conocimiento aplicado fomentan y permiten tendencias positivas en todos los demás factores de la oferta y la demanda que impulsan la actividad económica.

TENDENCIAS DE LA OFERTA A LARGO PLAZO

Población activa
La cantidad de personas económicamente activas, determinada por el tamaño de la población y el porcentaje de la población que quiere y puede trabajar.

Capital humano
Habilidades, conocimientos y experiencia de quienes se dedican a la producción económica, adquiridos mediante la educación formal y la formación en la empresa.

Bienes de equipo
La cantidad de empresas activas, sus recursos financieros y algunos bienes e infraestructuras directamente vinculados a la producción económica, como herramientas, maquinaria y fábricas.

Innovación
Los cambios en la eficiencia operativa de las unidades de producción individuales y su grado de integración, impulsados por la especialización, la mecanización y el progreso científico.

«**Entre el 1900 y el 2000, el PIB mundial...**
se multiplicó por 19 aproximadamente...
una tasa media anual de crecimiento del 3 %».

Fondo Monetario Internacional, *Capítulo V: La economía mundial en el siglo XX* (2000)

AUMENTO DE LA ACTIVIDAD ECONÓMICA

TENDENCIAS DE LA DEMANDA A LARGO PLAZO

Consumo de los hogares
Los gastos domésticos totales en bienes y servicios necesarios para cubrir las necesidades diarias de alojamiento, alimentación, atención médica, servicios públicos, ropa, transporte y ocio.

Inversión
Las existencias de bienes duraderos e infraestructuras de uso general, como edificios, viviendas, vehículos, carreteras, ferrocarriles y redes de servicios públicos y telecomunicaciones.

Exportaciones netas
El valor del comercio internacional medido por el valor total de los bienes y servicios exportados restado del valor total de las importaciones.

Consumo público
El gasto total del sector público, incluidas las Administraciones públicas y las empresas del sector público, ya que consumen bienes y servicios del sector privado.

CICLOS ECONÓMICOS

El ritmo de crecimiento económico dista mucho de ser constante, y los cambios de un año a otro pueden ser drásticos. Los ciclos económicos representan los intervalos de tiempo a corto plazo que separan las expansiones (períodos de crecimiento positivo) de las contracciones (períodos de crecimiento negativo). El ciclo económico suele representarse como una onda regular con picos y valles entre los ciclos de expansión y contracción. A pesar de los períodos de contracción, la tasa global de crecimiento suele ser positiva a largo plazo.

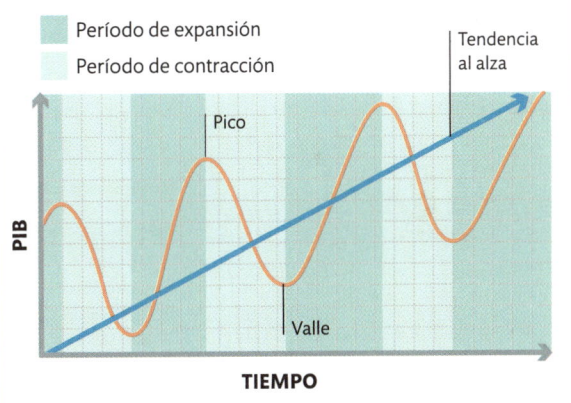

Una economía en expansión

El crecimiento económico a largo plazo puede entenderse analizando las tendencias a largo plazo de la oferta y la demanda de una economía. Sin embargo, cabe señalar que las tendencias a largo plazo pueden verse alteradas por fluctuaciones a corto plazo. Las posibles causas de esta volatilidad son la confianza de los consumidores, los cambios en la política gubernamental o las variaciones de los precios.

Ahorros e inversiones

Un país ahorra cuando produce más de lo que consume. Estos ahorros pueden financiar la inversión, lo que puede tener un efecto positivo en la salud de una economía nacional.

Crecimiento potencial

Invertir (comprar activos que puedan generar ingresos futuros) y ahorrar suelen estar relacionados con las finanzas personales, pero los conceptos también se aplican a escala nacional. Un país ahorra si produce más bienes y servicios de los que necesita; este exceso se conoce como «ahorros nacionales». El exceso de producción puede exportarse a países que producen menos de lo que consumen. O el ahorro en bienes y servicios puede financiar la inversión nacional, como los gastos en activos fijos, es decir, los destinados a un uso a largo plazo, como la tecnología, las infraestructuras y la construcción de viviendas. Estas inversiones pueden aportar beneficios económicos duraderos.

Los economistas se interesan por las tendencias de la inversión porque afectan a la capacidad de un país para mantener altas tasas de expansión económica. Por lo general, los países con una elevada proporción de inversión respecto al PIB (el valor total de los bienes y servicios de un país producidos en un período determinado, normalmente un año; véanse las págs. 88–89) tienen altas tasas de ahorro interno, altas tasas de endeudamiento con otros países y altas tasas de crecimiento económico. Las inversiones de un país—junto con otros factores, como la magnitud de la mano de obra y la cantidad de recursos naturales—están relacionadas con su potencial de oferta. Este, a su vez, influye directamente en el PIB. Así, las decisiones de inversión, tanto públicas (financiadas por los Gobiernos) como privadas (empresas), afectan directamente al PIB potencial de un país y al crecimiento económico a largo plazo.

Tipos de inversión

Este diagrama explora los distintos tipos de inversión de los sectores público o privado. La política fiscal (de gastos) del Gobierno financia la inversión a través de los ahorros nacionales (procedentes de cualquier producto que no se consuma) y de préstamos de otros países.

Infraestructura
La inversión en infraestructuras, que incluye desde autopistas y aeropuertos hasta redes de telecomunicaciones y centrales energéticas. Suele desencadenar un crecimiento económico.

Bienes duraderos
El gasto total en bienes que generan beneficios para sus propietarios, desde coches, aviones y electrodomésticos hasta máquinas de producción nuevas.

El **20–30** % corresponde a la participación de la inversión de PIB en la mayoría de los países del mundo

El Banco Mundial y la Organización de Cooperación y Desarrollo Económicos, datos de contabilidad nacionales (1960–2022)

Construcción residencial
Todos los gastos en edificios destinados a servir de residencia. Esta inversión se añade a las existencias de activos fijos de una economía.

Software y activos intangibles
La cantidad total que se gasta en software y «activos intangibles», como marcas registradas, nombres de marca y derechos de autor. Estos activos pueden añadir valor con el tiempo, por ejemplo, a través del reconocimiento de la marca.

Inversiones nacionales totales
Todos los ahorros nacionales y el dinero que el país toma prestado de otros países. (véase el recuadro).

Investigación y desarrollo
Todos los gastos en trabajos de investigación que aumentan los conocimientos científicos y tecnológicos en las empresas. Esto puede generar beneficios económicos indefinidos en el futuro.

Inventarios
Cualquier exceso de producción se convierte en existencias que pueden venderse posteriormente. Los inventarios se suman al PIB cuando se crean, no cuando se venden.

EL MULTIPLICADOR FISCAL

La mayor parte de la inversión pública se destina a infraestructuras y a investigación y desarrollo (I+D), ya que la inversión en estas áreas tiende a desbloquear una cantidad desproporcionadamente grande de beneficios económicos a lo largo del tiempo. Este fenómeno se conoce como «multiplicador fiscal positivo», y se produce cuando una unidad monetaria (un dólar, por ejemplo) de inversión pública da lugar a la creación de más de una unidad monetaria de PIB (véanse las págs. 88–89).

Inversión pública

Impuestos/ actividad económica

PRÉSTAMOS

El volumen total de ahorros de una economía nacional no siempre está equilibrado con la cantidad que un país invierte cada año (véanse las págs. 112-13). Por ejemplo, cuando los ahorros no son suficientes para satisfacer la demanda de inversión, un país puede tener un déficit por cuenta corriente (préstamos de otros países), y cuando los ahorros superan la demanda de inversión, un país puede tener un superávit por cuenta corriente (préstamos a otros países). Estos flujos de dinero entre países se denominan «desequilibrios por cuenta corriente».

Recesión

Una recesión es un período prolongado en el que disminuye la actividad económica, lo que provoca desempleo, dificultades para familias y empresas y una reducción del PIB del país.

¿Qué causa una recesión?

Dado que la población aumenta —lo cual crea empleo, y estimula la producción y la innovación— la tendencia natural de las economías es crecer. Sin embargo, tras un período prolongado de crecimiento, un acontecimiento importante, como una guerra, una pandemia o el hundimiento de un mercado esencial (véanse las págs. 72–73), es posible que la actividad económica se ralentice o incluso se estanque durante varios meses. Cuando esto sucede, la economía se encuentra en recesión.

Las recesiones son «superficiales» cuando solo están afectados unos pocos sectores de la economía, y «profunda» cuando están afectados todos los sectores de la economía de forma simultánea. Las recesiones profundas pueden extenderse rápidamente por todo el mundo, mientras que las recesiones superficiales pueden afectar a las economías nacionales. Estas últimas puede incluso provocarlas la política: para reducir la inflación (véanse las págs. 96–97), los bancos centrales a menudo suben los tipos de interés, lo que encarece los préstamos y reduce los gastos, lo que a su vez reduce la presión al alza sobre los precios.

Lidiar con las recesiones

Aunque las recesiones tienen muchas causas, todas presentan las mismas características: disminuyen los

CICLO NEGATIVO

Cuando comienza una recesión, se inicia una cadena de acontecimientos que aumenta y perpetúa las dificultades que sufre toda la economía. Provoca la quiebra de empresas, lo que hace que la gente pierda su empleo y sus ingresos, lo que a su vez hace que los hogares consuman menos. Estas caídas de los gastos provocan la quiebra de otras empresas, lo que lleva a más desempleo, menos gastos, y así sucesivamente. Muchos Gobiernos utilizan políticas fiscales y monetarias para romper este ciclo negativo.

EL DESEMPLEO AUMENTA

LOS CONSUMIDORES GASTAN MENOS

LAS EMPRESAS CIERRAN

VENDIDO

Señales de recesión

Muchos economistas definen una recesión como un período de declive económico que dura por lo menos dos períodos de tres meses. La recesión más larga desde la Segunda Guerra Mundial se produjo en EE. UU. y duró desde el inicio de la crisis financiera de 2007–08 (véanse las págs. 72–73) hasta junio de 2009. Las recesiones pueden deberse a perturbaciones inesperadas de la economía, como un aumento repentino de los precios, o a intervenciones planificadas, como la política monetaria.

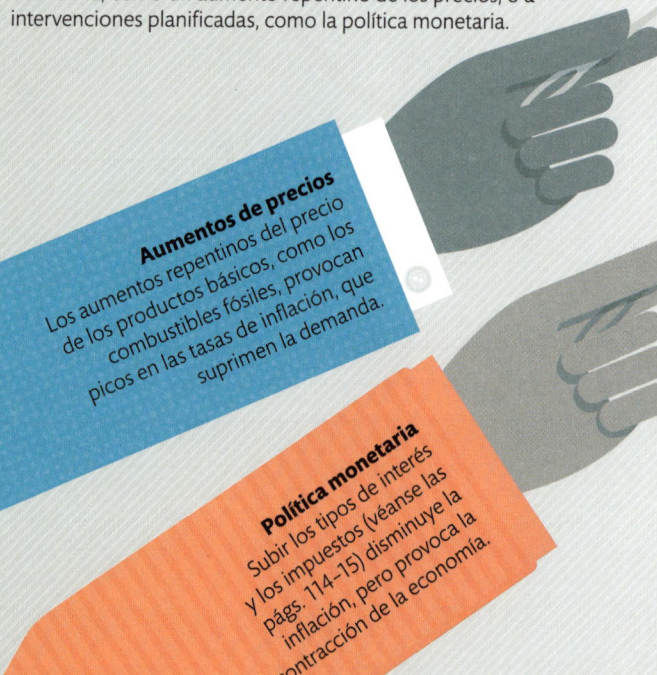

Aumentos de precios
Los aumentos repentinos del precio de los productos básicos, como los combustibles fósiles, provocan picos en las tasas de inflación, que suprimen la demanda.

Política monetaria
Subir los tipos de interés y los impuestos (véanse las págs. 114–15) disminuye la inflación, pero provoca la contracción de la economía.

ingresos, bajan los precios de los activos, las empresas cierran y aumenta el desempleo. Sin embargo, al igual que los bancos centrales pueden ralentizar las economías, también pueden contrarrestar las recesiones: bajando los tipos de interés, animan a la gente a pedir prestado y gastar dinero, lo que a su vez estimula la economía. Aunque una recesión puede durar solo unos meses, puede causar daños a largo plazo, como disuadir la actividad inversora, lo que provoca una caída del PIB. También puede dar lugar a un desempleo estructural, en el que se pierden antiguos puestos de trabajo y no se sustituyen, y el desempleo persiste más allá de la recesión.

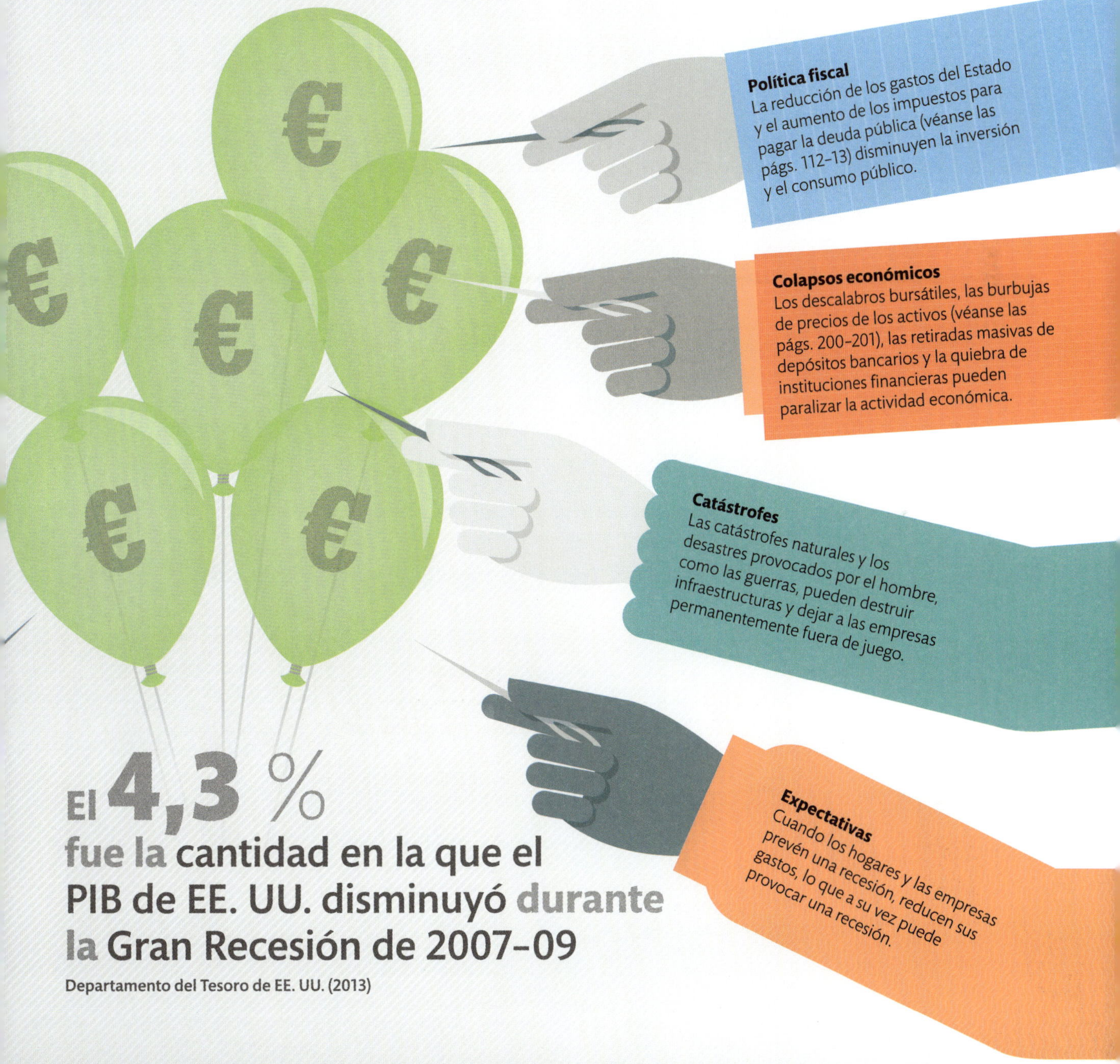

Política fiscal

La reducción de los gastos del Estado y el aumento de los impuestos para pagar la deuda pública (véanse las págs. 112–13) disminuyen la inversión y el consumo público.

Colapsos económicos

Los descalabros bursátiles, las burbujas de precios de los activos (véanse las págs. 200–201), las retiradas masivas de depósitos bancarios y la quiebra de instituciones financieras pueden paralizar la actividad económica.

Catástrofes

Las catástrofes naturales y los desastres provocados por el hombre, como las guerras, pueden destruir infraestructuras y dejar a las empresas permanentemente fuera de juego.

Expectativas

Cuando los hogares y las empresas prevén una recesión, reducen sus gastos, lo que a su vez puede provocar una recesión.

El **4,3** %
fue la **cantidad en la que el PIB de EE. UU. disminuyó** durante la Gran Recesión de 2007–09

Departamento del Tesoro de EE. UU. (2013)

Inflación

El aumento del precio de los bienes y servicios en un período determinado se conoce como «inflación». La tasa de inflación evalúa el ritmo de ese aumento, normalmente en relación con artículos domésticos de uso cotidiano.

Precios al consumo

Se suele entender por «inflación» el aumento global del coste de la vida, es decir, el incremento general de los precios en un período concreto, normalmente un año. Sin embargo, en realidad la inflación se evalúa estudiando los precios de conjuntos específicos de bienes y servicios de uso cotidiano, como los alimentos, el alcohol, la electricidad e incluso las entradas de teatro. Los organismos públicos deciden qué bienes y servicios se incluyen en esta «cesta» representativa y actualizan su contenido a medida que cambian las preferencias de los consumidores. También actualizan los precios cada mes, recogiéndolos de una muestra de minoristas y proveedores de servicios. Por último, registran los precios en el índice de precios al consumo (IPC), que los Gobiernos usan para evaluar la tasa de inflación.

El IPC proporciona una estimación del precio global de la cesta de la compra. Para obtener la tasa de inflación, el IPC se divide por el precio que tenía la cesta un mes o un año antes (en función del período analizado) y luego se multiplica por 100. Por ejemplo, si el precio histórico era de 140 € y el precio actual es de

Tipos de inflación

Hay dos tipos principales de inflación: la inflación de costes y la inflación de demanda. La inflación de costes está causada por la oferta, mientras que la inflación de demanda está causada por la demanda. Los economistas las llaman causas «mecánicas», porque surgen previsiblemente de cambios en la oferta y la demanda «agregadas» (totales).

Inflación de costes

Los precios suben cuando la oferta total de bienes y servicios (oferta agregada) es inferior a la demanda de los consumidores. Esto puede ocurrir cuando sube el precio de las materias primas.

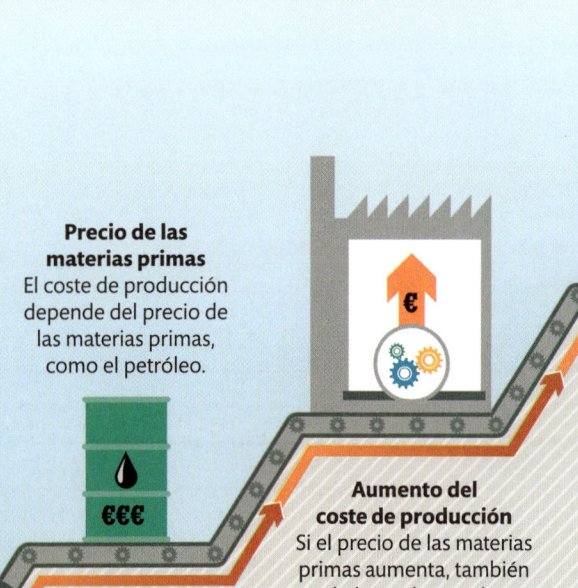

Precio de las materias primas
El coste de producción depende del precio de las materias primas, como el petróleo.

Aumento del coste de producción
Si el precio de las materias primas aumenta, también lo hace el coste de producción.

Disminución de la producción
Las empresas que no pueden operar al nivel de precios más alto disminuyen la producción, pero suben los precios para mantener los ingresos.

Efecto de contagio
El aumento de los costes se extiende a otros sectores de la economía, lo que incrementa aún más los precios.

150 €, el IPC es de 107, es decir, una inflación del 7 %.

Una guía política

El IPC es una herramienta de valor incalculable para los responsables políticos. Puede indicar hasta qué punto deben ajustarse los salarios para que los hogares mantengan su poder adquisitivo (si la inflación es del 7 %, los salarios deben aumentar en la misma proporción) y cuánto deben aumentar los Gobiernos las prestaciones sociales para proteger a la población de la pobreza.

ESTANCAMIENTO ECONÓMICO

El estancamiento es una evaluación de la cantidad de recursos sin usar en la economía, como personas sin trabajo o máquinas paradas. Es la diferencia entre lo que la economía puede producir y lo que realmente produce. Cuando el estancamiento es alto, la inflación es baja, porque la gente gasta menos. Cuando el estancamiento es bajo, la inflación aumenta, porque la gente gasta más.

PRODUCCIÓN POTENCIAL

PRODUCCIÓN REAL   **ESTANCAMIENTO**

Inflación de demanda

Los precios suben cuando la demanda total de bienes y servicios (demanda agregada) supera a la oferta. Esto puede ocurrir durante los auges económicos, cuando la confianza de los consumidores es alta

Aumento de la demanda de los consumidores

La demanda aumenta debido a la confianza de los consumidores, la inversión pública o la baja inflación.

La demanda supera la oferta

Cuando la demanda supera la oferta, los precios suben porque la gente está dispuesta a pagar más por el producto.

Aumento de la producción

Las empresas tienden a aumentar la producción cuando la demanda es elevada.

Las empresas contratan a más trabajadores

Una producción más elevada aumenta la demanda de mano de obra. Esto aumenta los salarios (una forma de inflación), ya que aumenta la competencia por los trabajadores.

«La inflación de dos cifras es algo terrible».

Paul Volcker, presidente de la Reserva Federal de EE. UU. (1979–1987)

Desempleo y trabajo

La tasa de desempleo, la proporción de personas sin trabajo pero que lo buscan, está estrechamente relacionada con la actividad económica. Los cambios en el mercado laboral afectan directamente a Gobiernos, empresas y consumidores.

Altas y bajas laborales

Los Gobiernos y los expertos del mercado siguen de cerca el nivel de desempleo de una población para conocer el estado presente y futuro de una economía. Los economistas consideran que el desempleo es un indicador rezagado, es decir, una característica mensurable en curso que puede ayudar a predecir las tendencias económicas (véanse las págs. 86–87).

En términos generales, cuando la actividad económica (creación, venta y compra de bienes y servicios) es elevada, aumenta la demanda de mano de obra y disminuye el desempleo. Cuando la actividad es baja, las empresas reducen su fuerza laboral y el desempleo aumenta. Sin embargo, estos cambios en la mano de obra se producen lentamente, y solo después de un período prolongado de crecimiento o declive económico se alteran significativamente las tasas de desempleo. Durante la expansión económica, las empresas intentan satisfacer el aumento de la demanda de productos y servicios aumentando la productividad antes de contratar a más trabajadores. En las recesiones, las empresas primero reducen las horas de trabajo antes de despedir al personal.

Trabajo y población

La población en edad de trabajar de un país se define como todas las personas por encima de una edad mínima (normalmente 16 años, pero menos en algunos países) y por debajo de la edad oficial de jubilación. La mayoría de ellas, la población activa, trabaja o busca trabajo.

Entrar y salir de la mano de obra

Los miembros de la población en edad de trabajar que no pueden trabajar no se incluyen en la población activa ni en los cálculos de la tasa de desempleo.

POBLACIÓN EN EDAD DE TRABAJAR

POBLACIÓN ACTIVA

Empleados
Aquellos que tienen un trabajo remunerado, ya sea a tiempo parcial o completo.

Desempleados
Aquellos que actualmente no tienen trabajo, pero que lo buscan de forma activa.

Fuera de la población activa
Aquellos que ni tienen trabajo ni lo buscan, también conocidos como «población inactiva».

Presiones en las cifras

Las fricciones dentro del mercado laboral pueden causar desempleo. Por ejemplo, los solicitantes de empleo que se niegan a trabajar por un salario inferior a su salario de reserva —el mínimo que aceptarían por un trabajo concreto— permanecen desempleados durante más tiempo. Además, algunas empresas pueden no contratar a más trabajadores porque no encuentran personas con las cualificaciones necesarias o porque esos trabajadores no residen en la misma zona geográfica que las empresas contratantes.

MERCADOS LABORALES

El trabajo está sujeto a los mismos conceptos económicos básicos de oferta y demanda que los bienes y servicios (véanse las págs. 44–45). Los trabajadores ofrecen mano de obra a cambio de dinero (salarios), mientras que las empresas solicitan mano de obra y pagan salarios. Los salarios más altos reducen la demanda de mano de obra (curva de demanda descendente), pero aumentan la oferta de mano de obra (curva de oferta ascendente).

SALARIO

Demanda

Oferta

CANTIDAD DE MANO DE OBRA

«El trabajo fue el primer precio, la moneda de compra primitiva».

Adam Smith, economista y filósofo escocés, *La riqueza de las naciones* (1776)

Tipos de desempleo

Existen distintos factores que influyen en las circunstancias en las que las personas están desempleadas. Todas ellas son componentes de la tasa de desempleo.

TRABAJO

SIN TRABAJO

Desempleo cíclico

Sigue el ciclo económico. El desempleo elevado suele relacionarse con las recesiones económicas.

Desempleo friccional

La creación y la búsqueda de empleo pueden encontrar obstáculos. Estas «fricciones» en el mercado laboral pueden agravar el desempleo.

Desempleo estructural

Los cambios en la estructura de una economía, como el desarrollo de la automatización del trabajo, puede crear desempleo.

TASA DE DESEMPLEO

La tasa de desempleo de un país se calcula tomando la cantidad de personas actualmente desempleadas y en búsqueda activa de empleo, dividiéndola por la población activa total (personas empleadas y desempleadas) y multiplicándola por 100 para obtener un porcentaje. La tasa suele basarse en las personas que han buscado trabajo activamente en las últimas cuatro semanas y están libres para empezar a trabajar dentro las dos semanas siguientes.

TASA DE DESEMPLEO

$$\frac{\text{2 MILLONES DE PERSONAS DESEMPLEADAS}}{\text{40 MILLONES DE POBLACIÓN ACTIVA}} \times 100 = 5\%$$

La curva de Phillips

La curva de Phillips representa la relación entre la inflación y la actividad económica. Los responsables políticos y los participantes en el mercado suelen utilizarla para predecir la inflación en función de las condiciones económicas predominantes.

Interpretación de la curva

La curva de Phillips muestra la idea de que existe una relación inversa entre desempleo e inflación (véanse las págs. 96–97), es decir, que cuando el desempleo es alto, la inflación es baja, y viceversa. Debe su nombre al economista neozelandés William Phillips (1914–75), que descubrió y estudió esta relación. Hoy en día, los economistas tienden a interpretar la curva de forma más amplia, como una representación de la relación entre la inflación y las medidas de la actividad económica. Por ejemplo, cuando la actividad económica es elevada,

la demanda es alta, las empresas producen más y se emplea a más trabajadores, lo que genera más gastos, precios más altos (inflación) y menos desempleo.

Según las versiones actuales de la curva de Phillips, la inflación suele relacionarse con el concepto de «brecha de producción», es decir, la diferencia entre lo que una economía produce y lo que puede producir. Si la brecha de producción es positiva, la economía está trabajando en exceso para satisfacer una demanda elevada, lo que conduce a la inflación.

Inflación y desempleo

La relación inversa entre inflación y desempleo se representa en la clásica curva de Phillips (véase el primer gráfico). Sin embargo, en la década de 1970, hubo un período en el que los países de todo el mundo experimentaron a la vez un elevado desempleo y una elevada inflación (véase el segundo gráfico). La causa fue la subida del precio del petróleo. Más recientemente, nuevas subidas del precio del petróleo y el coste de las medidas de confinamiento de la COVID-19 han tenido efectos similares.

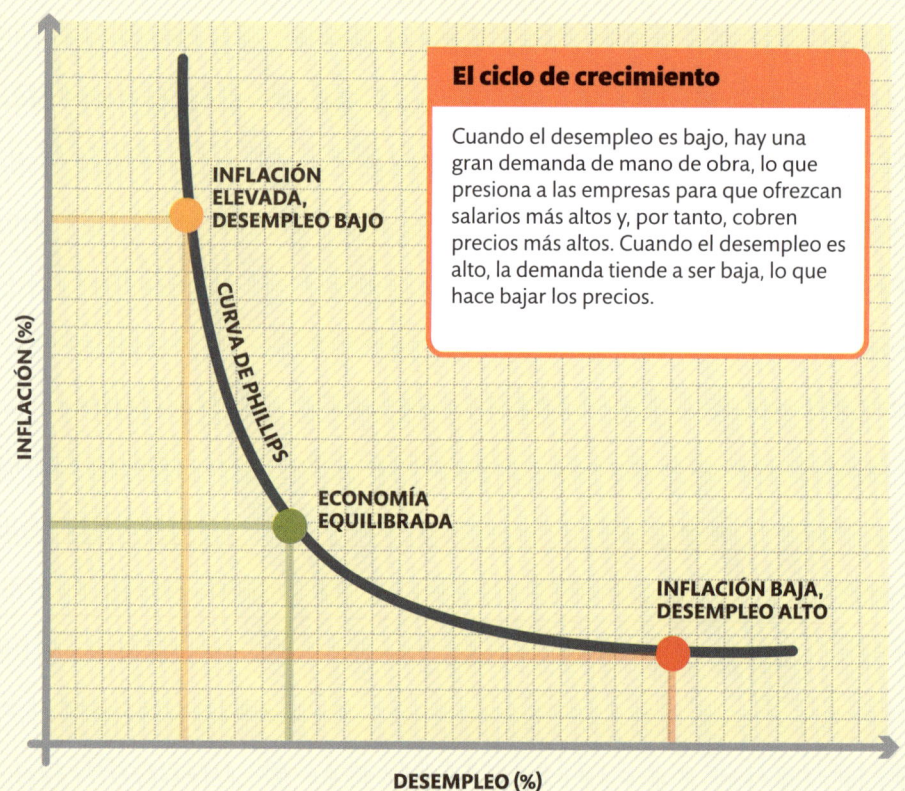

El ciclo de crecimiento

Cuando el desempleo es bajo, hay una gran demanda de mano de obra, lo que presiona a las empresas para que ofrezcan salarios más altos y, por tanto, cobren precios más altos. Cuando el desempleo es alto, la demanda tiende a ser baja, lo que hace bajar los precios.

INFLACIÓN ELEVADA, DESEMPLEO BAJO

CURVA DE PHILLIPS

INFLACIÓN (%)

ECONOMÍA EQUILIBRADA

INFLACIÓN BAJA, DESEMPLEO ALTO

DESEMPLEO (%)

¿Un aplanamiento de la curva?

Los efectos de la inflación y la actividad económica entre sí se han debilitado en las últimas décadas, lo que sugiere que la curva de Phillips se ha aplanado. Este fenómeno ha suscitado debates entre el mundo académico y el político sobre la relevancia de la curva de Phillips en la actualidad. Sin embargo, sigue siendo fundamental para los responsables de la política monetaria (véanse las págs. 114–15). Si un responsable político cree que la curva es pronunciada, puede decidir subir los tipos de interés —lo que anima a la gente a ahorrar— en épocas de bajo desempleo para reducir la inflación. Por el contrario, si creen que la curva es plana, es decir, que la actividad económica solo tiene un pequeño efecto sobre la inflación, entonces pueden resistirse a subir los tipos de interés.

EL PAPEL DE LAS EXPECTATIVAS

Un elemento interesante de la relación entre desempleo e inflación —las dos variables de la curva de Phillips— es el papel que desempeñan las expectativas (véanse las págs. 106-107). Por ejemplo, las empresas fijan los precios en función de lo que esperan que sea la inflación en el futuro: si piensan que será más alta, es probable que suban los precios para prepararse. Del mismo modo, los trabajadores tienden a pedir salarios más altos para mantener su poder adquisitivo si esperan que la inflación aumente en el futuro. Es decir, la mera expectativa de una inflación más alta puede llevar a una inflación más alta, que los economistas deben tener en cuenta a la hora de hacer predicciones económicas.

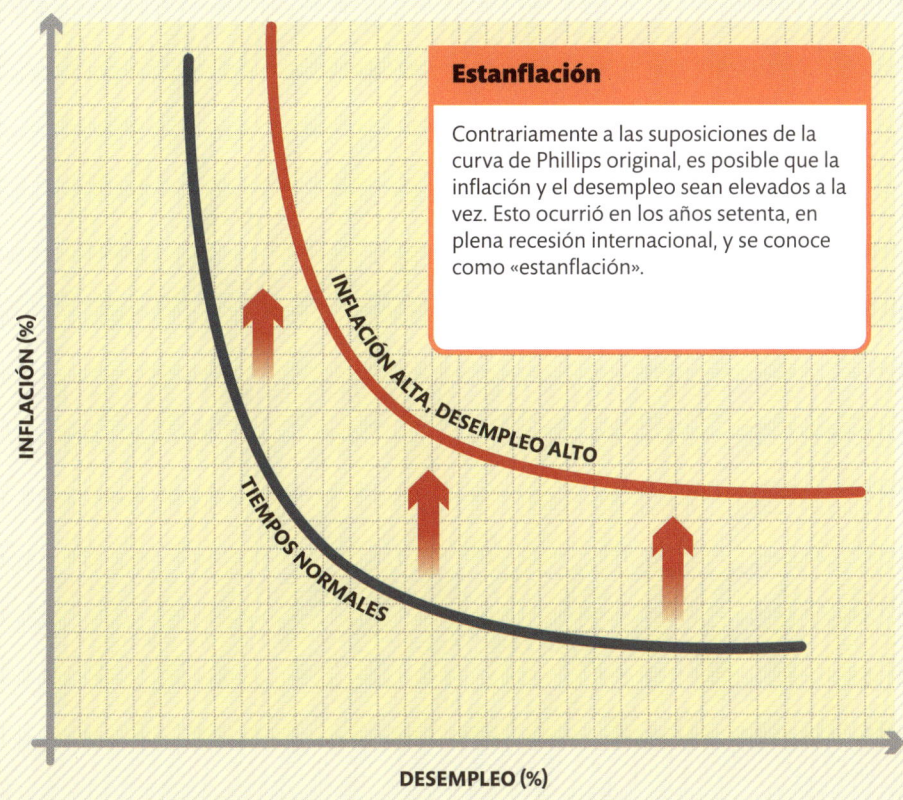

Estanflación

Contrariamente a las suposiciones de la curva de Phillips original, es posible que la inflación y el desempleo sean elevados a la vez. Esto ocurrió en los años setenta, en plena recesión internacional, y se conoce como «estanflación».

INFLACIÓN ALTA, DESEMPLEO ALTO

TIEMPOS NORMALES

INFLACIÓN (%)

DESEMPLEO (%)

«La curva de Phillips... pasó con notable rapidez de las revistas de economía al proceso político».

Allan Meltzer, economista estadounidense, *A History of the Federal Reserve* (2003)

Oferta y demanda agregadas

Los economistas utilizan la oferta y la demanda agregadas para evaluar todos los bienes y servicios producidos o consumidos en una economía. Estas medidas permiten a los economistas seguir los efectos económicos más amplios de las variaciones de precios.

Agregar el mercado

En economía, «agregado» significa «total». Mientras que las reglas de la oferta y la demanda (véanse las págs. 44–45) se aplican a bienes o servicios concretos, la oferta agregada (OA) y la demanda agregada (DA) se aplican a todos los bienes y servicios. Del mismo modo, la OA y la DA no están vinculadas a precios específicos, sino al valor de todos los precios: el «nivel de precios agregado». Al examinar las interacciones entre la oferta y la demanda de todos los mercados, los economistas pueden juzgar cómo abordar cuestiones que afectan al conjunto de la economía, como la inflación y el desempleo (véanse las págs. 96–99).

Una visión de los precios más amplia

Al igual que la demanda individual de bienes y servicios, la DA suele bajar cuando suben los precios, y viceversa, pero debido a tres factores económicos más amplios. Primero, en

La economía agregada

A escala macroeconómica, la oferta y la demanda agregadas abarcan todos los mercados de bienes y servicios del conjunto de la economía. Sus movimientos vienen dictados por el nivel de precios agregado.

OFERTA AGREGADA

La oferta total de bienes y servicios está limitada por la capacidad de la economía para aumentar al máximo sus factores de producción, que se dividen en cuatro grupos principales: fuerza laboral, tecnología, capital físico y capital humano.

OA FRENTE AL PRECIO

Cuando los precios agregados son bajos, las empresas reducen la producción porque los márgenes de beneficio son más bajos. Cuando los precios suben, los márgenes también aumentan, por lo que las empresas producen más. Sin embargo, la producción está limitada en última instancia por el nivel disponible de factores de producción.

FUERZA LABORAL

TECNOLOGÍA

CAPITAL FÍSICO

CAPITAL HUMANO

lo que se conoce como «efecto riqueza», una subida o una bajada de los precios agregados reduce o aumenta el valor de los activos de las personas, lo que reduce o aumenta la demanda de los consumidores. Segundo, si la política monetaria (véanse las págs. 114–15) aumenta los impuestos o los tipos de interés, el precio agregado sube y la DA baja, pero luego sube si se bajan los tipos. Tercero, si los precios de una economía suben en relación con los de otras economías, las exportaciones de sus bienes y servicios se reducen (véanse las págs. 156–57) y la DA baja. Unos precios más competitivos aumentan las exportaciones y la DA.

Cuando los precios agregados son bajos, también lo es la OA, ya que los menores márgenes de beneficio reducen la producción. Cuando los precios agregados son altos, también lo son los beneficios, lo que conduce a una mayor producción. Sin embargo, esta producción creciente alcanzará un límite, que viene determinado por la disponibilidad de capital y mano de obra, y la calidad de la tecnología. Los intentos de impulsar la producción más allá de este punto solo conducen a precios más altos.

«... la demanda y la oferta van de matemáticas, no de conjeturas».

Elbert Hubbard, filósofo estadounidense,
The Philosophy of Elbert Hubbard (1916)

MODELO DA-OA

Las curvas de DA y OA, cuando se representan gráficamente, muestran la relación entre los precios y la producción en el conjunto de la economía. Los precios más altos reducen la demanda, pero inducen la oferta. Sin embargo, al final la oferta se ve limitada y no hay capacidad para producir más a ningún precio. En ese momento, la curva de OA es vertical.

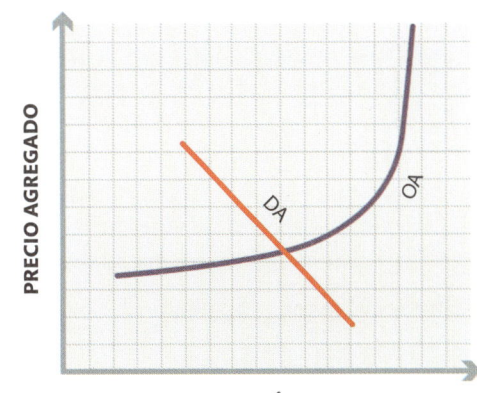

DEMANDA AGREGADA

La DA es el valor combinado de todos los bienes y servicios, los bienes de equipo (el total de propiedades y equipos de todas las empresas), las exportaciones netas (exportaciones menos importaciones) y los gastos del Estado.

DA FRENTE AL PRECIO

Cuanto más suben los precios agregados, más baja la DA. La DA solo está limitada por los precios agregados: si son lo suficientemente bajos, la demanda, a diferencia de la oferta, es potencialmente ilimitada.

BIENES Y SERVICIOS

BIENES DE EQUIPO

EXPORTACIONES NETAS

GASTOS DEL ESTADO

Equilibrio del mercado

El equilibrio entre la oferta y la demanda garantiza la estabilidad de los precios en los mercados. Cuando no es así, el ajuste de los precios ayuda a restablecer las cantidades de bienes y servicios y a recuperar el equilibrio económico.

La demanda no siempre coincide con la oferta

Cuando las cantidades de bienes y servicios ofrecidos y solicitados están equilibradas, no hay excedentes ni escasez. Por consiguiente, no hay fluctuaciones de precios en los mercados, y la inflación —la tasa normal de subida de los precios (véanse las págs. 96–97)— se mantiene estable.

Cuando se produce un cambio en la demanda o en la oferta (véanse las págs. 44–45) de bienes y servicios, que se conoce como «crisis de la oferta o la demanda», los mercados eficientes tienden a ajustar los precios en consecuencia para ayudar a que las cantidades recuperen el equilibrio. Tras estos ajustes de precios, las nuevas diferencias en cantidades y precios muestran que la economía ha vuelto a un nuevo estado de equilibrio.

Lidiar con las crisis de mercado

Un ejemplo de crisis de la demanda es cuando un Gobierno aumenta sustancialmente sus gastos en infraestructuras, lo que a su vez incrementa la demanda de materiales de construcción y servicios de ingeniería. Es poco probable que la oferta de estos bienes y servicios cambie inmediatamente, con lo cual, por el momento, hay más

Equilibrio de la oferta y la demanda

La oferta agregada (OA) y la demanda agregada (DA) son la oferta y la demanda totales en una economía en un momento dado (véanse las págs. 102–103). Estos diagramas muestran cómo las economías pueden pasar de un equilibrio a otro con cambios en la OA. Los precios se ajustan para crear un nuevo equilibrio.

Un **2 %** **es la** tasa de inflación esperada **en los países** desarrollados cuando **la** oferta y la demanda agregadas **están** equilibradas

Guía de inflación de la Reserva Federal de EE. UU.

Equilibrio del mercado
Cuando las cantidades ofrecidas (inventarios) y solicitadas son iguales, no hay razón para que los precios cambien y una economía se encuentra en equilibrio.

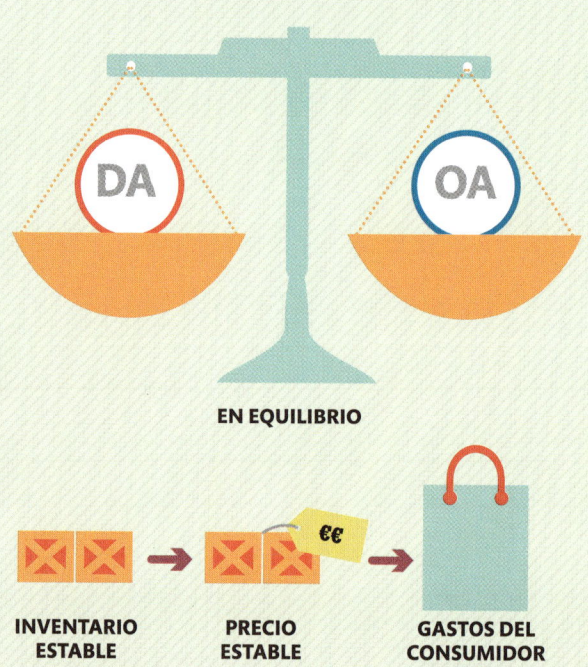

EN EQUILIBRIO

INVENTARIO ESTABLE → PRECIO ESTABLE → GASTOS DEL CONSUMIDOR ESTABLES

demanda que oferta, lo que provoca un aumento previsible de los precios. Estos aumentos de precios son un mecanismo de mercado que devuelve el equilibrio a la economía. En este ejemplo, se pueden disuadir a algunos de realizar trabajos de construcción privada, que ahora son más caros de llevar a cabo. La consiguiente reducción de la demanda ayuda a reequilibrar la oferta y la demanda. Sin embargo, este nuevo equilibrio tiene precios y cantidades más altas, una dinámica normal con crisis de la demanda.

Por el contrario, una crisis adversa de la oferta suele crear un nuevo equilibrio en el que hay precios más altos pero cantidades más bajas. Por ejemplo, cuando un invierno muy malo disminuye sustancialmente la producción de cultivos, se reduce la oferta. Teniendo en cuenta la menor oferta, los ajustes del mercado aumentan los precios como forma de limitar la demanda.

PRECIOS «ADHERENTES»

Los precios pueden tardar en ajustarse a los cambios en las cantidades. A veces es más barato para una empresa mantener los precios tal como están, ya que subirlos puede costar dinero (es posible que implique imprimir nuevas etiquetas de precios o volver a anunciar los productos). Los salarios también pueden ser «adherentes», ya que bajarlos está mal visto entre los trabajadores (véanse las págs. 54–55).

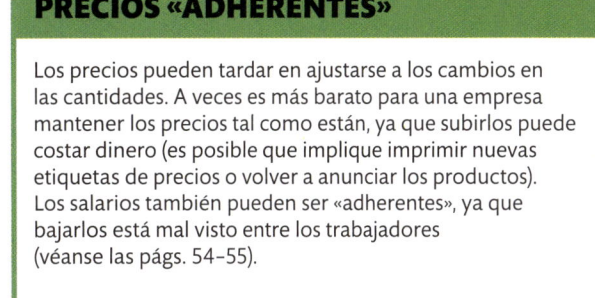

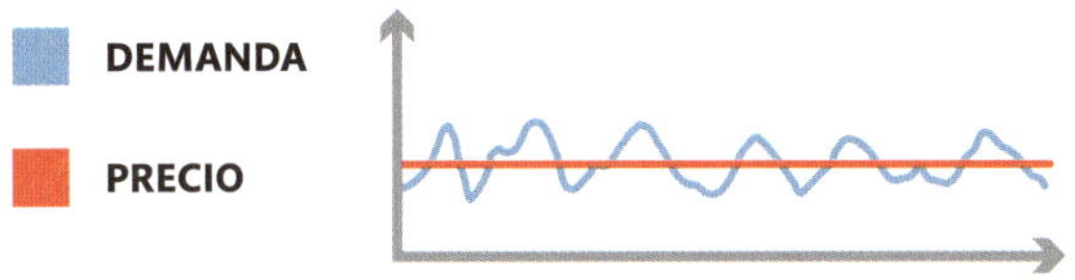

■ DEMANDA

■ PRECIO

Oferta excesiva
Cuando la oferta supera a la demanda, los precios tienden a bajar para fomentar una mayor demanda y restablecer el equilibrio.

DA

OA

**EXISTENCIAS
NO VENDIDAS**

**REDUCIR
EL PRECIO**

€€
€

**AUMENTO DE
LOS GASTOS DEL
CONSUMIDOR**

Demanda excesiva
Cuando la oferta es inferior a la demanda, los precios tienden a subir para reducir la demanda hasta que se ha equilibrado con la oferta.

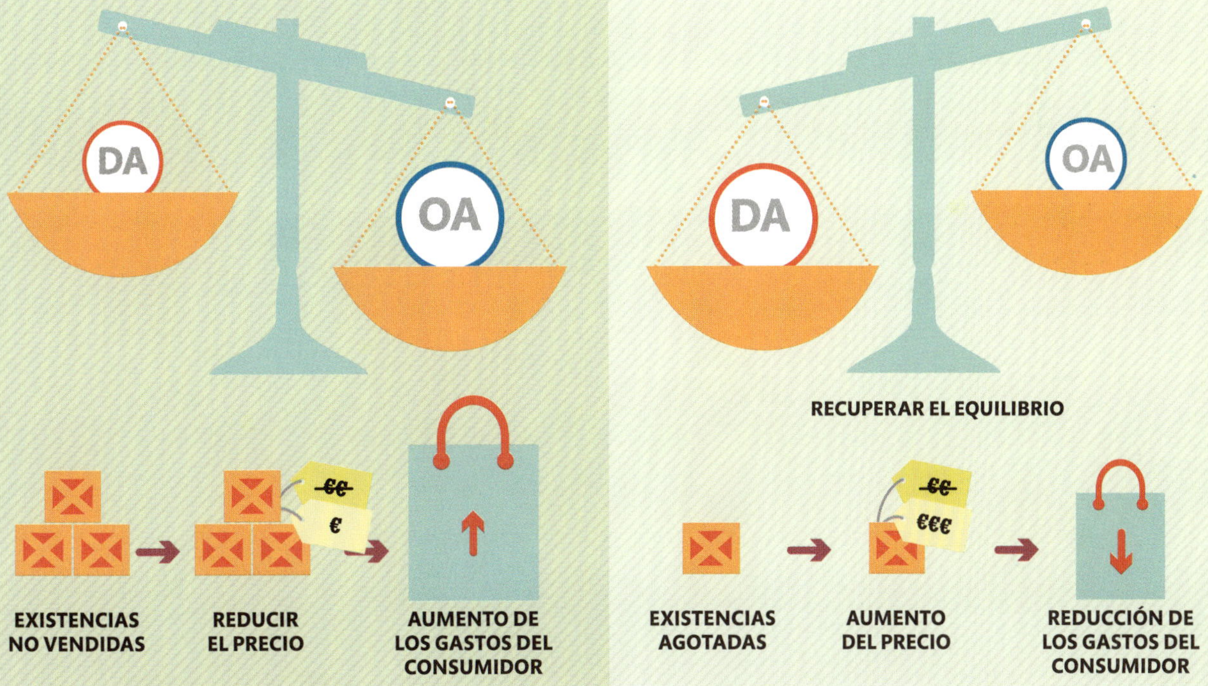

DA

OA

RECUPERAR EL EQUILIBRIO

**EXISTENCIAS
AGOTADAS**

**AUMENTO
DEL PRECIO**

€€
€€€

**REDUCCIÓN DE
LOS GASTOS DEL
CONSUMIDOR**

Expectativas

Las creencias, o expectativas, sobre lo que ocurrirá con la inflación de los precios en el futuro afectan al comportamiento actual de los productos y servicios. Comprender esas expectativas puede ayudar a controlar los precios y estabilizar la economía.

Asegurar el futuro

Las expectativas sobre la inflación (véanse las págs. 96–97) reflejan lo que los consumidores, las empresas y los inversores piensan que ocurrirá con los precios de los productos y servicios en el futuro. Las decisiones basadas en esas expectativas también pueden afectar a los precios actuales. Si se espera que los precios aumenten el año que viene, las empresas tenderán a ajustar lo que cobran por sus productos o servicios para proteger sus beneficios, mientras que los trabajadores pueden pedir aumentos salariales para mantener su poder adquisitivo. Las

expectativas en torno al aumento de los precios también pueden influir en la forma en que las personas invierten, piden prestado y gastan. Para mantener los precios estables y evitar fluctuaciones excesivas en las fortunas de las empresas y los mercados (véanse las págs. 104–05), es fundamental controlar las expectativas de inflación.

«Ancladas» o «desancladas»

Cuando las expectativas se basan en gran medida en variaciones de precios a corto plazo, se dice que están «desancladas». Por ejemplo, si los precios del petróleo suben

Con miras al pasado y al futuro

Para comprender las expectativas de inflación, los economistas estudian cómo las distintas personas forman sus creencias sobre la posible evolución de los precios. La gente tiende a mirar al pasado, basando sus expectativas en lo que ha ocurrido con la inflación en el pasado, o al futuro, en lo que podría ocurrir dadas las circunstancias económicas actuales. Algunos combinan ambos métodos para actualizar sus expectativas.

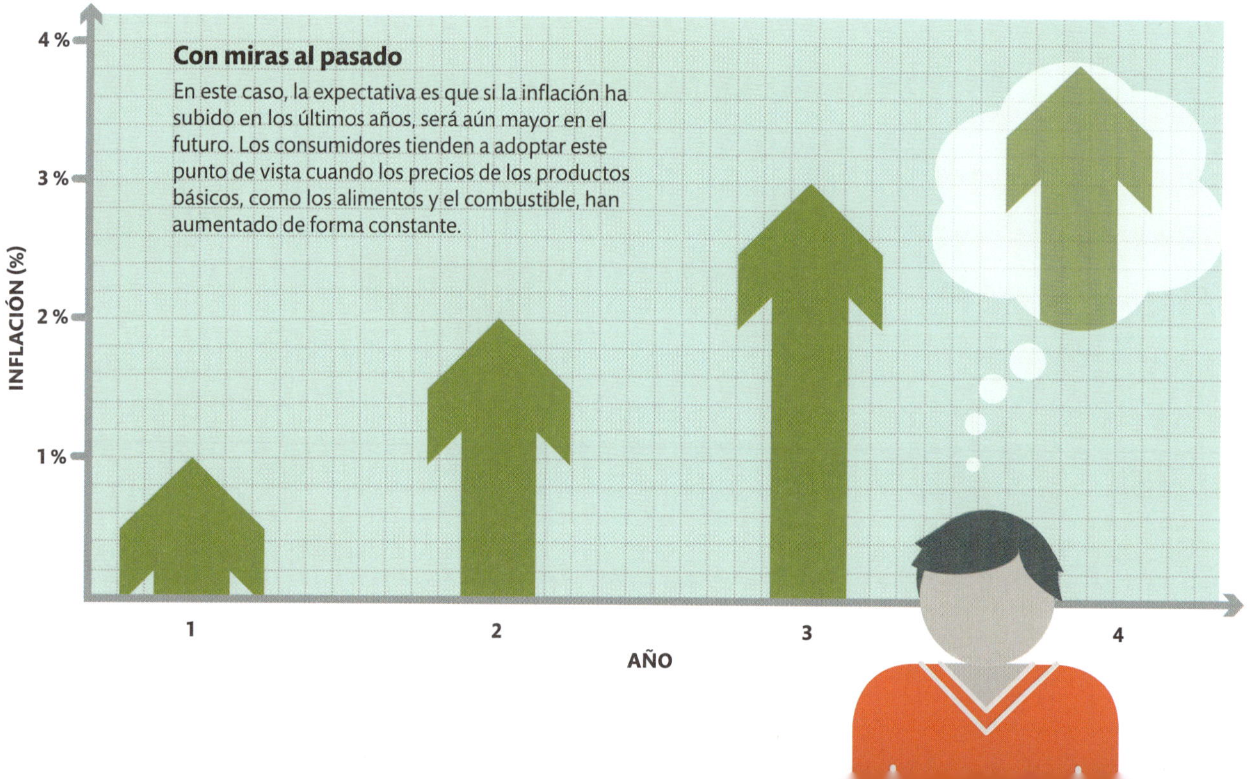

Con miras al pasado

En este caso, la expectativa es que si la inflación ha subido en los últimos años, será aún mayor en el futuro. Los consumidores tienden a adoptar este punto de vista cuando los precios de los productos básicos, como los alimentos y el combustible, han aumentado de forma constante.

INFLACIÓN (%)

4 %

3 %

2 %

1 %

1   2   3   4

AÑO

repentinamente, algunas personas pueden creer que las tasas de inflación durante el próximo año serán más altas. Por el contrario, cuando las expectativas no son una reacción a los precios actuales, están «ancladas». En esta situación, las personas no basan sus expectativas en las crisis de los precios actuales, sino en sus creencias sobre la evolución de los precios en el futuro.

Los bancos centrales, que gestionan el dinero a escala nacional, intentan mantener ancladas las expectativas de inflación para que las variaciones bruscas de los precios no los desestabilicen en el futuro. Lo hacen principalmente a través de anuncios públicos, por ejemplo, explicando cómo reaccionarían ante la evolución futura de los precios y fijando objetivos claros para las tasas de inflación. Si el banco es creíble, es probable que los ciudadanos crean que la inflación se ajustará al objetivo, y las expectativas se mantendrán ancladas.

EVALUACIÓN DE LAS EXPECTATIVAS

❯ **Encuestas públicas** Se pregunta periódicamente a una muestra de empresas y consumidores cuánto esperan que varíen los precios, normalmente hasta 10 años.

❯ **Previsiones de inflación** Los economistas y otros expertos financieros publican sus opiniones sobre las futuras subidas de precios.

❯ **Expectativas de inflación basadas en el mercado** Se evalúan hallando la diferencia de los beneficios (dinero ganado) a lo largo del tiempo entre dos instrumentos financieros (véanse las págs. 188–89), como obligaciones o préstamos, en los que uno se ajusta a la inflación y el otro no.

«La economía por lo general no desperdicia la información».

John Muth, economista estadounidense y creador de la teoría de las expectativas racionales (1961)

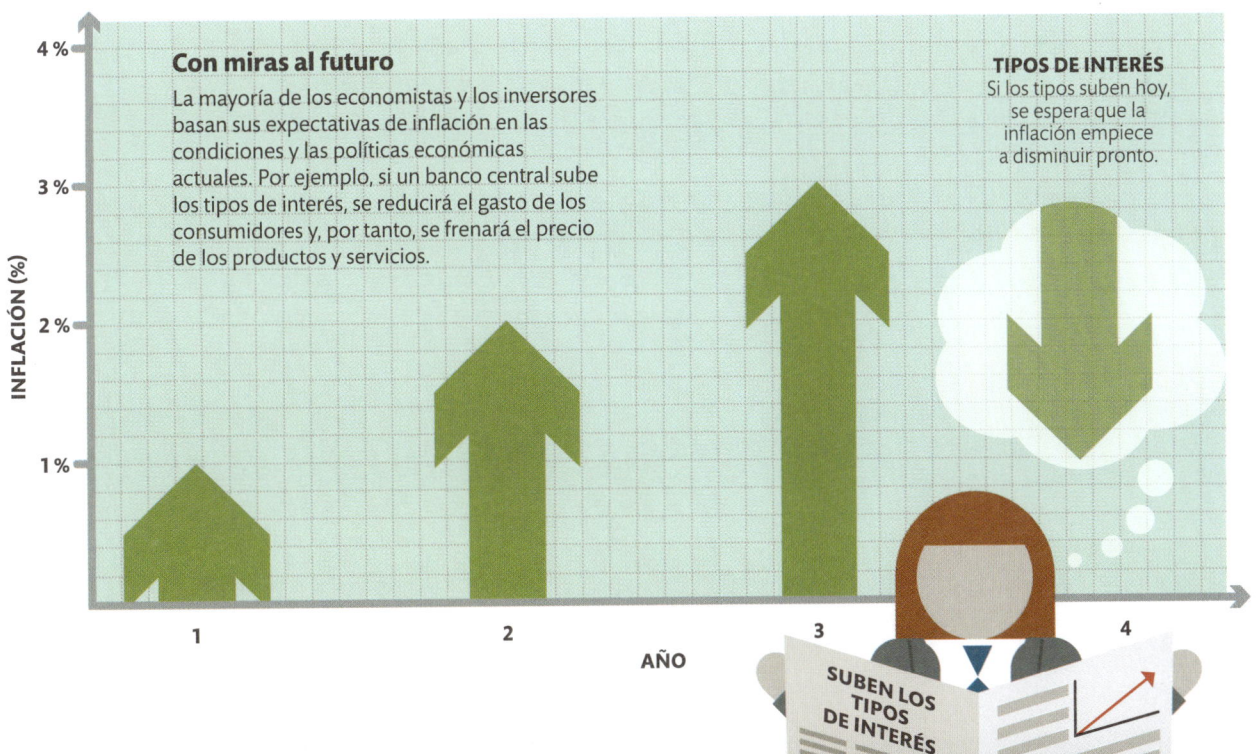

Con miras al futuro

La mayoría de los economistas y los inversores basan sus expectativas de inflación en las condiciones y las políticas económicas actuales. Por ejemplo, si un banco central sube los tipos de interés, se reducirá el gasto de los consumidores y, por tanto, se frenará el precio de los productos y servicios.

TIPOS DE INTERÉS
Si los tipos suben hoy, se espera que la inflación empiece a disminuir pronto.

INFLACIÓN (%)

4 %
3 %
2 %
1 %

1   2   3   4

AÑO

SUBEN LOS TIPOS DE INTERÉS

La función del Gobierno

Desde un punto de vista económico, los Gobiernos son fundamentales para organizar proyectos a gran escala que implican la coordinación de vastos recursos económicos y benefician a amplios sectores de la sociedad.

El interés común

La economía es una ciencia social que se dedica a comprender el uso y la distribución de recursos escasos por parte de personas o grupos que compiten entre sí (véanse las págs. 14–15). Sin embargo, las personas también se coordinan para repartirse los recursos, y para ello se necesitan Gobiernos centralizados.

La naturaleza y el alcance del poder gubernamental vienen determinados por el sistema político de cada país. Los Gobiernos suelen recaudar dinero a través de los impuestos y proporcionan bienes y servicios que satisfacen intereses comunes preestablecidos. Desde el punto de vista económico, la acción gubernamental es eficaz cuando se guía por objetivos claros y evita los conflictos de intereses que podrían surgir entre personas o grupos que compiten entre sí. También puede beneficiarse de las economías de escala, por las que los productos resultan más baratos cuando se compran en grandes cantidades (véanse las págs. 50–51). Ámbitos como la educación y la sanidad se benefician directamente de ello. Por ejemplo, los Gobiernos pueden negociar descuentos al comprar grandes cantidades de medicamentos o libros y material para escuelas y facultades.

La acción del Estado

Los Gobiernos pueden influir en las economías de seis maneras fundamentales. Aunque pocos países tienen exactamente las mismas prioridades, todos tienen que conciliar su necesidad de acción con la necesidad de impuestos para pagarla.

Agente económico

El Estado compra bienes y servicios a empresas privadas y gestiona empresas estatales. Sus políticas también pueden influir en la economía (véanse las págs. 110-11).

Organismo regulador

El Gobierno establece normativas para impedir comportamientos poco escrupulosos en el mercado, defender los intereses de los consumidores y proteger el medioambiente.

Proveedor de incentivos

Las subvenciones públicas y los impuestos dirigidos afectan al mercado fomentando o penalizando determinadas actividades económicas.

IMPUESTOS

Proveedor de servicios públicos

Los Gobiernos prestan servicios sociales básicos, como educación, sanidad, servicios de emergencia, recogida de basuras, seguridad y asistencia social.

Conservador del orden público

El Estado ofrece un sistema de justicia accesible e imparcial en el que se pueden mantener y hacer cumplir los contratos y se protegen los derechos humanos.

Proveedor de protección social

Un sistema de protección social controlado por el Gobierno proporciona viviendas sociales, pensiones estatales, subsidios de desempleo y ayudas por discapacidad.

Intervención del Gobierno

Cualquier interacción económica puede dar lugar a conflictos de intereses, por lo que puede beneficiarse de la intervención del Gobierno. El Estado asume el control de la legislación, el poder judicial, la seguridad pública y la defensa nacional porque estas áreas son demasiado importantes para confiarlas a empresas privadas. Otras formas en que los Gobiernos pueden influir en la economía son la regulación del mercado, la participación en él a través de empresas controladas por el Estado y el control de la oferta monetaria mediante políticas fiscales como los impuestos (véanse las págs. 110–11).

FILOSOFÍAS POLÍTICAS

La función de un Gobierno está influida por sus convicciones políticas. Las leyes consideradas útiles por un país y para el «bien común», pueden considerarse interferencias por otro. Cada sociedad decide cómo equilibrar la función del Estado con las libertades individuales. En 1969, el activista estadounidense David Nolan (1943–2010) creó el gráfico de Nolan, que muestra un continuo de cinco puntos de vista basados en cuánto debe intervenir el Estado en cuestiones personales y económicas.

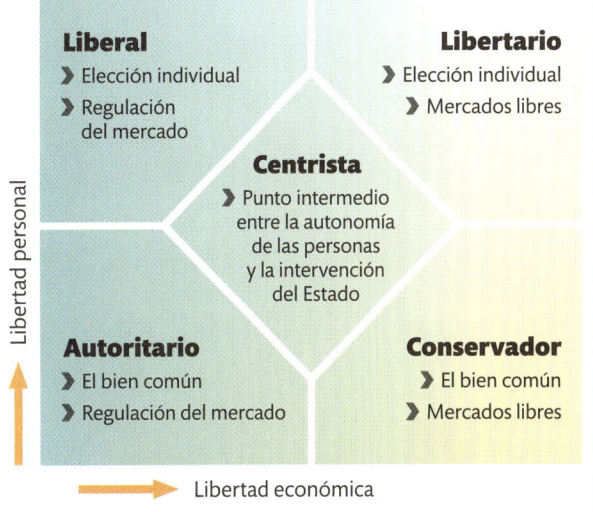

GASTOS

Política fiscal

La política fiscal de un Gobierno es la forma en que grava y gasta para estabilizar la economía. La forma de esta política depende de muchos factores, entre ellos si la economía está en expansión o en contracción.

Objetivos

Un Gobierno puede influir en el PIB (véanse las págs. 88–89) ya sea directamente, modificando sus gastos, ya sea indirectamente, modificando sus políticas fiscales. Los objetivos de la política fiscal pueden ser a corto plazo (destinados a contrarrestar el ciclo económico y estabilizar la actividad económica, véase la pág. 91) o a largo plazo (centrados en el crecimiento económico o la reducción de la pobreza). Estos objetivos suelen alcanzarse mediante el gasto en infraestructuras, innovación, educación, sanidad y reformas de las pensiones. A diferencia de la política monetaria (véanse las págs. 114–15), la política fiscal puede dirigirse a empresas, hogares o sectores económicos específicos. Por ejemplo, el Gobierno puede realizar pagos regulares a los hogares más pobres, lo que reduce la pobreza y aumenta el nivel general de ingresos de la población. Dos herramientas importantes de la política fiscal son los estabilizadores automáticos y el estímulo fiscal. Los estabilizadores automáticos son cambios en los impuestos y los gastos que se incorporan al sistema, pero que no dependen de acciones directas del Gobierno. Por ejemplo, durante una recesión, la cantidad de impuestos recaudados disminuye a medida que disminuyen los beneficios de las empresas y los ingresos de los

¿Con el ciclo o en contra de él?

La política fiscal puede aplicarse de forma estabilizadora, estimulando la producción y el consumo en las recesiones y limitándolos durante los auges. Sin embargo, también puede aumentar las fluctuaciones del ciclo, lo que puede tener consecuencias desastrosas.

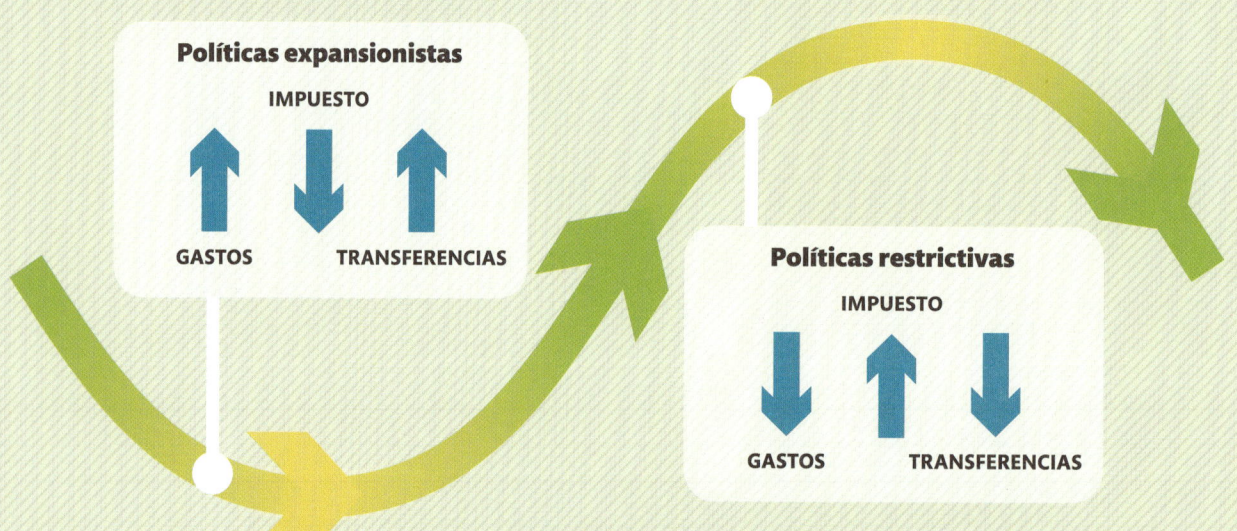

Políticas expansionistas

IMPUESTO

GASTOS TRANSFERENCIAS

Políticas restrictivas

IMPUESTO

GASTOS TRANSFERENCIAS

Política anticíclica

El Gobierno aumenta los gastos y las transferencias (pagos efectuados a los particulares a través de programas sociales como la asistencia social) y reduce los impuestos para estimular el crecimiento cuando la economía se contrae. Del mismo modo, recorta los gastos y sube los impuestos cuando la economía está en expansión, una medida que ayuda a frenar la inflación (véanse las págs. 90–91).

hogares, pero las prestaciones sociales aumentan. El estímulo fiscal, por su parte, se refiere a la capacidad del Gobierno para gastar dinero (por ejemplo, en programas de obras públicas) o reducir los impuestos para estimular la actividad económica. Estas medidas pueden dirigirse a grupos específicos, pero pueden tardar en surtir efecto.

La eficacia del estímulo fiscal se denomina «multiplicador fiscal», el cual evalúa el efecto de un cambio de 1 € en los gastos o de un cambio de 1 € en los ingresos fiscales sobre el nivel del PIB (véase la pág. 93).

IMPUESTOS DIRECTOS E INDIRECTOS

Los impuestos directos se pagan directamente al Gobierno por particulares o empresas. Algunos ejemplos son el impuesto sobre la renta, el impuesto de sociedades, el impuesto de sucesiones y el impuesto sobre ganancias de capital. Los impuestos indirectos los cobra el Gobierno a intermediarios, como productores y minoristas, que repercuten en el consumidor. Algunos ejemplos son el impuesto sobre el valor añadido (IVA), los derechos de aduana y los impuestos sobre vertidos.

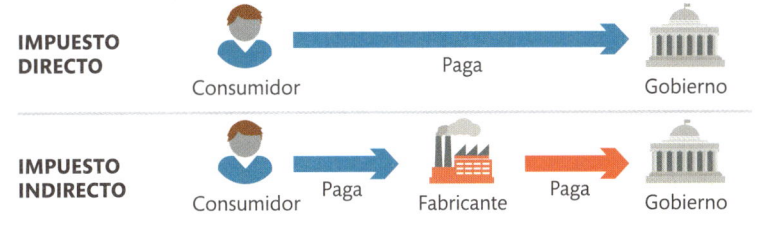

IMPUESTO DIRECTO Consumidor — Paga → Gobierno

IMPUESTO INDIRECTO Consumidor — Paga → Fabricante — Paga → Gobierno

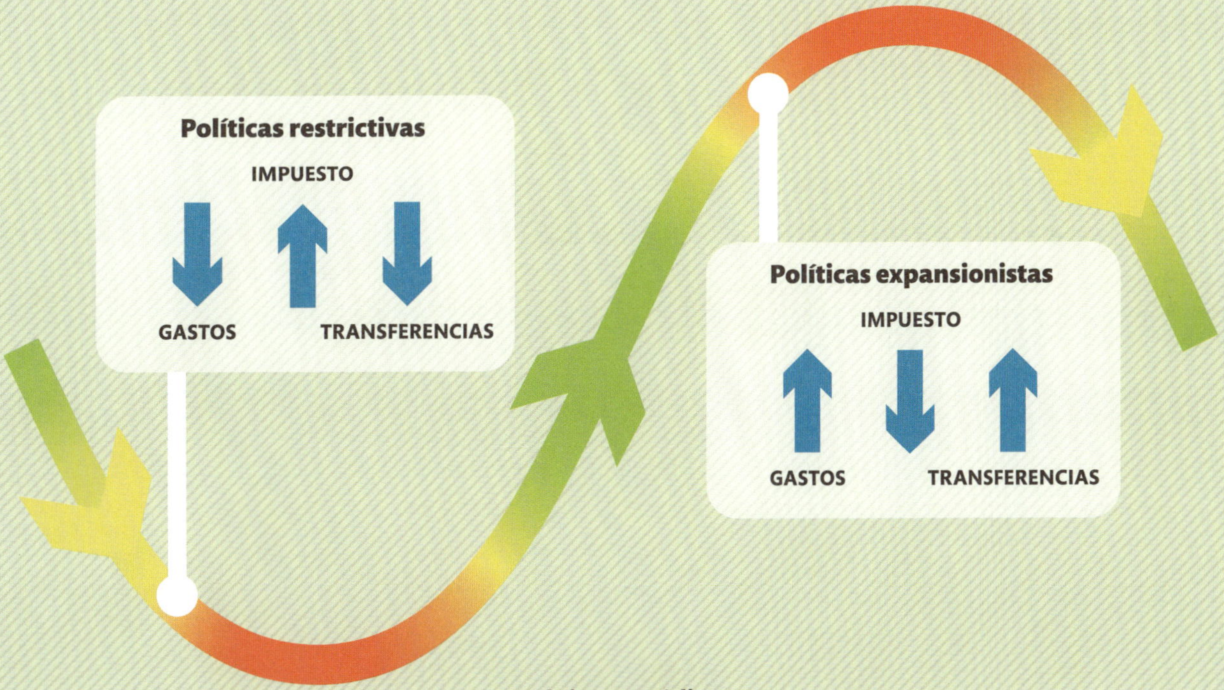

Políticas restrictivas

IMPUESTO

GASTOS TRANSFERENCIAS

Políticas expansionistas

IMPUESTO

GASTOS TRANSFERENCIAS

Política procíclica

El Gobierno reduce los gastos y aumenta los impuestos cuando la economía se contrae y aumenta los gastos y reduce los impuestos cuando la economía se expande. Estas medidas pueden ser necesarias en situaciones de emergencia, pero suelen aplicarse cuando los Gobiernos están mal asesorados o no pueden pedir dinero prestado.

Empréstito

Los Gobiernos piden dinero prestado cuando sus gastos previstos superan lo que pueden recaudar a través de los impuestos. Para obtener el dinero, los prestamistas compran inversiones públicas denominadas «valores».

Equilibrar las cuentas

Todos los Gobiernos son responsables de financiar los servicios públicos, como la sanidad y la educación, y lo hacen en gran medida a través de los impuestos. Al igual que los hogares, los Gobiernos establecen presupuestos («planes fiscales») para las distintas áreas de gastos, basándose en estimaciones de los gastos e ingresos previstos. A veces, los ingresos fiscales crean un superávit presupuestario, pero a menudo los Gobiernos no pueden recaudar suficiente dinero para pagar los servicios y tienen que pedir prestado para cubrir los déficits; son períodos de endeudamiento. La cuantía de los préstamos depende en parte de factores estacionales cambiantes, como el clima, los días festivos y los picos en los gastos de los consumidores. También se tendrán en cuenta los posibles excedentes de ingresos, como los impuestos del exceso de beneficios de las industrias energéticas.

Compra y venta de la deuda

En lugar de pedir dinero prestado a un

Lidiar con los déficits

Una vez que un Gobierno ha asignado presupuestos a los servicios públicos de un país y ha tenido en cuenta sus ingresos fiscales y de otro tipo, es probable que haya una escasez de fondos, es decir, un déficit presupuestario. El Gobierno tiene entonces dos opciones: imprimir más dinero o, lo que es más realista, pedirlo prestado. La mayoría de los Gobiernos son capaces de gestionar sus niveles de deuda. Si no, tienen que pedir ayuda a un prestamista internacional.

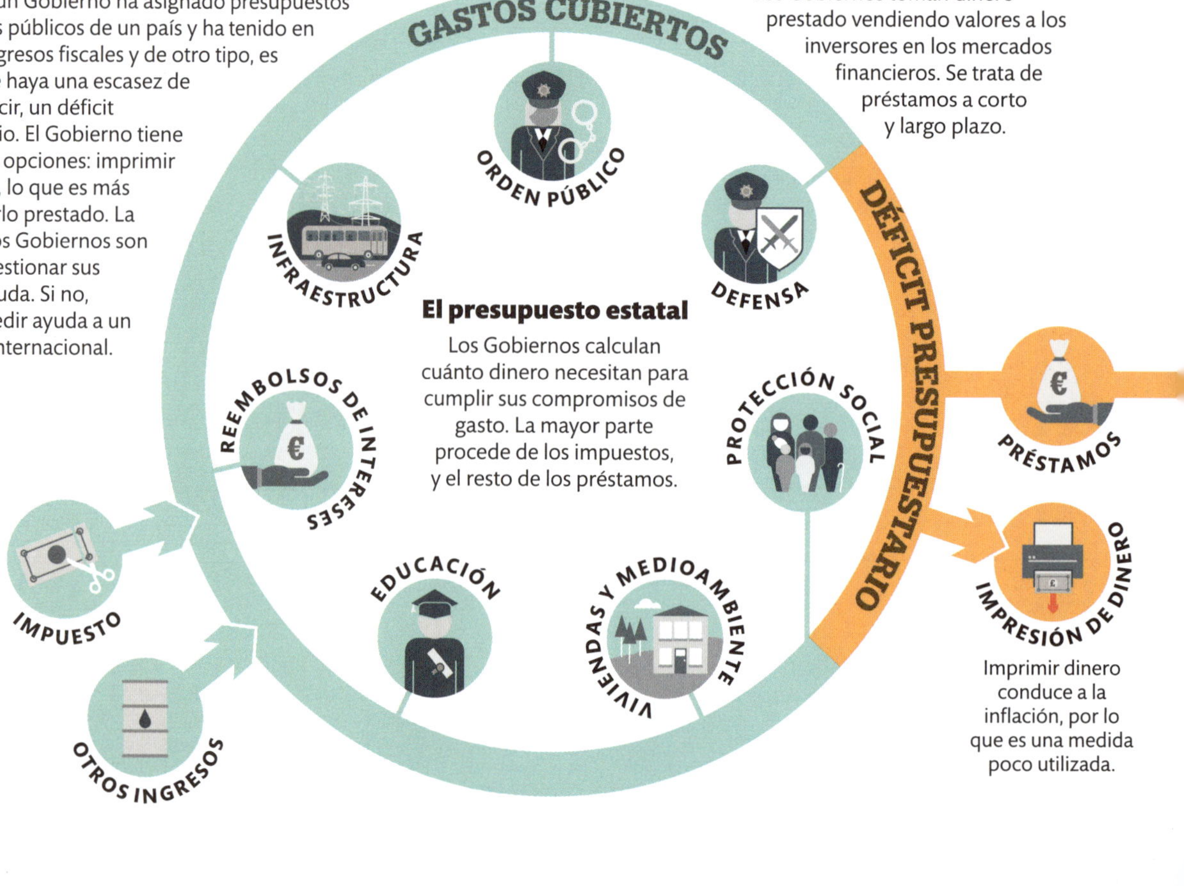

Préstamos

Los Gobiernos toman dinero prestado vendiendo valores a los inversores en los mercados financieros. Se trata de préstamos a corto y largo plazo.

GASTOS CUBIERTOS

DÉFICIT PRESUPUESTARIO

ORDEN PÚBLICO

INFRAESTRUCTURA

DEFENSA

REEMBOLSOS DE INTERESES

PROTECCIÓN SOCIAL

PRÉSTAMOS

IMPUESTO

EDUCACIÓN

VIVIENDAS Y MEDIOAMBIENTE

IMPRESIÓN DE DINERO

OTROS INGRESOS

El presupuesto estatal

Los Gobiernos calculan cuánto dinero necesitan para cumplir sus compromisos de gasto. La mayor parte procede de los impuestos, y el resto de los préstamos.

Imprimir dinero conduce a la inflación, por lo que es una medida poco utilizada.

banco, los Gobiernos venden «valores». Se trata de obligaciones, préstamos concedidos por los inversores con la garantía de reembolso total en un momento futuro determinado y con bonificaciones periódicas de intereses, o «cupones» (véanse las págs. 204–205). Estas obligaciones son una inversión de bajo riesgo y son muy populares en los mercados nacionales. Si existe un equilibrio estable entre la deuda nacional global y el PIB —el valor total de los productos y servicios que genera un país (véanse las págs. 88–89)— un Gobierno está en buena posición para ampliar su deuda y probablemente encontrará

financiación de sobra. Sin embargo, si un Gobierno se enfrenta a una crisis repentina, como una guerra o una pandemia, puede tener que pedir prestado dinero que empuje la economía al déficit. En esta situación, los mercados financieros locales estarán menos dispuestos a comprar obligaciones, y el Gobierno puede verse obligado a endeudarse en mercados extranjeros, donde las fluctuaciones de los tipos de cambio pueden exponerlo a reembolsos de deuda más costosos. Un Gobierno que tenga dificultades para vender valores puede tener que recurrir a un prestamista internacional, como el FMI (véase a la derecha).

EL FMI

El Fondo Monetario Internacional (FMI) es un organismo financiero de las Naciones Unidas. Presta dinero a Gobiernos con deudas insostenibles, lo que les permite evitar el colapso financiero a escala nacional. A cambio, el FMI espera que los Gobiernos tomen medidas económicas, acordadas con el FMI, que pongan su deuda bajo control. Un Gobierno acudirá al FMI solo cuando hayan fracasado todas las demás opciones de préstamo.

Valores en moneda local

Los Gobiernos emiten valores en forma de obligaciones en su propia moneda local, lo que les protege de las crisis financieras que puedan producirse en los mercados extranjeros.

OBLIGACIONES

Se trata de préstamos concedidos por inversores a un Gobierno. La fecha de reembolso de un bono, cuando «vence», puede ser tan corta como a un mes vista, aunque los Gobiernos suelen emitir obligaciones a más largo plazo, de hasta 30 años (a veces más), para financiar sus déficits presupuestarios.

Valores en moneda extranjera

Los Gobiernos también pueden emitir valores en distintas divisas en mercados financieros extranjeros, donde están sujetos a la volatilidad de los tipos de cambio.

Impago de los Gobiernos

Si los Gobiernos no pagan sus deudas, no podrán pedir prestado el dinero que necesitan para que un país funcione. En este punto, suelen solicitar ayuda al FMI (véase más arriba).

Política monetaria

La política monetaria la establece un banco central para promover la estabilidad de precios. El banco toma medidas para impulsar o frenar la actividad económica en un intento de mantener la inflación dentro de un intervalo objetivo, a la vez que fomenta el crecimiento a largo plazo.

La función de los bancos centrales

El banco central de un país suele fijar la política monetaria, mientras que el Gobierno suele controlar la política fiscal (véanse las págs. 110–11). Ambas formas de intervención tienen por objeto influir en el comportamiento de la economía. El objetivo es crear estabilidad de precios para que la gente pueda planificar cuánto gastar, ahorrar e invertir, lo que a su vez fomenta el empleo y el crecimiento económico (véanse las págs. 90–91).

En su búsqueda de la estabilidad de precios, muchos bancos centrales del mundo desarrollado aspiran actualmente a una tasa de inflación del 2 % anual. En algunos casos, los bancos centrales tienen un «doble mandato», lo que significa que intentan aumentar al máximo el empleo de forma simultánea.

Las decisiones sobre política monetaria se adoptan en reuniones de formulación de políticas, a las que suele seguir una conferencia de prensa en la que el banco central explica los motivos de su decisión y hace previsiones sobre la economía y los tipos de interés.

Influir en la economía

En términos generales, la política monetaria intenta estimular indirectamente el gasto o el ahorro, pero no puede controlarlos directamente. Cuando hay demasiada demanda en relación con la capacidad de la economía, la inflación tiende a aumentar y el desempleo a disminuir. En este caso, el banco central intenta estabilizar la economía limitando la demanda mediante un endurecimiento de su política monetaria, lo que aumenta los tipos de interés. Esto se denomina «política restrictiva». Por el contrario, cuando la demanda es lenta, la inflación disminuye y el desempleo aumenta. La demanda puede estimularse si el banco central relaja su política monetaria y reduce los tipos de interés, lo que constituye una «política expansionista».

DINERO HELICÓPTERO

El dinero helicóptero, denominado así por los helicópteros que lanzan suministros de emergencia, es una política extrema para estimular la economía. Transfiere dinero del banco central directamente a la población, por ejemplo mediante pagos de ayuda a las empresas. En 2020, durante la pandemia de la COVID-19, los hogares y las empresas de EE. UU. recibieron pagos directos destinados a estimular los gastos. El dinero helicóptero puede pagarse como una forma de política monetaria, promulgada por el banco central, o como un tipo de política fiscal, emprendida por el Gobierno. El dinero helicóptero es diferente de la flexibilización cuantitativa (véase al lado) porque transfiere dinero a la gente directamente en lugar de indirectamente a través de cambios en los tipos de interés.

0–2 %
fue el objetivo de inflación a principios de los noventa de Nueva Zelanda, el primer país que fijó un objetivo formal

David Archer, economista de Nueva Zelanda, *Inflation Targeting in New Zealand* (2000)

Herramientas de un banco central

Los bancos centrales disponen de varias herramientas para controlar los tipos de interés y, por tanto, el coste del capital. Esto les permite influir indirectamente en la cantidad de dinero en circulación. Cuanto más barato sea pedir dinero prestado, más gastará la gente, lo que estimula la economía. En cambio, cuando los préstamos son más caros, la gente pide menos préstamos y gasta menos. Tras el colapso económico de 2007–08 (véanse las págs. 72–73), también se utilizaron nuevas herramientas poco convencionales.

Herramientas convencionales

Fijación de los tipos de interés

El banco central fija el tipo de interés que cobra a los bancos por pedir prestado o que les paga por prestar dinero. Esto afecta a los tipos de todo el mercado. Los tipos más bajos significan préstamos más baratos; los tipos más altos hacen que los préstamos sean menos atractivos.

Fijación de los requisitos de las reservas

Los bancos comerciales deben mantener legalmente un porcentaje de sus depósitos como efectivo. Cambiar el nivel requerido de estas reservas aumenta o reduce cuánto pueden prestar los bancos y, por tanto, cuánto dinero hay en circulación.

Operaciones de mercado abierto

Una operación de mercado abierto consiste en que el banco central compra o vende valores (véanse las págs. 188–89) en el mercado abierto. Esto influye en los tipos de interés que los bancos utilizan para prestarse entre sí y, por tanto, en la cantidad de dinero disponible.

Ventana de descuento

La ventana de descuento es un servicio por el que el banco central concede préstamos a muy corto plazo a los bancos. Modificar la cuantía de los préstamos tiene el efecto de aumentar o reducir el flujo de crédito a hogares y empresas.

Herramientas no convencionales

Flexibilización cuantitativa

Al comprar deuda pública en forma de obligaciones (véanse las págs. 204–205), el banco central puede bajar los tipos de interés, sobre todo a largo plazo, y poner dinero en circulación.

Restricción cuantitativa

Al contrario de la flexibilización cuantitativa, el banco central puede vender bonos del Estado para aumentar los tipos de interés y reducir la cantidad de dinero en circulación.

ESTIMULAR LA ECONOMÍA

FRENAR LA ECONOMÍA

La función de los bancos

En las economías modernas, la oferta monetaria está controlada por los bancos comerciales, que operan bajo la dirección de la política monetaria establecida por el banco central del país.

Tipos de dinero

El dinero existe en dos formas distintas. Por un lado, está la «moneda» de un país, emitida por el banco central (el organismo regulador de los bancos comerciales del país) y que existe en forma de monedas y billetes. Por otro lado, está el dinero electrónico, que existe en forma de depósitos bancarios mantenidos por bancos comerciales en nombre de los depositantes. Como la mayor parte del dinero en circulación es electrónico, los bancos comerciales desempeñan un papel fundamental en la creación de dinero, que llevan a cabo concediendo préstamos a los prestatarios.

Control del dinero

Un banco comercial crea un nuevo depósito cuando concede un nuevo préstamo a un prestatario. Lo hace

prestando dinero de los ahorros que pertenecen a otros depositantes, una práctica que solo funciona porque es poco probable que todos los clientes del banco gasten su dinero a la vez. Sin embargo, hay una cantidad mínima de dinero que los bancos están obligados a mantener en reserva para que los clientes siempre puedan retirar

dinero. Esta cantidad, que es un porcentaje de las tenencias totales del banco, la determina el banco central y varía en función del estado de la economía. Si la inflación es alta (véanse las págs. 96–97), el nivel de reservas puede aumentar para reducir la cantidad de dinero que los bancos pueden prestar. Durante una recesión, puede reducirse para

Cómo generan dinero los bancos

Los bancos crean dinero concediendo más préstamos de los que tienen en depósitos. La cantidad que crean está limitada por la demanda y por la normativa sobre la cantidad de dinero que deben mantener en reserva y los tipos de interés que deben aplicar. Cuando un banco presta dinero, el prestatario suele gastarlo en bienes o servicios prestados por otros clientes del banco, que vuelven a depositar el dinero, el cual el banco vuelve a prestar.

Primer depósito

Un cliente deposita 1000 € en una cuenta bancaria. Si el tipo de reserva es del 10 %, el banco mantiene 100 € en reserva y presta los 900 restantes.

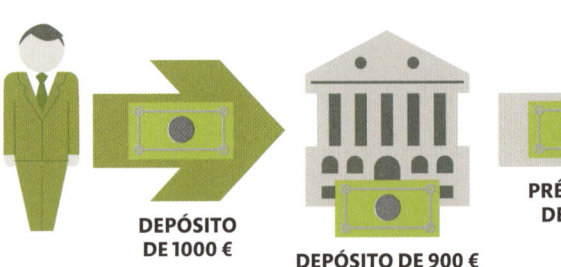

DEPÓSITO DE 1000 €

DEPÓSITO DE 900 € RESERVA DE 100 €

PRÉSTAMO DE 900 €

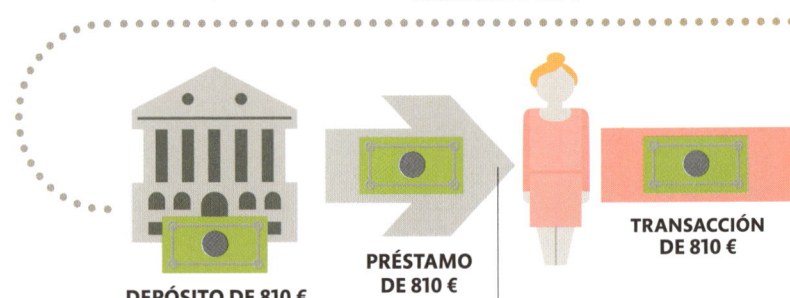

DEPÓSITO DE 810 € RESERVA DE 90 €

PRÉSTAMO DE 810 €

TRANSACCIÓN DE 810 €

En este punto hay 2710 € en circulación

Segundo y tercer depósitos

Un segundo cliente pide prestados 900 € y se los gasta en bienes suministrados por un tercer cliente, que devuelve el dinero al banco, el cual mantiene 90 € en reserva y presta los 810 € restantes.

liberar más dinero en la economía (véanse las págs. 114–15).

Cuando la política del banco central consiste en reducir la inflación, fija un tipo de interés de referencia, y los bancos comerciales responden subiendo sus tipos de interés de préstamo. Esto reduce la demanda de préstamos y aumenta el ahorro. Cuando hay riesgo de deflación, el banco central baja el tipo de referencia, lo que provoca un aumento de los préstamos y, por tanto, de la actividad económica.

¿CÓMO FUNCIONAN LOS BANCOS?

Los bancos funcionan captando depósitos de los ahorradores y concediendo préstamos a los prestatarios. Su rentabilidad depende de que cobren más intereses de los prestatarios que los que pagan a los ahorradores.

En este momento hay 1900 € en circulación, desde el depósito de 1000 € del primer cliente y el préstamo de 900 € del banco.

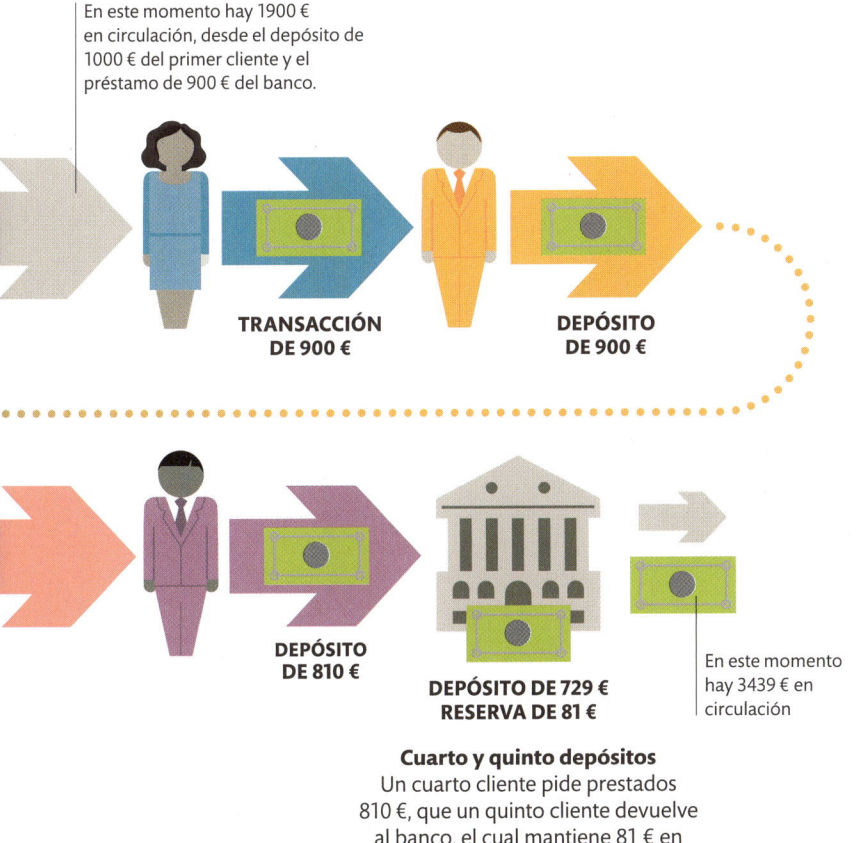

TRANSACCIÓN DE 900 €

DEPÓSITO DE 900 €

DEPÓSITO DE 810 €

DEPÓSITO DE 729 € RESERVA DE 81 €

En este momento hay 3439 € en circulación

Cuarto y quinto depósitos
Un cuarto cliente pide prestados 810 €, que un quinto cliente devuelve al banco, el cual mantiene 81 € en reserva y presta los 729 € restantes.

El **96 %** fue la cantidad de dinero electrónico de los bancos comerciales en el Reino Unido en forma de **depósitos bancarios en 2020**

www.bankofengland.co.uk

El sector financiero

El sector financiero es la parte de la economía formada por empresas e instituciones que gestionan dinero. Incluye bancos comerciales y de inversión, brókeres, fondos de pensiones y aseguradoras.

Los primeros bancos

Muchos historiadores atribuyen el nacimiento de la banca moderna a la fundación del Banco de los Médici en Florencia en 1397, en respuesta al floreciente comercio internacional de la ciudad. Pero pedir y prestar dinero son prácticas que han existido en sociedades de todo el mundo desde los inicios de la civilización, y los bancos, incluso en su forma más limitada, siempre han estado ahí para proporcionar a personas, organizaciones y Gobiernos un lugar seguro donde guardar el dinero. Dondequiera que exista dinero, se necesita un sistema que ayude a hacerlo circular, por lo que, a medida que una economía evoluciona, surge un sector financiero.

Empresas e instituciones financieras

Este diagrama muestra los principales tipos de empresas e instituciones financieras y las funciones de intermediación que desempeñan. A menudo, se dedican a más de un tipo de intermediación; por ejemplo, los bancos comerciales pueden tener también operaciones de banca de inversión. En todos los casos, un cierto nivel de riesgo financiero va de la mano de cualquier recompensa potencial, ya que una empresa o institución puede perder dinero cuando las deudas no se devuelven, o solo se devuelven parcialmente, o cuando toman una decisión de inversión equivocada.

LEYENDA

➤ Dinero del Estado y de los inversores

➤ Dinero al Estado y a los inversores

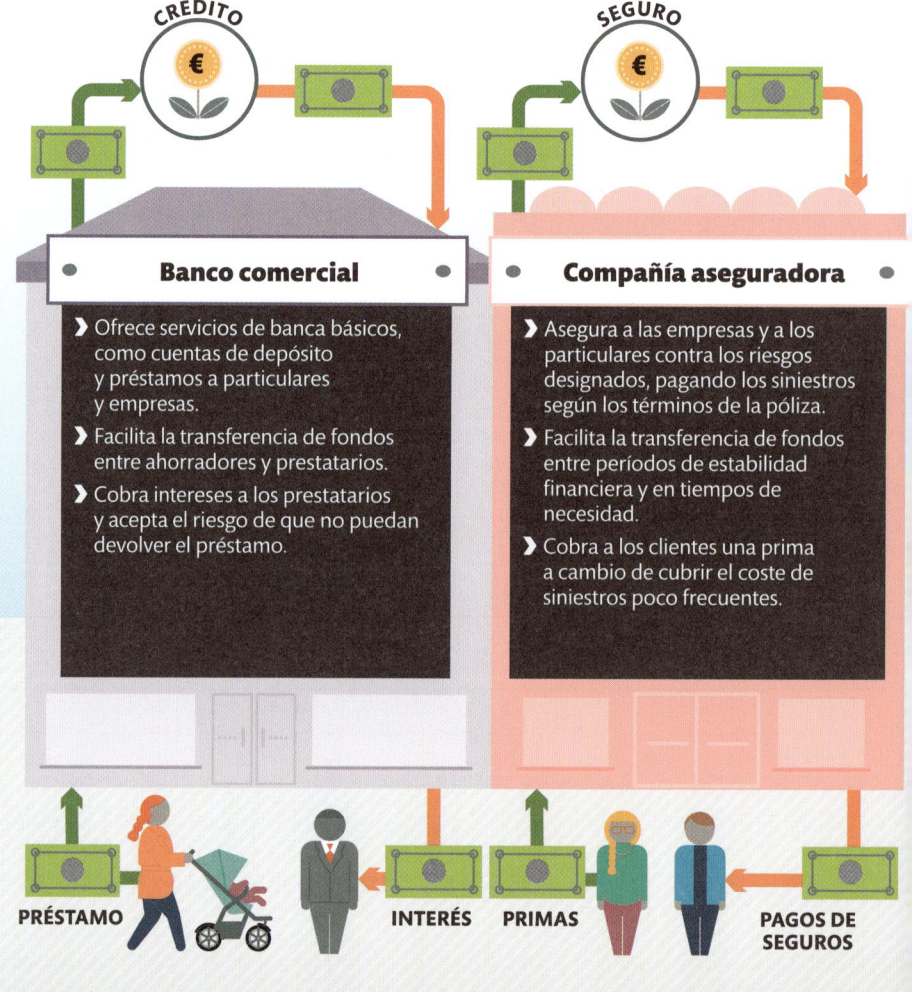

CRÉDITO

SEGURO

Banco comercial

❱ Ofrece servicios de banca básicos, como cuentas de depósito y préstamos a particulares y empresas.

❱ Facilita la transferencia de fondos entre ahorradores y prestatarios.

❱ Cobra intereses a los prestatarios y acepta el riesgo de que no puedan devolver el préstamo.

Compañía aseguradora

❱ Asegura a las empresas y a los particulares contra los riesgos designados, pagando los siniestros según los términos de la póliza.

❱ Facilita la transferencia de fondos entre períodos de estabilidad financiera y en tiempos de necesidad.

❱ Cobra a los clientes una prima a cambio de cubrir el coste de siniestros poco frecuentes.

PRÉSTAMO

INTERÉS

PRIMAS

PAGOS DE SEGUROS

El flujo del dinero

Las empresas e instituciones que componen el sector financiero actúan como intermediarios, facilitando las transacciones financieras entre las partes. Ponen en contacto a ahorradores y prestatarios, tomando dinero de los depósitos bancarios y las inversiones de los ahorradores y prestándoselo a los prestatarios para hipotecas y préstamos. La intermediación puede tener lugar durante largos períodos; por ejemplo, cuando alguien está ahorrando para su jubilación, una institución financiera puede ayudarle a obtener fondos en un momento en el que tiene mucho capital, para utilizarlos en el futuro, en un momento en el que tiene más restricciones de capital. Estas empresas e instituciones asumen parte de los riesgos y beneficios de las transacciones financieras que facilitan.

DEMASIADO GRANDE PARA QUEBRAR

El término «demasiado grande para quebrar» engloba la idea de que algunas empresas e instituciones financieras son tan grandes y están tan interconectadas dentro del sistema financiero mundial que su colapso podría provocar una reacción en cadena de acontecimientos que llevarían a un colapso económico (véanse las págs. 120–21). Dado que estas instituciones se consideran tan importantes para la estabilidad económica, están obligadas por ley a seguir las normas establecidas por organizaciones independientes de regulación financiera. En tiempos de crisis, los Gobiernos han intervenido para rescatar empresas e instituciones con ayuda económica para evitar su colapso.

INVERSIÓN

Casa de corretaje

❯ Pone en contacto a compradores y vendedores para facilitar el comercio de activos financieros.

❯ Facilita la transferencia de fondos entre los mercados público y privado (el movimiento de capital entre empresas que cotizan en bolsa y empresas privadas).

❯ Cobra a los clientes una comisión de corretaje.

EMPRESA

OBLIGACIONES

Gestor de activos y pensiones

❯ Ofrece productos y servicios de inversión a los ahorradores a largo plazo.

❯ Facilita la transferencia de fondos entre el presente y el futuro, invirtiendo los fondos ahora para obtener crecimiento e ingresos en el futuro.

❯ Cobra a los clientes comisiones de gestión y rendimiento

Banco de inversiones

❯ Se especializa en la captación de capital para empresas mediante la creación de valores financieros (véanse las págs. 204–205) que pueden negociarse en mercados públicos, es decir, mercados abiertos a la negociación de los accionistas, como la Bolsa de Londres.

❯ Facilita la transferencia de fondos entre los mercados público y privado (el movimiento de capital entre empresas que cotizan en bolsa y empresas de propiedad privada).

❯ Obtiene capital cobrando a sus clientes por los servicios prestados.

COMISIÓN PARA EL BRÓKER

BRÓKER

ACTIVOS FINANCIEROS

INTERÉS DE LOS PRÉSTAMOS

PRÉSTAMOS E HIPOTECAS

EL DINERO VA A LA EMPRESA

OBLIGACIONES VENDIDAS AL PÚBLICO

Colapsos económicos

Las señales de que se avecina un colapso económico incluyen un descenso repentino de los precios de los activos financieros, la incapacidad de los prestatarios para pagar sus deudas y la quiebra de empresas.

La cola que mueve el perro

Cuando las economías van bien, los beneficios suelen extenderse a toda la sociedad. Las empresas encuentran demanda para sus productos y deciden expandirse, los consumidores disfrutan de buenos salarios y se comprometen a comprar, y los inversores mueven capital en busca de buenas oportunidades. Durante estos períodos, las empresas, los consumidores y los inversores pueden decidir pedir préstamos para expandirse,

consumir e invertir en mayor medida que antes. Sin embargo, cuando el importe total de los préstamos es demasiado elevado, los participantes en el mercado pueden volverse económicamente vulnerables. En otras palabras, es posible que el endeudamiento no provoque un colapso económico, pero puede preparar el terreno para ello. Por lo general, el punto de inflexión se produce con la perturbación de un mercado financiero importante. Esto puede deberse al estallido de una burbuja especulativa

Prepararse para una crisis

Las empresas y los inversores mueven capital y piden préstamos en busca de rendimientos que compensen los riesgos. Sin embargo, cuando pasan de perseguir oportunidades a evitar riesgos, el mercado se desestabiliza.

Base sólida

Cuando la economía está en expansión, la gente quiere consumir y los inversores mueven capital para perseguir oportunidades financieras.

❯ Alto rendimiento del capital
❯ Baja aversión al riesgo
❯ Baja tasa de impago
❯ Bajo apalancamiento

Grietas en la estructura

El crecimiento se ralentiza a medida que las empresas se endeudan. Los inversores se vuelven cautos y reducen las inversiones para minimizar el riesgo.

❯ Alto rendimiento del capital
❯ Baja aversión al riesgo
❯ Baja tasa de impago
❯ Alto apalancamiento

(véanse las págs. 200–201), a un aumento repentino de las tasas de impago de las empresas, a una quiebra bancaria sistémica, a una guerra o a un desastre natural. En tales circunstancias, la perturbación solo se magnifica cuando los inversores toman decisiones en estado de pánico

Propagación del pánico

El desorden de los mercados financieros repercute en toda la economía. El pánico se extiende debido a la naturaleza con miras al futuro de las decisiones de los mercados financieros. Los inversores y las empresas asignan el capital en función de las perspectivas de cada oportunidad y de su confianza en los beneficios económicos futuros. Cuando la confianza se evapora de golpe, se produce un colapso económico.

DEBES SABER

> **Rendimiento del capital** La tasa de rendimiento de las oportunidades de inversión financiera. Los inversores buscan el máximo rendimiento y el mínimo riesgo.

> **Tasa de impago** La tasa a la que las empresas quiebran y dejan de reembolsar los compromisos financieros y contractuales acordados previamente.

> **Apalancamiento** El uso de dinero prestado para apuntalar una estrategia de inversión en lugar de obtener dinero vendiendo activos financieros como acciones o participaciones.

CASO PRÁCTICO

El colapso de 2007-08

En 2008, el endeudamiento excesivo del sector residencial estadounidense y la quiebra repentina del banco de inversión Lehman Brothers provocaron una crisis de confianza en los mercados financieros de todo el mundo. A lo largo de ese año, muchos activos financieros bajaron de precio en cantidades considerables (véanse las págs. 72-73).

Las grietas se convierten en defectos

Las empresas no pueden asegurar nuevos préstamos y empiezan a incumplir sus deudas. Los inversores dejan de invertir capital a causa de los riesgos que van en aumento.

> Bajo rendimiento del capital
> Alta aversión al riesgo
> Alta tasa de impago
> Alto apalancamiento

El derrumbe

Las empresas quiebran. Los inversores sufren pérdidas permanentes y pierden la confianza en el futuro de la economía.

Desigualdad

La desigualdad económica, es decir, la distribución injusta de la riqueza y las oportunidades en la sociedad, puede tener efectos perjudiciales tanto para el crecimiento económico como para la cohesión social.

Participaciones desiguales

La renta y la riqueza están relacionadas de dos formas: las personas con rentas altas se vuelven más ricas que las que tienen rentas bajas, y las personas nacidas en familias ricas tienen más probabilidades de tener trabajos y profesiones con altos ingresos, ya que suelen crecer con mejores oportunidades educativas, redes y recursos. También es más probable que las familias más pobres vivan de alquiler y dependan de la asistencia social, mientras que las familias más ricas tienden a invertir dinero en propiedades y a recibir más ingresos de las ganancias de capital (el aumento del valor de sus propiedades).

Como resultado, a menos que los Gobiernos limiten a las personas la posibilidad de heredar bienes de sus familias —lo que la mayoría de la gente considera un derecho básico—, la desigualdad de riqueza e ingresos parecen ser características inevitables de las sociedades basadas en los principios liberales del libre mercado.

Luchar contra la desigualdad

Uno de los objetivos de la política moderna ha sido fomentar el crecimiento económico —lo que requiere que las personas tengan oportunidades de ganar dinero— y, al mismo tiempo, garantizar que las personas dispongan de algún tipo de red de seguridad social. Los Gobiernos

El coeficiente de Gini

La desigualdad de ingresos suele evaluarse mediante el denominado «coeficiente de Gini». Este evalúa la desigualdad entre poblaciones enteras, centrándose en factores específicos, como los niveles de renta. Un coeficiente de Gini de 0 representa la igualdad perfecta, mientras que un coeficiente de 1 representa la desigualdad perfecta.

COEFICIENTE DE GINI

0   0,5   1

Igualdad perfecta

En un estado de igualdad perfecta todos los valores de renta serían iguales en toda la población. En realidad, los países del norte de Europa suelen tener coeficientes de Gini bajos, lo que sugiere que son las sociedades más igualitarias.

Alguna desigualdad

La mayoría de los países evitan la desigualdad extrema, por lo que se sitúan en el centro de la horquilla. Sin embargo, los países en desarrollo tienden a tener coeficientes de Gini más elevados, lo que indica que tienen más desigualdad que los países desarrollados.

Desigualdad perfecta

En un estado de desigualdad perfecta, una persona tendría todos los ingresos. En realidad, el sur de África y algunas zonas de América Latina tienen los coeficientes de Gini más altos, lo que indica que tienen las sociedades menos igualitarias.

que no lo logran se arriesgan no solo al malestar social, sino también al estancamiento económico. Un aumento de la desigualdad conduce a menos oportunidades para los menos privilegiados de la sociedad y, por tanto, a un aumento de las deudas de los hogares y de los impagos. Todo ello crea un entorno desfavorable para las empresas, que producen menos y contratan a menos trabajadores a medida que disminuye la demanda de sus productos.

Los factores estructurales y culturales también pueden causar desigualdad. A un trabajador se le prohíbe pasar de un mercado laboral a otro si no hay oportunidades de reciclaje profesional, o si el precio de hacerlo es demasiado alto. Asimismo, en algunas profesiones, los trabajadores pueden ser discriminados por su sexo, raza o religión. Para contrarrestar estos y otros problemas, la mayoría de los Gobiernos promueven oportunidades de empleo para personas de todos los orígenes y niveles de renta, y muchos garantizan un salario mínimo, la remuneración más baja legalmente permitida por el trabajo.

LA CURVA DE LORENZ

La curva de Lorenz muestra la distribución de la renta en una población. En una sociedad perfectamente igualitaria, la «curva» es de hecho una línea recta de 45 grados, ya que significa que, por ejemplo, el 30 % de la población posee el 30 % de la renta total. Sin embargo, cuanto más desigual es la sociedad, más se aleja la curva de esa línea. La diferencia entre la curva y la línea la evalúa el coeficiente de Gini (véase abajo a la izquierda).

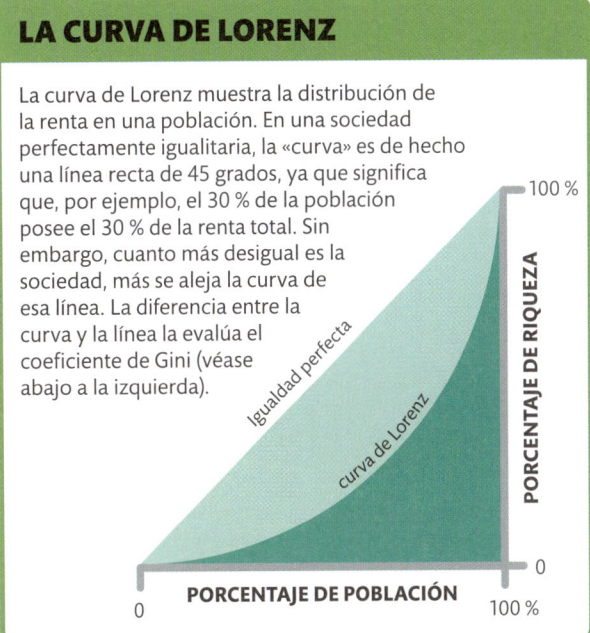

Desigualdad de riqueza

La distribución de la riqueza entre los adultos de todo el mundo suele ilustrarse con una pirámide. Esta pirámide muestra que en 2020 el 1,1 % de la población poseía casi la mitad (45,8 %) de la riqueza total del mundo, mientras que el 55 % solo poseía el 1,3 %. A medida que crece la economía mundial, aumentan las proporciones de los grupos medios, lo que significa que disminuye la desigualdad mundial.

El **8,5 %** de la **población mundial** vive con menos de 2,15 $ al día

El Banco Mundial (2023)

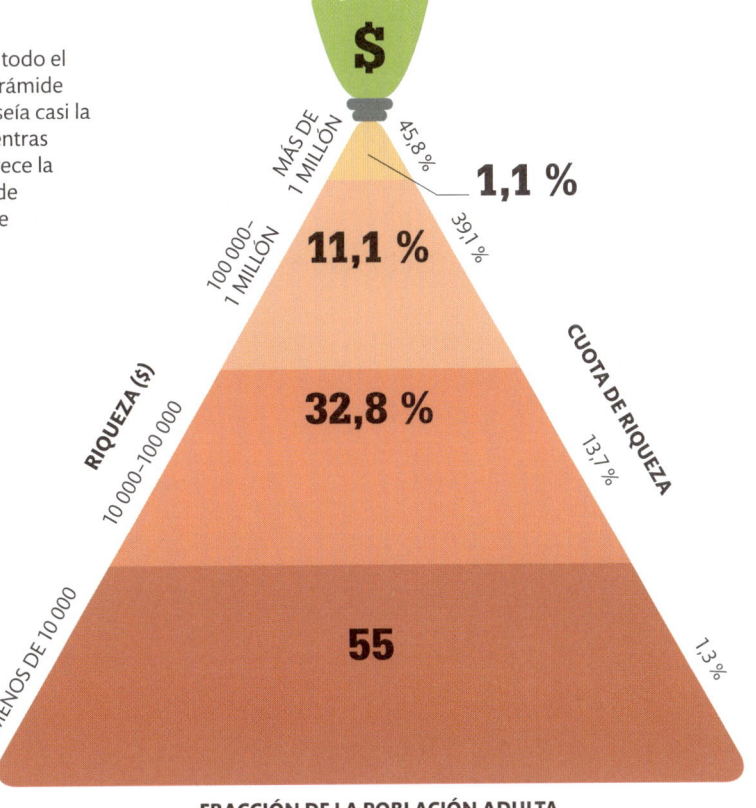

FRACCIÓN DE LA POBLACIÓN ADULTA

ESCUELAS DE PENSAMIENTO ECONÓMICO

Los economistas hablan de cómo funcionan, o deberían funcionar, las economías. A lo largo de la historia han surgido diferentes «escuelas» de pensamiento económico que reflejan las distintas respuestas a cuestiones como la intervención de los Gobiernos y las crisis financieras.

Economía clásica y neoclásica

Hoy en día, lo que se conoce como «pensamiento económico "formal" u "ortodoxo"» deriva de las teorías surgidas a finales del siglo XVIII, un período marcado por el crecimiento de la industria y un gran cambio cultural.

Economía clásica

En la Europa del siglo XVIII, la teoría económica dominante era el mercantilismo, cuyo objetivo era aumentar las exportaciones y reducir las importaciones para garantizar la riqueza de una nación. Pero a finales de siglo, el progreso industrial propició una comprensión más profunda de la economía y, en 1776, el pensador escocés Adam Smith (1723–90) publicó *La riqueza de las naciones*, que sentó las bases de lo que se conoció como «economía clásica». En el centro del pensamiento de Smith estaba la noción de mercado (el comercio de bienes y servicios) y el concepto de «hombre económico racional»: la idea de que las personas basan sus decisiones económicas en la razón y el propio interés (véanse las págs. 18–19). Smith también examinó la división del trabajo y su contribución a la productividad (véanse las págs. 24–25).

Economía neoclásica

La siguiente generación de pensadores desplazó el énfasis de la producción como principal motor de la economía a la idea de la «utilidad marginal», o las preferencias del consumidor (véanse las págs. 20–21). Los «marginalistas», encabezados por Alfred Marshall (1842–1924), afirmaban que mientras los productores aspiran a aumentar los beneficios al máximo, los consumidores aspiran a incrementar la utilidad o la satisfacción. De este modo, la oferta y la demanda tienden al equilibrio. Esta nueva escuela de pensamiento, conocida como «economía neoclásica», pretendía ser más rigurosamente científica en su planteamiento, y hoy se considera el enfoque «ortodoxo» de la economía.

Cambio de la oferta y la demanda

La economía clásica afirma que cuando aumenta la demanda, suben los precios, y cuando aumenta la oferta, estos bajan. El aumento de la demanda también provoca un aumento de la oferta, pero estas fuerzas fluctuantes crean el equilibrio del mercado.

Aumenta la demanda de chocolate a la taza ya que, cuando hace frío, es más probable que la gente compre chocolate a la taza en lugar de helado.

EL PRECIO DEL CHOCOLATE A LA TAZA AUMENTA, IGUAL QUE LOS BENEFICIOS

La fábrica de chocolate a la taza aumenta la producción y contrata a más trabajadores.

No pertenecientes a la población activa
Aquellos que no tienen un empleo ni buscan trabajo, se conocen también como «población inactiva».

LA MANO INVISIBLE

En *La riqueza de las naciones* (1776), Adam Smith explicaba cómo el propio interés de los compradores y los vendedores en el mercado conduce a un sistema que equilibra la oferta y la demanda y determina el precio de los bienes y servicios. Según decía, es como si una «mano invisible» guiara el proceso y, de este modo, la economía funciona mejor cuando se la deja autorregularse. Sin embargo, Smith reconocía que la economía de mercado también tenía sus defectos, por ejemplo, en la provisión de bienes y servicios públicos. Creía que los Gobiernos tienen un papel fundamental que desempeñar para superar estos fallos del mercado, así como para proporcionar un marco jurídico que garantice el buen funcionamiento del mercado.

LLEGA EL FRÍO Y SE PREVÉ QUE PERSISTA

Disminuye la demanda de helado, ya que, cuando hace frío, la gente está menos predispuesta a comprar helado que chocolate a la taza.

«El objetivo de un buen Gobierno es estimular la producción; el de un mal Gobierno, fomentar el consumo».

Jean-Baptiste Say, economista francés, *Tratado de economía política* (1803)

€

BAJA EL PRECIO DEL HELADO, IGUAL QUE LOS BENEFICIOS

LOS TRABAJADORES CAMBIAN DE TRABAJO

La fábrica de helados reduce la producción y el número de trabajadores.

CERRADA

Economía keynesiana

El economista británico John Maynard Keynes sostenía que, en lugar de dejar que los mercados se determinen a sí mismos, los Gobiernos deberían gestionarlos ocasionalmente con políticas fiscales y monetarias.

Cadenas de gasto

John Maynard Keynes (1883–1946) desarrolló sus ideas en la década de 1930, durante la Gran Depresión. Keynes cuestionó la idea de que las economías debían corregirse por sí solas en tiempos de crisis y abogó por que los Gobiernos intervinieran en la economía, sobre todo durante las recesiones (véanse las págs. 94–95). Publicó sus ideas en *Teoría general de la ocupación, el interés y el dinero*, que cuestionaba la creencia de que los mercados libres, que funcionan por sí solos, garantizan el pleno empleo.

Keynes sostenía que los salarios y los precios son «adherentes», es decir, que no bajan automáticamente cuando disminuye la demanda de mano de obra, y que, debido a ello, la demanda de mano de obra disminuye aún más, lo que conduce al desempleo. Según él, la actividad económica viene determinada por la demanda, es decir, por la cantidad de gastos en la economía, y cuando esta disminuye por debajo de un nivel determinado provoca un elevado desempleo. Aunque el desempleo elevado es un exceso de oferta de mano de obra, si los precios son adherentes, los salarios no bajarán para volver al equilibrio y el desempleo podrá persistir.

Según Keynes, la única solución es la intervención del Estado, en particular, la inyección de dinero en la economía para aumentar la demanda. Estas aportaciones provocan cadenas de gastos que se extienden por toda la economía y multiplican el valor del desembolso inicial del Gobierno, por lo que se dice que el Gobierno «se esfuerza por salir de la recesión».

Inversión pública

En lugar de reducir los gastos, el Gobierno puede inyectar dinero directamente en la economía. Puede hacerlo creando puestos de trabajo, lo que estimulará la producción y aumentará la demanda.

EL MULTIPLICADOR KEYNESIANO

El mecanismo por el que los Gobiernos gastan dinero para aumentar la demanda, que a su vez aumenta la oferta, se conoce como «multiplicador keynesiano». Si, por ejemplo, el Gobierno inyecta 100 000 millones de euros en la economía, y la gente gasta el 80 % de ese dinero en bienes (y ahorra el resto), 80 000 millones de euros se convierten en ingresos adicionales para los productores de esos bienes; y si gastan el 80 % de esos otros ingresos, los productores reciben 64 000 millones de euros de ingresos adicionales, y así sucesivamente. Después de diez rondas, los 100 000 millones de euros iniciales podrían convertirse en más de 500 000 millones de euros de gastos en toda la economía.

Estimulación de la economía

Según Keynes, cuando el crecimiento económico se ralentiza, una inyección de dinero puede servir de estímulo para la recuperación. La inversión inicial pone en marcha una cadena de gastos y producción que aumenta la circulación de dinero en toda la economía y fomenta una mayor actividad económica.

Infraestructura

Una forma en la que un Gobierno puede inyectar dinero en la economía es invirtiéndolo en infraestructuras, por ejemplo, construyendo viviendas o modernizando las carreteras y el suministro eléctrico.

«Toda producción **tiene como fin** último satisfacer a un consumidor».

John Maynard Keynes, *Teoría general de la ocupación, el interés y el dinero* (1936)

Aumento de los gastos

Los gastos del Estado estimulan el sector, lo que aumenta el número de trabajadores con renta disponible. Esto, a su vez, conduce a una mayor demanda de bienes y servicios.

Mayor circulación del dinero

La actividad económica, estimulada por una inyección inicial de dinero público, se acelera. Esto hace que entre más dinero en circulación.

Aumento de la producción

Las empresas responden al aumento de la demanda incrementando la producción. Esto aumenta los beneficios, crea puestos de trabajo, eleva los salarios y estimula nuevas inversiones.

SALARIOS

BIENES

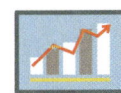

INVERSIÓN

Una economía sana

El desembolso inicial del Gobierno ha multiplicado la producción de bienes y servicios. También ha aumentado el empleo y los salarios, y ha promovido la inversión en el sector.

Economía poskeynesiana

En la década de 1970, un grupo de economistas keynesianos desafió las políticas más ortodoxas de libre mercado que estaban cobrando importancia en Europa y Estados Unidos.

Demanda efectiva

La escuela económica «postkeynesiana» se inspiró no solo en John Maynard Keynes (véanse las págs. 128–29), sino también en muchos economistas marxianos (véanse las págs. 132–33) y neorricardianos (véanse las págs. 158–59). La escuela apareció en el Reino Unido y Estados Unidos, donde se opuso a lo que se conoció como la «economía "neoliberal"» de la oferta que se estaba introduciendo allí (véanse las págs. 140–41). En su lugar, los poskeynesianos, como el economista estadounidense Hyman Minsky (véase el recuadro) y otros, promovieron el principio de la «demanda efectiva», según el cual los Gobiernos deberían intervenir en la economía para impulsar la demanda en lugar de la oferta. También sostenían que el pleno empleo no puede lograrse únicamente mediante las fuerzas del mercado, que, si no se regulan, perpetúan el ciclo de «auge y crisis».

Predicción de un colapso

En su crítica a la economía neoliberal, los poskeynesianos subrayaron que la liberalización del sector financiero aumentaba el riesgo de un colapso económico (véanse las págs. 120–21). Sus predicciones resultaron ser correctas: el exceso de confianza en una economía en auge, combinado con unos mercados financieros mal regulados, condujo a un colapso económico mundial en 2007–08 (véanse las págs. 72–73). A raíz de esta crisis, muchos de los países que habían promovido políticas neoliberales recurrieron a la economía poskeynesiana para acelerar la recuperación.

Estabilización de la economía

Las economías de libre mercado tienen ciclos económicos que suben y bajan periódicamente (véanse las págs. 90–91), y en ocasiones fluctúan entre extremos de prosperidad («auge») y quiebra («crisis»). Los economistas poskeynesianos identificaron varias medidas que podrían prevenir esta inestabilidad, o al menos evitar sus efectos más perjudiciales.

Estimulación de la demanda

El Gobierno debería estimular la demanda en lugar de la oferta, por ejemplo, reduciendo los impuestos a los consumidores y no a las empresas.

Abordar la desigualdad

La reducción de la desigualdad pone el dinero equitativamente en los bolsillos de la mayor proporción de personas, cuyo gasto aumenta la demanda.

EL MOMENTO «MINSKY»

Hyman Minsky (1919–96) estudió cómo se expanden y se contraen las economías. Observó que durante los períodos de prosperidad creciente, los niveles tanto de inversión especulativa como de deuda suelen aumentar sin que se produzca el correspondiente incremento del flujo de caja. En tales circunstancias, cuando la deuda supera la cantidad de dinero que los prestatarios pueden devolver, la oferta de préstamos se detiene y la economía se contrae de forma brusca.

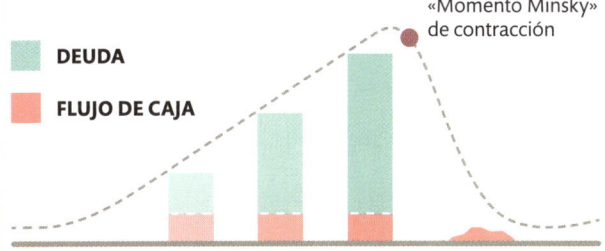

«Momento Minsky» de contracción

■ DEUDA

■ FLUJO DE CAJA

Regulación de las instituciones financieras

El sector financiero debe regularse adecuadamente para evitar que inversores y comerciantes hagan fortunas a costa de la seguridad económica del país.

«El aumento del número de indigentes no amplía el mercado».

Michał Kalecki, economista marxiano polaco,
Teoría de la dinámica económica (1965)

Prestamista de última instancia

Si una institución financiera se queda sin dinero, un prestamista de última instancia, como un banco central, debe rescatarla para evitar un pánico financiero.

Economía marxiana

Karl Marx, uno de los pensadores más influyentes del siglo XIX, fundó una escuela de pensamiento económico que ofrecía una crítica del capitalismo y una alternativa socialista radical.

Una crítica al capitalismo

Aunque se le considera un pensador revolucionario, Karl Marx (1818–83) empezó a escribir dentro de la tradición de la economía clásica. En su crítica al capitalismo en tres volúmenes, *El Capital* (1867–94), adoptó el punto de vista clásico de que la producción, más que el intercambio o el consumo, es la piedra angular de la economía, y que la sociedad está dividida en clases económicas diferenciadas. Para Marx, la sociedad capitalista consta de dos de estas clases: la burguesía (los propietarios capitalistas de la industria) y el proletariado (los trabajadores que proporcionan la mano de obra). Creía que la burguesía obtenía sus beneficios de la plusvalía producida por el proletariado, y que las medidas para aumentar la productividad, como la división del trabajo o el aumento de la mecanización, tenían un efecto perjudicial, o alienante, sobre los trabajadores.

Lucha de clases

Marx sostenía que, aunque el capitalismo ha conseguido impulsar

Modos de producción

Según Marx, las sociedades se construyen sobre modos de producción concretos (las formas en que producen bienes y servicios). Cada modo de producción es una combinación de las fuerzas de producción (la población activa, la infraestructura y los materiales) y las relaciones de producción (las relaciones de poder entre las clases económicas).

Objetivo económico
El objetivo de la producción es aumentar el beneficio para los propietarios, los accionistas y la dirección.

Plusvalía
La clase capitalista considera la plusvalía un beneficio.

Propiedad
Los medios de producción son propiedad de la clase capitalista, ya sea individualmente o como accionistas.

Organización del trabajo
La mecanización y la división del trabajo aumentan los beneficios para los propietarios, pero margina a los trabajadores en el proceso.

PRODUCCIÓN CAPITALISTA

el crecimiento económico, es insostenible a largo plazo. Afirmaba que a lo largo de la historia los sistemas económicos han cambiado debido al conflicto entre las clases, y que al capitalismo lo acabará erradicando una revolución socialista. A continuación, el proletariado será propietario de los medios de producción y se beneficiará colectivamente de la plusvalía. Según Marx, dado que la economía de mercado capitalista es intrínsecamente inestable, sus fluctuaciones de auge y crisis conducirán a su propia desaparición. Después, bajo un Gobierno socialista, una autoridad central proporcionará una alternativa estable a la economía de mercado.

«De cada uno según sus capacidades, a cada uno según sus necesidades».

Karl Marx, *Crítica al programa de Gotha* (1875)

COMUNISMO

Durante el siglo XX, varios países adoptaron una forma radical de economía marxiana conocida como «comunismo». Entre ellos se encontraban la Unión Soviética y China, y países como Cuba, Corea del Norte y varias repúblicas africanas independientes. Sin embargo, el capitalismo no acabó como predijo Marx, sino que superó sistemáticamente a las economías comunistas, la mayoría de las cuales se derrumbaron más tarde.

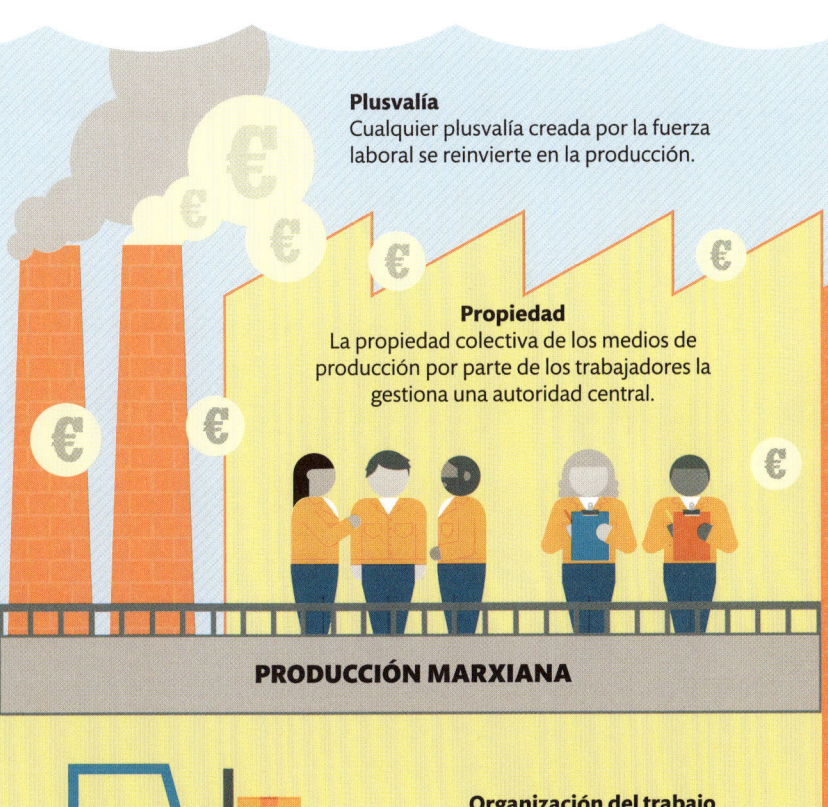

Plusvalía
Cualquier plusvalía creada por la fuerza laboral se reinvierte en la producción.

Objetivo económico
El objetivo de la producción es proporcionar bienes y servicios a las personas.

Propiedad
La propiedad colectiva de los medios de producción por parte de los trabajadores la gestiona una autoridad central.

PRODUCCIÓN MARXIANA

Organización del trabajo
Los trabajadores participan en todos los aspectos de la producción, se enorgullecen de su trabajo y comparten su riqueza.

✓ DEBES SABER

❯ **Plusvalía** La diferencia entre el precio de una mercancía en el mercado y el coste de su producción.

❯ **Teoría del valor-trabajo** Según Marx, el valor económico de una mercancía no debe medirse por el mercado, sino por la cantidad de trabajo que se empleó en producirla.

Economía schumpeteriana

Según la economía schumpeteriana, las economías capitalistas no son estáticas, sino dinámicas y en continua evolución, impulsadas por innovaciones que fuerzan a las empresas ineficientes a dar paso a un nuevo crecimiento.

Innovación y crecimiento

La economía schumpeteriana, llamada así por el economista estadounidense de origen moravo Joseph Schumpeter (1883–1950), al igual que la economía marxiana (véanse las págs. 132–33), hace mucho hincapié en el desarrollo tecnológico como característica de las economías capitalistas. Sin embargo, Schumpeter fue más allá al sostener que el crecimiento económico, como los avances tecnológicos, está impulsado más por la innovación, es decir, por los empresarios que promueven nuevas ideas y productos que no solo cosechan recompensas, sino que también crean la atmósfera para el cambio.

La introducción de un nuevo producto anima a otras empresas a hacer lo mismo, encontrando nuevas formas de aumentar la productividad e impulsando los avances tecnológicos. A su vez, esto hace que el producto sea más barato y esté más disponible, pero también que sea menos rentable, por lo que las empresas más antiguas, si no pueden modernizarse, acaban fracasando. Con el

«**Una depresión** es para el capitalismo como una **buena ducha fría**».

Joseph Schumpeter, a estudiantes de economía, registrado por R.L. Heilbroner, *The Worldly Philosophers* (1953)

Ciclos de innovación

En el centro del análisis de Schumpeter de la economía capitalista está la idea de los ciclos de innovación. Un ciclo comienza con un nuevo producto, lo que provoca la competencia, que a su vez fomenta el progreso tecnológico. Las empresas menos productivas fracasan y dejan que las más productivas se beneficien, y de ellas surge una nueva oleada de emprendedores innovadores.

1. Innovación

Un emprendedor introduce en el mercado un nuevo producto, como la primera cámara fotográfica. La empresa que lanza este producto obtiene inicialmente un elevado beneficio de la innovación.

2. Competencia

Otras empresas empiezan a producir cámaras y compiten por una parte del mercado. La competencia hace que los precios bajen y que el producto sea menos rentable. Sin embargo, la innovación constante alimenta la demanda de nuevas cámaras por parte de los consumidores.

tiempo, el mercado del nuevo producto se asienta, e incluso se estanca, lo que incita a una nueva generación de emprendedores a seguir innovando.

«Destrucción creativa»

La idea de que la innovación impulsa el avance tecnológico y el crecimiento económico contrasta con la teoría neoclásica establecida (véanse las págs. 126–27) de que la oferta y la demanda asignan los recursos al mercado de forma eficiente y mantienen el equilibrio (véanse las págs. 104–105). En cambio, Schumpeter veía la economía capitalista como un proceso evolutivo de innovación continua y de «destrucción creativa». Incluso sugirió que las recesiones (véanse las págs. 94–95) son una parte necesaria del sistema capitalista, para eliminar la ineficiencia y permitir la innovación dinámica y el crecimiento.

CASO PRÁCTICO

Grabación de sonido

El sector de la grabación de sonido es un ejemplo de economía schumpeteriana en la práctica. Desde la innovación inicial de grabar sonido en cilindros de cera en la década de 1870, el sector ha progresado a través de discos de gramófono y vinilo, cintas de casete y CD, hasta descargas de MP3 y transmisión por Internet. En cada etapa, las marcas que impulsaron las innovaciones, como Edison Phonograph Company, RCA Victor, EMI y Sony Walkman, dominaron el mercado, pero luego desaparecieron cuando las nuevas tecnologías dejaron obsoletos sus productos.

3. Destrucción y progreso

En un mercado competitivo, algunas empresas fracasan inevitablemente, mientras que otras prosperan. Esto impulsa a las empresas competidoras a ser más productivas, y estimulan nuevos desarrollos y avances tecnológicos.

4. Renovación económica

A medida que las empresas menos dinámicas fracasan, otras se convierten en líderes del mercado. Sus beneficios crecen, lo que les permite aumentar aún más la productividad e impulsar el desarrollo de nuevos productos, como la cámara digital.

5. Repeticiones de ciclo

Una nueva generación de empresarios innovadores aprovecha los avances tecnológicos y propone nuevas ideas, como el teléfono con pantalla táctil y cámara integrada. Y así el ciclo vuelve a empezar.

Economía institucional

La economía institucional, una escuela de pensamiento económico pequeña pero influyente surgida en Estados Unidos a principios del siglo xx, se centra en las formas en que los fenómenos sociales y culturales configuran el comportamiento económico.

Un enfoque sociológico

Influenciado por la relativamente nueva disciplina de la sociología, este enfoque de la economía examinaba las relaciones entre los agentes económicos (empresas y particulares) y las distintas «instituciones» de la sociedad, desde las instituciones formales del Estado —como su Gobierno y sus leyes— hasta sus tradiciones, costumbres y cultura menos formales. Thorstein Veblen (1857–1929), considerado el padre fundador de la economía institucional, ilustró la teoría en su libro de 1899, *Teoría de la clase ociosa,* en el que describía el «consumo de ostentación» (comprar para impresionar) de los nuevos ricos.

Al mismo tiempo, las empresas intentaban crear demanda para sus productos, en lugar de proporcionar lo que los consumidores necesitaban, con el fin de aumentar los beneficios y ganar poder.

Poder social y político

Entre los seguidores de Veblen estaba John Commons (1862–1945), que aconsejaba que los Gobiernos actuaran como mediadores entre las empresas y los consumidores. La idea la retomó John Kenneth Galbraith (1908–2006), que creía que la economía había llegado a estar tan dominada por las grandes empresas que los consumidores ya no actuaban en su propio interés. Las grandes empresas también ejercían poder político e influían en las políticas gubernamentales a su favor. Para superar este desequilibrio de poder, Galbraith abogaba por la intervención gubernamental, como el control de precios y la nacionalización de los servicios públicos y los sectores principales.

«No somos lo bastante inteligentes para dejar las cosas en manos del mercado».

Ha-Joon Chang, *23 cosas que no te cuentan sobre el capitalismo* (2010)

INSTITUCIONES INCOMPATIBLES

El comercio internacional depende de los diversos recursos, bienes, servicios y necesidades de los distintos países, pero las diferencias en sus instituciones a veces pueden plantear problemas a las empresas. Las leyes —no solo las que rigen las importaciones y las exportaciones, sino también aspectos como las normas de seguridad y la normativa alimentaria— varían de un lugar a otro, e incluso las convenciones sociales pueden influir en lo que puede y no puede ser objeto de comercio.

LEGISLACIÓN DEL PAÍS A

LEGISLACIÓN DEL PAÍS B

LEGISLACIÓN DEL PAÍS C

LEGISLACIÓN DEL PAÍS D

Cómo consiguen las empresas que los consumidores vuelvan a por más

Los economistas institucionales defienden que las empresas a menudo se benefician de las costumbres culturales, como el deseo de tener el último dispositivo. Para aumentar las ventas, la empresa lanza la versión actualizada de un aparato y declara que las versiones anteriores quedan obsoletas; el consumidor literalmente se hace a la idea de que es lo último, un artículo «imprescindible», independientemente de su utilidad real. Esta práctica de diseñar productos para que tengan una vida útil limitada se conoce como «obsolescencia programada».

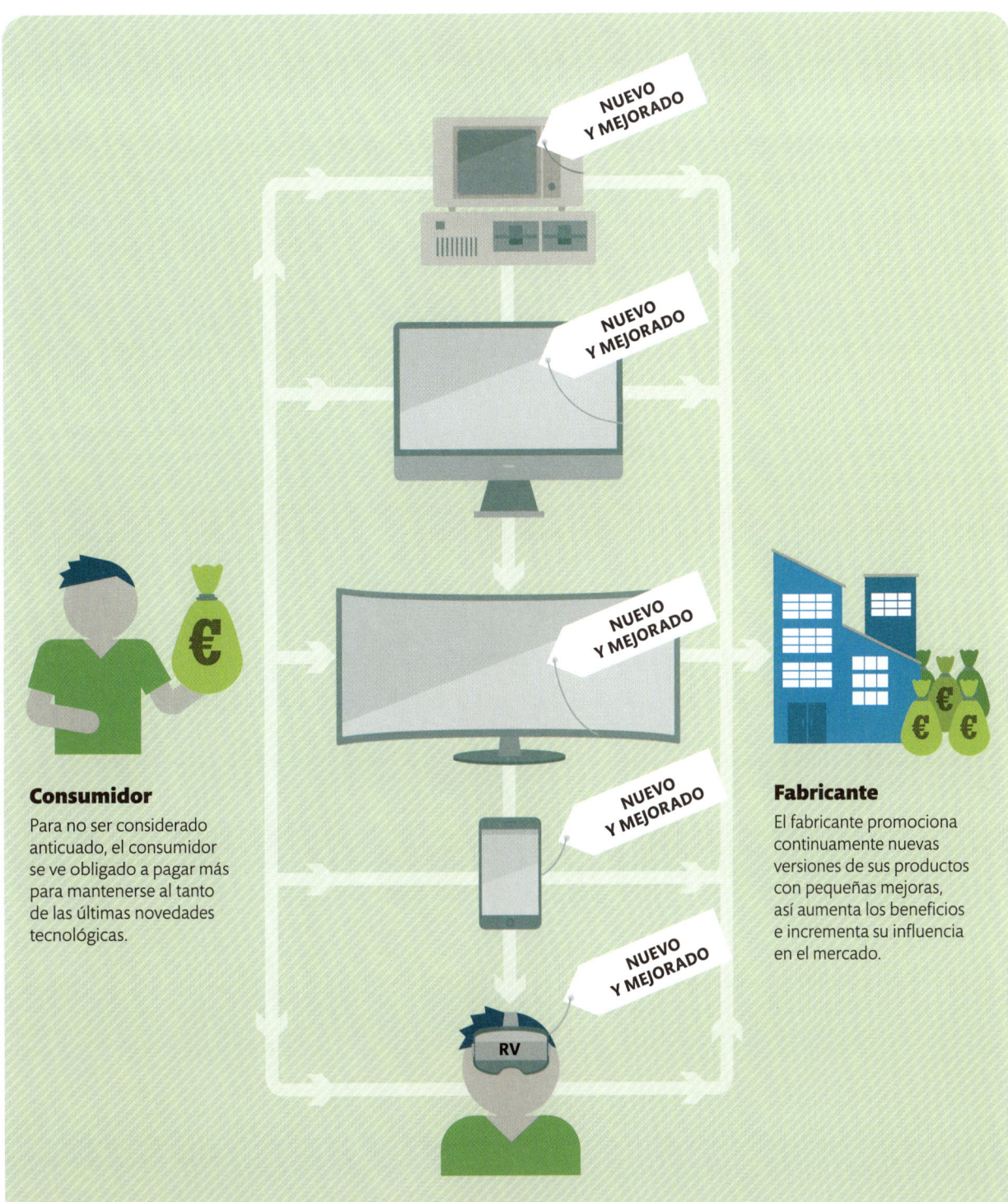

Consumidor

Para no ser considerado anticuado, el consumidor se ve obligado a pagar más para mantenerse al tanto de las últimas novedades tecnológicas.

Fabricante

El fabricante promociona continuamente nuevas versiones de sus productos con pequeñas mejoras, así aumenta los beneficios e incrementa su influencia en el mercado.

NUEVO Y MEJORADO

NUEVO Y MEJORADO

NUEVO Y MEJORADO

NUEVO Y MEJORADO

NUEVO Y MEJORADO

RV

La escuela austriaca

A finales del siglo XIX, un grupo de economistas austriacos rompió con la economía neoclásica y marxiana en favor de un modelo basado en las decisiones económicas de las personas.

El individuo es la clave

En el siglo XIX, los economistas neoclásicos (véanse las págs. 126–27) y marxianos (véanse las págs. 132–33) propusieron explicaciones «científicas» del funcionamiento de la economía. La escuela austriaca rechazó estos principios, remontándose a las ideas clásicas de libertad individual. Consideraba que la economía era el resultado de las acciones de los individuos, basadas en sus conocimientos, experiencias, expectativas y motivaciones personales. Por tanto, la economía funciona mejor cuando las personas son libres de tomar sus propias decisiones. Las restricciones económicas del Estado son coercitivas y no son compatibles con los ideales de libertad política.

El legado austriaco

Los primeros economistas de la escuela austriaca, como Carl Menger (1840–1921), Eugen von Böhm-Bawerk (1851–1914) y Friedrich von Wieser (1851–1926), se consideraron ajenos al pensamiento dominante. Sin embargo, muchas de sus ideas se han aceptado en la economía «ortodoxa». Todas ellas se refieren a cuestiones de preferencia y motivación individual. Por ejemplo, la utilidad marginal (véanse las págs. 20–21) es el valor obtenido por consumir una unidad más de un artículo. El coste de oportunidad (véanse las págs. 22–23) describe

El problema de la planificación centralizada

Los economistas de la escuela austriaca se opusieron implacablemente a la idea marxiana de una economía centralmente planificada. Dado que los precios de mercado proporcionan información sobre el valor, un planificador central siempre carecerá de información suficiente para tomar buenas decisiones sobre cuánto producir y cuánto cobrar a los consumidores por ello.

Una economía centralmente planificada

En una economía centralmente planificada, los precios los fija el Estado. Los precios se fijan por ley para un período determinado, de modo que los comerciantes no tienen flexibilidad y no pueden reaccionar ante las fluctuaciones de la oferta y la demanda.

las concesiones que se hacen al elegir una acción en lugar de otra. La teoría de la preferencia temporal (véanse las págs. 76–77) analiza el tiempo que se dedica a considerar el valor de un artículo. Indica que las personas suelen preferir los beneficios presentes a los beneficios futuros. Una segunda generación de economistas austriacos, encabezada por Ludwig von Mises (1881–1973), siguió cuestionando la ortodoxia neoclásica, así como las economías centralmente planificadas (véase más adelante), propuestas por Marx. La interpretación pragmática de la escuela austriaca de Friedrich Hayek (1899–1992) influyó en el desarrollo del neoliberalismo (véanse las págs. 140–41).

LA TEORÍA SUBJETIVA DEL VALOR

La teoría subjetiva del valor de la escuela austriaca cuestionaba la idea establecida de que el valor de un artículo se determina mediante una evaluación objetiva de su valor basada en su coste de producción. Sostiene que el valor depende de las preferencias de las personas que compran y venden el artículo, y que este valor puede fluctuar con el tiempo a medida que cambia la percepción de utilidad o conveniencia. Por tanto, el papel de los consumidores es esencial: sin señales de precios procedentes del mercado, las decisiones sobre qué y cuánto suministrar no pueden tomarse de la forma más eficiente.

«Cuanto más "planifica" el Estado, más difícil resulta la planificación para el individuo».

Friedrich Hayek, *Camino de servidumbre* (1944)

COSTES DE PRODUCCIÓN

MATERIALES + MANO DE OBRA = 3 €

5 €

5€ 4 €

Una economía de mercado

En una economía de mercado, los comerciantes individuales son libres de fijar sus precios, aunque es poco probable que vendan un artículo por debajo de los costes de producción. Pueden reaccionar a las acciones de sus competidores y a los cambios de la demanda. Los consumidores pueden comparar precios para encontrar el mejor producto al mejor precio.

Neoliberalismo

La doctrina del neoliberalismo, que alcanzó la mayoría de edad en la década de 1990, tiene sus raíces en las teorías de los economistas austriacos Ludwig von Mises y Friedrich Hayek.

Hacer retroceder al Estado

Tras ser testigos de los efectos devastadores de varios regímenes totalitarios, como el fascismo, el nazismo y el comunismo soviético, Ludwig von Mises (1881–1973) y Friedrich Hayek (1899–1992) llegaron a la conclusión de que la prosperidad y la libertad solo podían garantizarse limitando los poderes gubernamentales.

Mises proponía lo contrario del control estatal. Defendía que los Gobiernos no deberían intervenir en los mercados, a los que debería dejarse determinar por sí solos la distribución y los precios, y que las personas deberían gozar de total libertad económica para actuar como mejor les pareciera. Hayek llevó esta idea un paso más allá y sugirió que los Gobiernos sí tienen un papel que desempeñar en la economía, pero solo en la promoción de políticas que fomenten el crecimiento económico, y eliminando los obstáculos a la libertad de las personas para tomar sus propias decisiones económicas.

Tras la Segunda Guerra Mundial (1939–45), las ideas de Mises y Hayek se hicieron populares en la política anticomunista y libertaria de EE. UU., y Milton Friedman (1912–2006) apareció como una influencia fundamental en el pensamiento neoliberal.

Liberalización del mercado

De acuerdo con Hayek, Friedman creía que el crecimiento económico era fundamental para el éxito económico, y sostenía que los Gobiernos debían fomentarlo bajando los impuestos, reduciendo la reglamentación empresarial y permitiendo el libre comercio, en lugar de intentar gestionar la demanda. Al principio, el neoliberalismo, como llegó a conocerse, obtuvo poco apoyo en un mundo dominado por la teoría neoclásica. Sin embargo, desde su adopción por Margaret Thatcher en el Reino Unido y Ronald Reagan en EE. UU. en la década de 1980, ha sido acogido con entusiasmo en todo el mundo.

CURVA DE LAFFER

En un gráfico conocido actualmente como la «curva de Laffer», el economista estadounidense Arthur Laffer (1940) demostró que, en un determinado momento, el aumento de los tipos impositivos se traduce en una disminución de los ingresos gubernamentales. Sus conclusiones respaldaron la política neoliberal de reducción de impuestos.

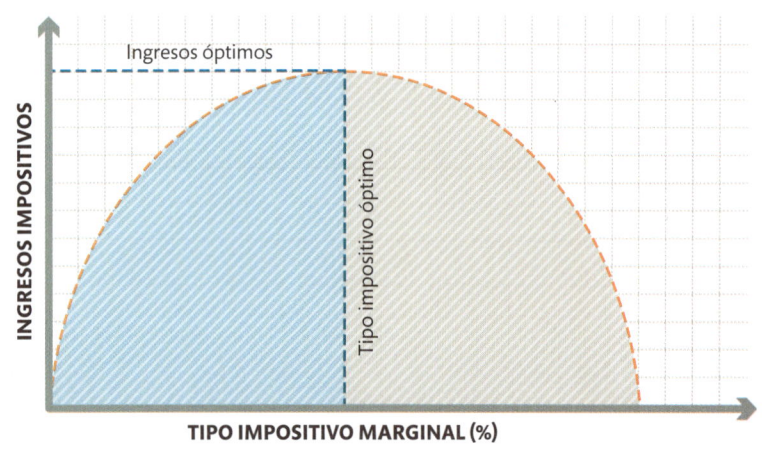

Ingresos óptimos

INGRESOS IMPOSITIVOS

Tipo impositivo óptimo

TIPO IMPOSITIVO MARGINAL (%)

«No existe el dinero público; solo existe el dinero de los contribuyentes».

Margaret Thatcher, primera ministra británica (1983)

✓ DEBES SABER

❯ **Thatcherismo y reaganismo** Los nombres otorgados a las políticas neoliberales aplicadas en la década de 1980 en el Reino Unido y EE. UU., respectivamente.

❯ **Chile** El primer país que puso en práctica políticas neoliberales. Lo hizo durante la dictadura del general Augusto Pinochet en las décadas de 1970 y 1980.

Fomento del crecimiento

Una idea fundamental para la filosofía neoliberal es que, para fomentar el crecimiento económico, hay que permitir que los miembros de la clase empresarial prosperen y aumenten su riqueza. En última instancia, esto beneficiará a la población en general, porque esa riqueza llega a los pobres a través de la economía en forma de aumento de los gastos, inversiones en la industria, creación de nuevos o mejores puestos de trabajo y un mejor nivel de vida en su conjunto.

Liberar dinero
Bajar los tipos impositivos es un incentivo para que los empresarios y las empresas innoven y se expandan. También permite a los ricos invertir su dinero en nuevas empresas prósperas.

El dinero fluye
Cuantas más empresas prosperen, más puestos de trabajo estarán disponibles y más personas tendrán empleo. Esto, a su vez, mejora la oferta de bienes y servicios y crea más puestos de trabajo.

El dinero hace dinero
A medida que crece la economía, la gente tiene más dinero para gastar, lo que a su vez aumenta la demanda. Esta conduce a más y mejores oportunidades de empleo y a un mayor nivel de vida.

Economía medioambiental

En las últimas décadas, los economistas han buscado nuevas formas sostenibles de que los países gestionen sus recursos y eviten el daño medioambiental que suele acompañar al desarrollo económico.

¿Cuál es el coste para el planeta?

La mayoría de los economistas sostienen que el progreso económico de los últimos siglos ha perjudicado el medioambiente (desde el agotamiento de los recursos naturales hasta el cambio climático). También están de acuerdo en que, si no se controlan, estos problemas también tendrán un impacto económico posiblemente catastrófico.

Ante esta situación, muchos economistas proponen una forma radicalmente distinta de concebir la economía: replantearla como un aspecto del medioambiente, en lugar de la visión convencional de considerar el medioambiente un aspecto de la economía. Sostienen que el éxito de una economía depende de una cuidadosa administración del mundo natural.

Un mundo más ecológico

Mientras los científicos trabajan en el desarrollo de nuevas tecnologías para mitigar los efectos del cambio climático, los Gobiernos del mundo están incentivando que la gente viva y trabaje de forma más sostenible y cambie a fuentes de energía renovables.

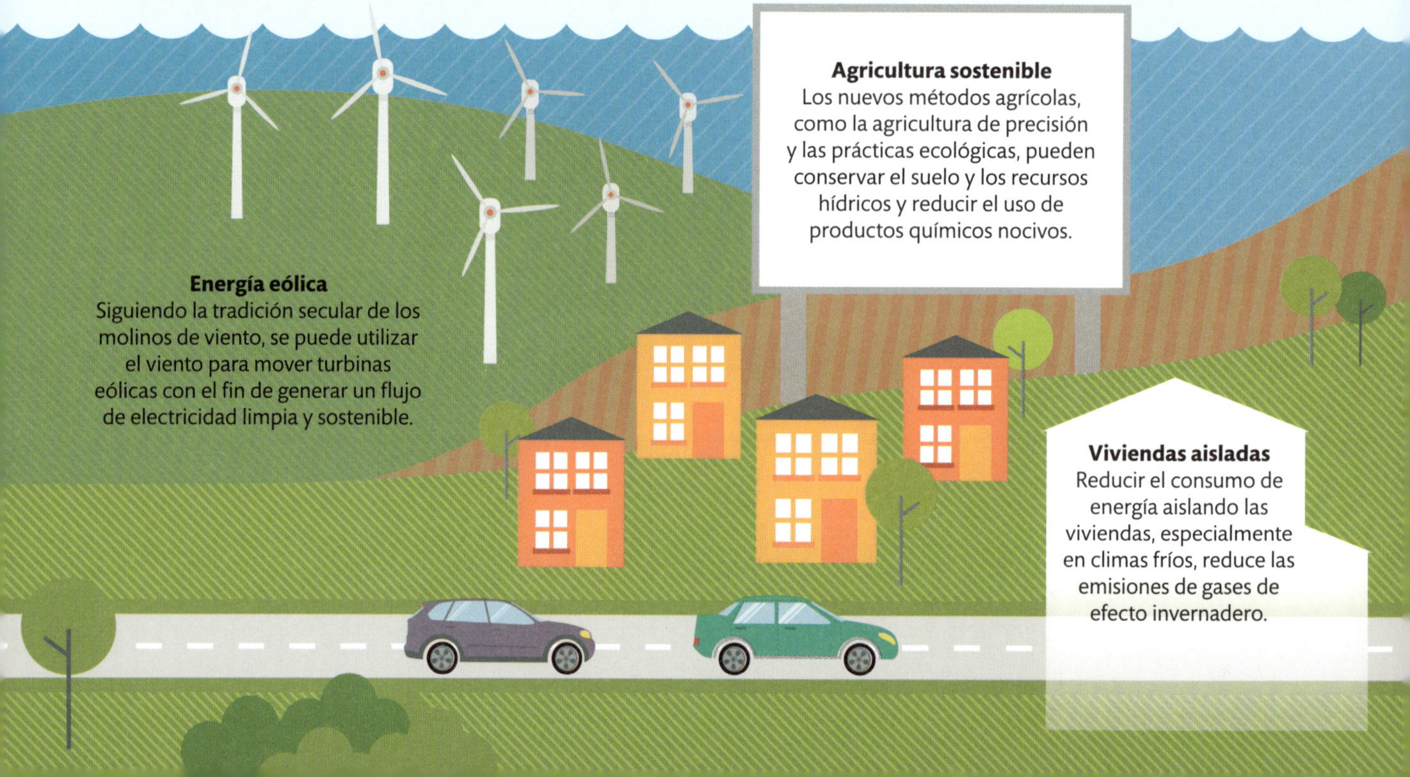

Agricultura sostenible
Los nuevos métodos agrícolas, como la agricultura de precisión y las prácticas ecológicas, pueden conservar el suelo y los recursos hídricos y reducir el uso de productos químicos nocivos.

Energía eólica
Siguiendo la tradición secular de los molinos de viento, se puede utilizar el viento para mover turbinas eólicas con el fin de generar un flujo de electricidad limpia y sostenible.

Viviendas aisladas
Reducir el consumo de energía aislando las viviendas, especialmente en climas fríos, reduce las emisiones de gases de efecto invernadero.

Sostenibilidad

La idea fundamental de la economía medioambiental es la de centrarse en la sostenibilidad, en lugar del modelo de crecimiento y ganancias favorecido por la economía de libre mercado y el sistema de *laissez faire* (véanse las págs. 126–27). Los economistas medioambientales sostienen que los daños al medioambiente deberían considerarse en realidad un fallo de mercado (véanse las págs. 36–37) y que, por tanto, los Gobiernos deberían intervenir para evitarlos. Tales medidas podrían incluir impuestos ecológicos, multas por contaminación o comercio de carbono, pero como la crisis es mundial, requerirán una mayor cooperación internacional (véase el recuadro). Algunos críticos también han expresado su preocupación por el hecho de que estas medidas no vayan lo suficientemente lejos como para salvar el medioambiente ni ofrezcan un modelo económico realmente sostenible.

EL ACUERDO DE PARÍS

En 2015, 196 países negociaron un tratado sobre el cambio climático en la Conferencia de las Naciones Unidas sobre el Cambio Climático celebrada en París (Francia). El tratado, conocido como el «Acuerdo de París», comprometió a sus firmantes a mantener «el aumento de la temperatura media mundial muy por debajo de 2 °C con respecto a los niveles preindustriales», algo que han conseguido aplicando políticas económicas destinadas a reducir las emisiones de gases de efecto invernadero. Sin embargo, para cumplir el objetivo, las emisiones deben haber disminuido un 43 % para 2030, lo que no está en absoluto garantizado. Aunque no existe una forma clara de hacer cumplir el acuerdo, las partes están legalmente obligadas a que sus progresos sean supervisados por expertos.

1200 millones de personas podrían verse desplazadas por el cambio climático y los disturbios en 2050

Instituto para la Economía y la Paz (2020)

Energía de las mareas
Las zonas costeras y las islas pueden aprovechar el flujo y reflujo de los océanos para suministrar electricidad limpia.

Energía solar
La luz del sol puede convertirse en electricidad mediante paneles fotovoltaicos, que pueden instalarse en tejados o en parques solares designados.

Vehículos eléctricos (VE)
La adopción de vehículos eléctricos va en aumento. A medida que avanza la tecnología y surgen economías de escala, es probable que los VE sean más asequibles y accesibles.

Economía del bienestar

La salud de la economía de un país suele valorarse en términos financieros, pero la economía del bienestar propone un nuevo enfoque en el que la política económica se centra en el bienestar social y la salud medioambiental.

Redefinición del éxito

La economía se ha ocupado tradicionalmente de la producción, el consumo y la riqueza, y ha evaluado el éxito con indicadores como el PIB (véanse las págs. 88–89). Los economistas del bienestar no descartan la importancia de la prosperidad financiera, pero defienden una medida más

amplia del éxito y de las políticas económicas. El bienestar de las personas y del planeta debería impulsar la política económica, en lugar de ser una idea secundaria. El índice del nivel de vida, las cifras de productividad y cómo se distribuye la riqueza proporcionan algunos detalles, pero hay que examinar otros aspectos de la sociedad.

Evaluación de la calidad de vida

No es sencillo evaluar el bienestar de un país. Existen varios factores que determinan la calidad de vida. Mientras que algunos, como la esperanza de vida y la educación, son mensurables, otros son menos cuantificables y pueden basarse más en opiniones que en hechos.

Un entorno sano

Una sociedad sana necesita aire limpio, agua potable, alimentos frescos, alojamientos saludables, entornos de trabajo seguros, transporte público adecuado, espacios verdes y carriles bici.

Sentimiento de pertenencia social

Las personas deben sentirse incluidas en el proceso político, tanto a escala local como nacional. Los centros comunitarios, las organizaciones locales, los clubes y los grupos religiosos contribuyen a fomentar el sentimiento de comunidad.

Oportunidades de ocio

Las actividades de ocio contribuyen al bienestar. Debe haber una oferta adecuada de instalaciones deportivas y recreativas, espacios para el arte y el entretenimiento, parques y bibliotecas.

Educación universal

Los niveles de alfabetización y aritmética son indicadores del nivel educativo, al igual que la oferta de educación financiada por el Estado para todos los niños y una serie de institutos y universidades.

Los índices existentes de bienestar nacional incluyen el índice de calidad de vida física, basado en la alfabetización básica, la mortalidad infantil y la esperanza de vida; el índice de desarrollo humano (véase la pág. 87), utilizado en el Informe sobre el Desarrollo Humano de las Naciones Unidas; y, más recientemente, el índice del planeta feliz, que incorpora una evaluación de la huella ecológica de un país.

Felicidad Nacional Bruta

Quizá el intento más conocido de ofrecer una alternativa al PIB como evaluación del bienestar de un país se llevó a cabo en Bután a finales de los años setenta. Bután, un país relativamente pobre, introdujo la Felicidad Nacional Bruta, una escala en la que puntuaba mucho más que muchos países mucho más ricos.

> «La vida, la libertad y la búsqueda de la felicidad».
>
> Declaración de Independencia de Estados Unidos (1776)

ECONOMÍA DEL DÓNUT

En *Economía rosquilla* (2017), la economista británica Kate Raworth (1970) presentó un modelo para promover economías socialmente más justas y ambientalmente más sostenibles. Un «dónut» verde representa las condiciones en las que la humanidad puede prosperar. A su alrededor hay fronteras que marcan los límites sociales y medioambientales para un desarrollo económico sostenible. La zona naranja interior carece de lo esencial para la vida, como alimentos, agua y refugio. En el exterior, los sistemas que sustentan la vida en nuestro planeta, como el suelo, la biodiversidad y la contaminación, están degradados sin remedio.

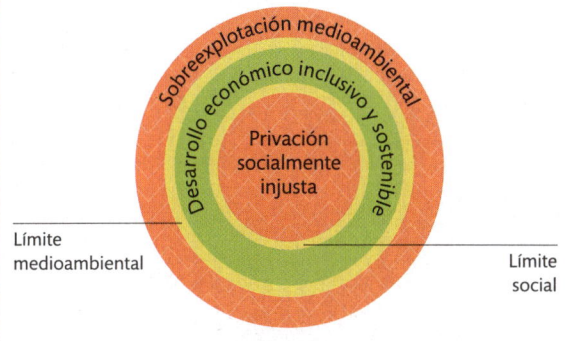

Sobreexplotación medioambiental
Desarrollo económico inclusivo y sostenible
Privación socialmente injusta
Límite medioambiental
Límite social

Libertad de creencia y de expresión

Los derechos humanos y civiles fundamentales, protegidos por la ley, contribuyen a una calidad de vida satisfactoria, como el derecho a la libertad de expresión y la protección de las convicciones religiosas y políticas.

Atención a la salud mental

La forma en la que un país cuida de sus ciudadanos menos afortunados, por ejemplo, los que sufren problemas de salud mental, abusos o desempleo, demuestra lo solidaria que es una sociedad.

Atención a la salud física

Factores como la esperanza de vida, la asistencia sanitaria universal y la proporción de profesionales sanitarios por habitante son indicadores de la asistencia sanitaria de un país.

Un empleo gratificante

La satisfacción laboral requiere recompensas materiales, como un salario digno realista, pero también medidas como la seguridad en el trabajo, el pago de pensiones, la afiliación sindical y el hecho de sentirse valorado como empleado.

Economía del comportamiento

Desde mediados del siglo xx, los economistas han recurrido a la psicología para comprender mejor cómo las personas toman decisiones económicas en situaciones reales.

Racionalidad limitada

Un concepto esencial de la economía clásica es el de *Homo economicus*, la persona ideal que toma decisiones económicas totalmente racionales (véanse las págs. 18–19). Sin embargo, en los años 40, Herbert Simon (1916–2001) cuestionó la utilidad de dicho concepto; argumentó que la capacidad de una persona para actuar racionalmente es limitada, en el sentido de que las situaciones suelen ser complejas e inciertas, lo que puede dificultar llegar a una conclusión racional, sobre todo si se dispone de información limitada. La alternativa no es que los seres humanos actúen de forma irracional, sino que actúan con lo que Simon llamó «racionalidad limitada», es decir, utilizando atajos, como la identificación de patrones y la limitación de opciones. Simon también argumentó que la racionalidad limitada se aplica tanto a las organizaciones e instituciones como a las personas.

Formas de sesgo cognitivo

Las personas tienden a juzgar las situaciones utilizando la heurística (reglas generales), por lo que a veces son propensas a sacar conclusiones injustificadas. Estas conclusiones, y las decisiones que se toman a partir de ellas, no se basan en probabilidades reales, sino en una evaluación de información incompleta. Este «sesgo cognitivo», como lo llama Kahneman, puede adoptar distintas formas.

Negligencia de la probabilidad
Cuando una persona se enfrenta a una decisión difícil, puede dejarse llevar por sus instintos e ignorar la información disponible.

El efecto de arrastre
A menudo, las personas se fían de las opiniones de los demás y deciden actuar porque muchos creen que es lo correcto.

Descuento hiperbólico
La decisión de una persona puede verse influida por la tentación de una recompensa inmediata, en lugar de por un resultado mejor a largo plazo.

Reglas generales

La idea de Simon la adoptaron los psicólogos Amos Tversky (1937–96) y Daniel Kahneman (1934–), que examinaron el proceso de toma de decisiones. Al igual que Simon, descubrieron que, en situaciones de riesgo e incertidumbre, la teoría convencional de que las personas actúan racionalmente era incorrecta. En la práctica, las personas suelen basar sus decisiones en la heurística, o «reglas generales», que les dan una idea aproximada de los resultados probables.

Sin embargo, Tversky y Kahneman también observaron que el pensamiento heurístico está sesgado. Por ejemplo, la gente suele sobrestimar la probabilidad de que ocurran cosas improbables (como ganar la lotería) y subestimar la probabilidad de que ocurran cosas más probables (como lesionarse practicando un deporte peligroso).

PENSAR RÁPIDO Y PENSAR DESPACIO

Tversky y Kahneman argumentaron que los seres humanos tienen dos procesos de toma de decisiones distintos: «pensar rápido» y «pensar despacio». Aunque lo ideal sería que las personas utilizaran la lógica para deliberar de forma consciente y pausada, a menudo disponen de tiempo e información limitados, por lo que deben reaccionar rápidamente ante una situación. Se trata de una respuesta automática, que implica una evaluación consciente mínima y se fundamenta en reglas generales basadas en información insuficiente y, a menudo, en suposiciones falsas. Entender hasta qué punto las personas piensan más rápido que despacio ha permitido a los economistas exponer mejor la forma en que las personas evalúan las empresas y realizan las inversiones.

«Los economistas piensan en lo que las personas deberían hacer. Los psicólogos observan lo que realmente hacen».

Daniel Kahneman, psicólogo y economista israelí-estadounidense

Anclaje
A veces, las personas se basan exclusivamente en un único dato e ignoran todas las demás consideraciones pertinentes.

El efecto de encuadre
La forma en que se presentan las opciones, ya sea de forma positiva o negativa, puede influir en el juicio de una persona a la hora de tomar una decisión.

El sesgo de statu quo
Ante una decisión difícil, las personas suelen optar por la familiaridad de cómo están las cosas en lugar de arriesgarse a cambiarlas.

Complejidad y caos

Hasta hace poco, los economistas creían que las economías podían modelarse según unas reglas sencillas y mecánicas. Sin embargo, las economías son como las personas: son extremadamente complejas y a menudo se comportan de forma impredecible.

¿Una simple máquina?

Desde los tiempos de Adam Smith (véanse las págs. 126–27), los economistas han intentado que su trabajo sea lo más científico posible, basando sus teorías en hechos objetivos y no en conjeturas. Por este motivo, han tendido a suponer que las economías, al igual que las máquinas eficientes, se comportan de manera predecible. Sin embargo, en la práctica, las economías de la vida real son complejas, con numerosos elementos interconectados, y funcionan de maneras que no encajan perfectamente en ninguna teoría económica. Las personas actúan a menudo de forma inesperada (véanse las págs. 146–47), y los acontecimientos imprevistos, como las catástrofes naturales, pueden tener enormes efectos en los sistemas económicos.

Un sistema complejo

Ninguna de las variables de una economía existe de forma aislada. Una empresa que produce bienes y servicios interactúa con otras empresas —incluidos los proveedores de materiales—, así como con instituciones financieras, como los bancos, y con los hogares que consumen sus productos. Estas variables juntas forman una red económica compleja e interconectada.

UN SISTEMA VINCULADO

Las acciones de cualquier agente (empresa, hogar o institución financiera) en la economía tendrán efectos sobre otros agentes con los que están directamente conectados. Esto, a su vez, afecta a la prosperidad de otros en partes más distantes de la red.

Economía de la complejidad

Hacia finales del siglo xx, los economistas empezaron a darse cuenta de que su modelo mecanicista de la economía era ingenuo. Al mismo tiempo, un nuevo campo de investigación, conocido como «teoría de la complejidad», demostraba que algunas acciones aparentemente insignificantes pueden causar cadenas de acontecimientos que tienen efectos cada vez más imprevisibles. Aunque comenzó en la meteorología, la teoría de la complejidad pronto dio lugar a la «economía de la complejidad», que estudia las formas en que las economías no solo son complejas y dinámicas, sino a menudo tan impredecibles como el tiempo. Este nuevo enfoque ha puesto en tela de juicio muchas teorías tradicionales de la economía y ha demostrado cómo, y por qué, es difícil modelar sistemas tan complejos como los mercados bursátiles y de divisas.

«La economía de la complejidad ve la economía [...] como orgánica, siempre creándose a sí misma, viva y llena de vitalidad desordenada».

W. Brian Arthur, economista norirlandés, «Foundations of complexity economics», *Nature Reviews* (2021)

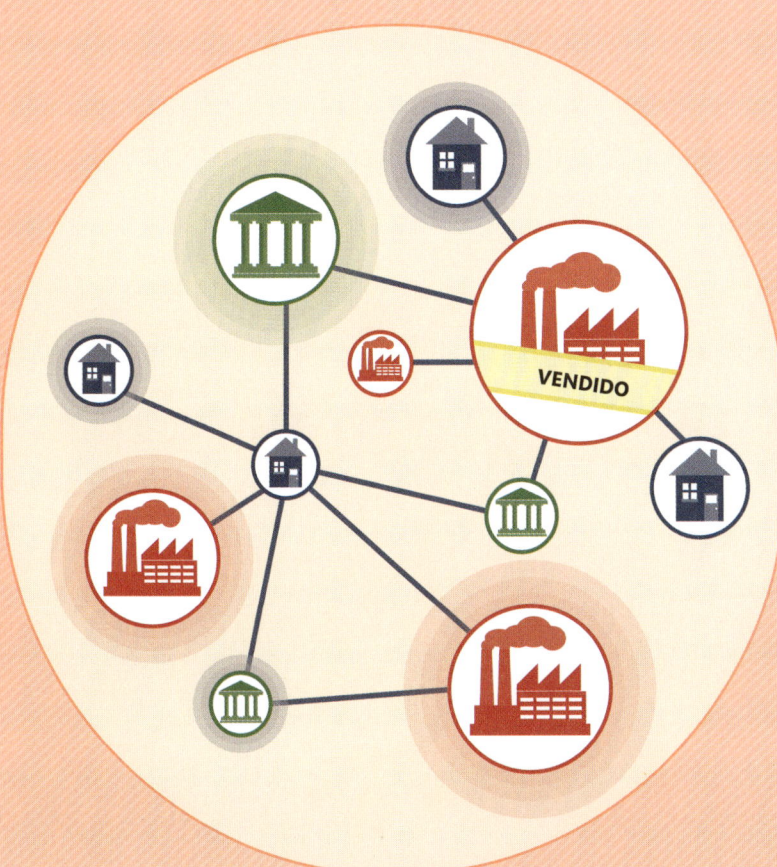

VENDIDO

REALIMENTACIÓN Y OSCILACIONES

En los sistemas complejos, el proceso de acción y reacción puede generar resultados extremos o caóticos. Una cadena circular de causa y efecto, conocida como «lazo de realimentación», puede iniciarse con una pequeña transacción y convertirse en una bola de nieve que desemboque en un acontecimiento de gran envergadura, como una retirada masiva de los depósitos de un banco. Los sistemas complejos también «oscilan» de un estado a otro cuando salen de estados estables. En economía, el ciclo de «auge y crisis» es un ejemplo clásico de oscilación. (véanse las págs. 90–91).

EFECTO DOMINÓ

Un cambio, como cuando se vende una empresa, repercute en todos los que tienen relación con ella. Los nuevos propietarios pueden cambiar de proveedores, atraer a nuevos clientes o animar a más inversores. De este modo, el cambio causa otros pequeños cambios en toda la economía.

Economía feminista

Históricamente, la sociedad y el estudio de la economía han estado dominados por los hombres, por lo que el papel de la mujer en los asuntos económicos se ha infravalorado o incluso ignorado. La economía feminista trata de corregir este desequilibrio.

Una perspectiva feminista

En el siglo xx, el feminismo cobró un impulso considerable, que obligó a reevaluar el papel de la mujer en todos los aspectos de la sociedad. La economía no fue una excepción, y un número creciente de economistas feministas señalaron los prejuicios inherentes a la gestión y el estudio de la economía. Desde entonces, la economía feminista ha argumentado que estos sesgos se derivan de estereotipos culturales de género que conducen a sesgos hacia características tradicionalmente «masculinas», como el propio interés, la competitividad y la asunción de riesgos, mientras que restan importancia a características «femeninas», como la empatía, el altruismo y la cooperación.

La economía feminista cuestiona el modelo ortodoxo de mercados todopoderosos operados por agentes racionalmente interesados en sí mismos (véanse las págs. 18–19). Sostiene que, en lugar de reflejar la realidad, ese modelo simplemente fomenta esas características, y aumenta aún más la desigualdad y el sesgo de género. Las economistas feministas proponen métodos alternativos para evaluar el éxito económico, y una reevaluación del papel de la mujer en la economía.

El lugar de una mujer

Una de las injusticias más flagrantes de la economía convencional es la infravaloración de la contribución de las mujeres a la economía. Las mujeres se han excluido de los puestos de poder económico y, en su lugar, se las ha limitado a puestos tradicionalmente «femeninos», normalmente en el sector de los servicios o en trabajos de baja categoría, generalmente mal pagados. Una gran parte de la mano de obra femenina es incluso no remunerada, ya que muchas se quedan en casa para cuidar de los familiares dependientes. De este modo, la sociedad se beneficia del recurso de una gran reserva de mano de obra barata o gratuita.

La necesidad de una nueva perspectiva

Para abordar los problemas estructurales de la desigualdad, las economistas feministas reclaman un enfoque global que abarque la igualdad salarial, la revalorización del trabajo tradicionalmente femenino, la reducción de la carga de trabajo no remunerado y el empoderamiento de las mujeres en puestos de liderazgo.

Liderazgo equilibrado entre ambos sexos

❯ Promover políticas que formen, orienten y recluten a mujeres en puestos de liderazgo para darles más poder para influir en el cambio.

❯ Cambiar la cultura laboral, como el trabajo flexible y la reforma del cuidado infantil, para que las mujeres puedan ser más activas económicamente.

Abordar la desigualdad salarial

❯ Aplicar y hacer cumplir las leyes que exigen la igualdad salarial por el mismo trabajo.

❯ Apoyar la transparencia en la información salarial para identificar y abordar las diferencias salariales.

❯ Exigir a las empresas que comuniquen periódicamente los datos sobre diferencias salariales entre hombres y mujeres.

Luchar contra el trabajo infravalorado

❯ Fomentar los esfuerzos para acabar con los roles basados en el género en el trabajo, incluida la contratación de mujeres en puestos infrarrepresentados.

❯ Revalorizar la contribución del trabajo tradicionalmente «femenino» y pagar a los trabajadores de forma justa, en función de su contribución.

Hacer frente al trabajo no remunerado

❯ Promover políticas como el permiso familiar retribuido y guarderías asequibles para que las personas puedan compaginar el trabajo no remunerado con un empleo remunerado.

❯ Desafiar los roles de género tradicionales en el hogar para que el trabajo doméstico se reparta de forma equitativa.

COMERCIO INTERNACIONAL

La aparición de los ordenadores e Internet a finales del siglo xx agilizó el comercio internacional y creó una economía global. Este progreso ha impulsado el crecimiento mundial y la reducción de la pobreza, pero también se ha enfrentado a numerosos retos y críticas.

¿Por qué comercian los países?

El comercio entre países satisface una necesidad de un lugar con un suministro de otro. Los países pueden producir un excedente de algunos productos e intercambiarlos por recursos o ingresos.

Ventajas para todos

Desde hace miles de años se comercia cubriendo largas distancias. Por ejemplo, los objetos de bronce del Mediterráneo se comerciaban con Escandinavia hace casi 4000 años. Los economistas sostienen desde hace tiempo que el comercio es la clave de la riqueza de los países y de un nivel de vida más alto y una distribución más justa de los recursos en todo el mundo.

Importación y exportación

Los países importan productos cuando no tienen los recursos o la capacidad para satisfacer la demanda de determinados bienes y servicios en su propio país. El café, por ejemplo, es popular en toda Europa, pero el continente no tiene el clima adecuado para cultivar granos de café, por lo que lo importa de regiones más tropicales. Los bienes y servicios también pueden importarse simplemente porque otros países pueden producirlos más baratos, en mayor volumen o con mayor calidad. La mayoría de los países, por ejemplo, importan productos electrónicos de China porque su enorme fuerza laboral cualificada y sus bajos costes de la mano de obra hacen que la oferta de esos productos sea alta y sus precios extremadamente competitivos.

Cuando un país exporta bienes para satisfacer la demanda de otros países, sus ingresos de exportación

pueden pagar los bienes y servicios que necesita importar. Asimismo, cuando un país produce bienes por encima de las demandas de su propia población, puede exportar esos bienes para generar más ingresos para su economía. Esta ponderación económica de las exportaciones y las importaciones se conoce como «balanza comercial» (véanse las págs. 156–57).

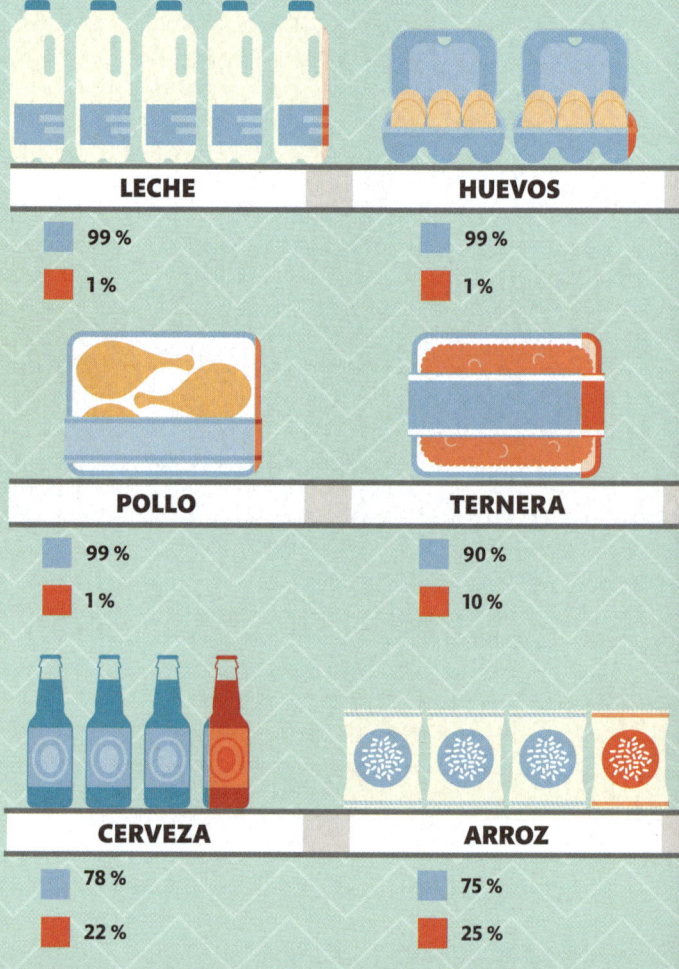

LECHE	HUEVOS
99 %	99 %
1 %	1 %

POLLO	TERNERA
99 %	90 %
1 %	10 %

CERVEZA	ARROZ
78 %	75 %
22 %	25 %

El comercio alimentario estadounidense

La magnitud del comercio mundial es especialmente visible en un supermercado. Incluso Estados Unidos, la economía más rica del mundo, tiene que importar el 15 % de sus alimentos, en proporciones que varían según la escala de la producción nacional y el nivel de los aranceles de importación (véanse las págs. 66–67).

31 billones de dólares

fue el valor del comercio mundial de bienes y servicios en 2022

Revisión estadística del comercio mundial (2023)

CRECIMIENTO DEL COMERCIO MUNDIAL

❯ **El volumen del comercio mundial** fue 40 veces mayor en 2022 que en 1950, y el valor de ese comercio creció casi 400 veces durante el mismo período.

❯ **El crecimiento de las exportaciones** coincide con el de la economía mundial. Muchos concluyen que esto demuestra el valor del comercio, incluidos los economistas estadounidenses Jeffrey Frankel y David Romer, que en 1999 presentaron pruebas que vinculaban el aumento del comercio con el crecimiento económico.

❯ **El comercio mundial** puede verse afectado negativamente por factores que escapan al control de las economías nacionales, como la fluctuación de los costes energéticos, los efectos del cambio climático, las guerras y la inestabilidad política.

✓ DEBES SABER

❯ **Arancel** Impuesto que grava los bienes y servicios importados a un país desde otro para recaudar ingresos o proteger a las empresas nacionales de la competencia.

❯ **Cuota** Límite establecido por un Gobierno sobre el número o el valor de los bienes y servicios que un país importa o exporta.

❯ **Zona de libre comercio** Grupo de países que comercian entre sí libres de la mayoría o de todos los aranceles y cuotas.

VINO
- 75 %
- 25 %

VERDURAS FRESCAS
- 68 %
- 32 %

CORDERO
- 50 %
- 50 %

FRUTA FRESCA
- 45 %
- 55 %

ESPECIAS
- 40 %
- 60 %

MARISCO
- 6 %
- 94 %

LEYENDA
- ■ NACIONAL
- ■ IMPORTADO

Cifras aproximadas

Balanza comercial

La balanza comercial de un país es la diferencia de valor entre sus exportaciones y sus importaciones. Es el factor significativo de la diferencia entre cuánto dinero sale de un país y cuánto entra.

Plusvalías y déficits

Cuando un país exporta algo, recibe dinero de otro país. Cuando importa algo, realiza un pago. La balanza comercial es la diferencia de valor entre el total de exportaciones y el total de importaciones. Si un país exporta más de lo que importa, se dice que tiene un «superávit comercial», lo que significa que gana más de lo que gasta. Si importa más de lo que exporta, tiene «déficit comercial», es decir, que gasta más de lo que ingresa.

Salud de la economía

A menudo, se considera que un país con superávit comercial tiene una economía saludable: tras satisfacer a los consumidores nacionales, sus productores pueden ganar dinero de otros países. Sin embargo, también puede indicar una falta de demanda en la economía nacional. Del mismo modo, un déficit comercial no es necesariamente un signo de debilidad (véase el recuadro). Durante una recesión, un país puede preferir exportar más de lo que importa para impulsar el empleo y la demanda en su economía doméstica, pero en tiempos de expansión puede decidir importar más para aumentar la competencia. Esto ejerce una presión a la baja sobre los precios y, por tanto, frena la inflación (véanse las págs. 96–97). En otras circunstancias, los déficits persistentes pueden ser problemáticos. Un déficit comercial puede indicar un retraso tecnológico

Un acto de equilibrio

La fórmula simplificada de la balanza comercial de un país es el valor de sus exportaciones menos el valor de sus importaciones en un período determinado. Las exportaciones son todas las salidas, incluidos los bienes y servicios vendidos, pero también la ayuda exterior y los reembolsos de préstamos. Las importaciones incluyen los bienes y servicios comprados, así como la ayuda recibida, las donaciones u otros pagos.

Balanza

EXPORTACIONES
230 mil millones de €

IMPORTACIONES
230 mil millones de €

80 600 millones de dólares

fue el superávit comercial de China en julio de 2023

www.statista.com «Monthly Balance of Trade, China» (2023)

Balanza comercial

Cuando las exportaciones coinciden exactamente con las importaciones se dice que un país tiene un comercio equilibrado. Esto puede parecer una situación ideal, pero en la práctica ocurre muy raramente y no dura mucho.

que coloque a un país en desventaja frente a sus competidores. Una balanza comercial significativamente negativa también podría obligar al país a endeudarse más para pagar las importaciones, o a vender sus activos, tierras, derechos sobre recursos o empresas a inversores extranjeros. Si un país no puede endeudarse para pagar las importaciones ni le queda nada que vender, es posible que tenga que solicitar la ayuda de instituciones mundiales como el Fondo Monetario Internacional (véanse las págs. 178–79).

EL DÉFICIT COMERCIAL DE ESTADOS UNIDOS

Aunque tiene la economía más fuerte del mundo, EE. UU. ha tenido un déficit comercial durante décadas. Esto solo se revirtió brevemente en 2008-09, cuando la crisis financiera mundial (véanse las págs. 72-73) provocó una reducción de la demanda mundial de importaciones. Esto demuestra que un país puede disfrutar de una alta calidad de vida y, sin embargo, tener un déficit comercial.

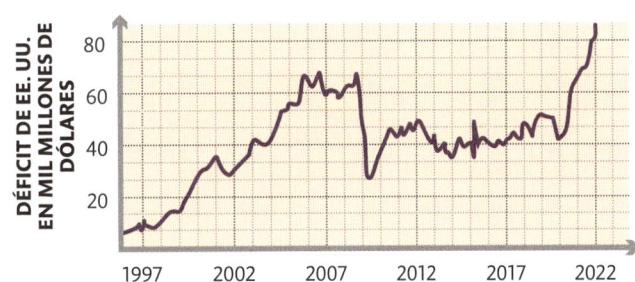

Déficit comercial
Cuando las importaciones son mayores que las exportaciones, se dice que un país tiene una balanza comercial negativa o un «déficit comercial». Esto significa que sale más dinero del país del que entra.

Superávit comercial
Cuando las exportaciones son superiores a las importaciones, se dice que un país tiene una balanza comercial positiva o un «superávit comercial». Esto indica que los productores de un país tienen un mercado exterior activo.

Ventaja absoluta y ventaja comparativa

Los economistas utilizan las ideas de ventaja absoluta y ventaja comparativa para definir dos formas diferentes en que los países pueden comerciar entre sí.

Solo lo mejor

Un país que tiene una ventaja absoluta sobre otro está indiscutiblemente mejor situado para fabricar un determinado producto, ya disponga de materias primas mejores, de una mano de obra más barata o más cualificada, o de alguna otra ventaja. Adam Smith (véanse las págs. 126–27) utilizó esta idea para explicar por qué los países deben especializarse en lo que mejor saben hacer y comerciar con los mejores productores de los demás bienes que necesitan. Afirmó, por ejemplo, que Gran Bretaña debería especializarse en la producción de tejidos baratos, mientras que Portugal, con sus extensos viñedos, debería especializarse en la producción de vino.

Tipos de ventaja

La ventaja absoluta es un escenario en el que el ganador se lo lleva todo, lo que puede reducir el incentivo de todos los productores, salvo los mejores, para comerciar. Sin embargo, la ventaja comparativa muestra cómo dos países pueden comerciar entre sí, incluso si uno tiene una ventaja absoluta en determinadas áreas de productos.

Ventaja absoluta

El país B puede producir el doble de vino y el 50 % más de queso por el mismo precio que el país A. Tiene una ventaja absoluta al exportar al país A.

Todo es relativo

El economista británico David Ricardo (1772–1823) desarrolló la idea más matizada de la ventaja comparativa, que demuestra que un país no necesita tener una ventaja absoluta para comerciar con éxito. Un país tiene una ventaja comparativa si puede fabricar un producto a un

PAÍS A

PERDEDOR
El país A puede producir menos vino y menos queso

PAÍS B

GANADOR
El país B puede producir más vino y más queso

coste de oportunidad inferior (véanse las págs. 22–23) al de sus competidores, es decir, de alguna manera más eficaz (véase más adelante). Ricardo también observó que, si todos los países se especializan en bienes para los que tienen una ventaja comparativa, tanto los productores como los consumidores se benefician de unos costes de producción y unos precios al por menor más bajos. Sin embargo, como señalaron los críticos de Ricardo, un país puede especializarse en exceso, ya que si depende totalmente de otro país para alimentarse, puede morir de hambre si se interrumpe el comercio.

> «un país puede...
> importar maíz aunque se
> pueda cultivar [en casa]
> con menos mano de obra...».

David Ricardo, *Principios de economía política y tributación* (1817)

PAÍS A

GANADOR
Al país A le cuesta comparativamente menos hacer queso que vino

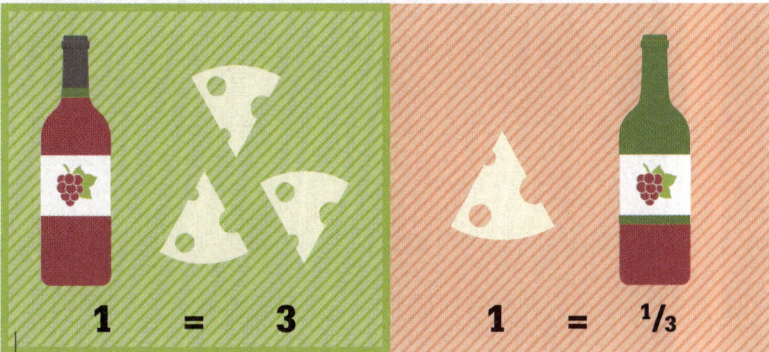

PAÍS B

PERDEDOR
Al país B le cuesta comparativamente más hacer queso que vino

 **CASO PRÁCTICO**

Estados Unidos y México

En 2023, México se convirtió en el primer socio comercial de los EE. UU. Una de las razones es que México cuenta con fábricas de montaje de vehículos de propiedad extranjera que requieren mucha mano de obra y pueden fabricar vehículos para la exportación de forma más eficiente que EE. UU. Como resultado de esta ventaja comparativa, basada en mano de obra barata, las fábricas mexicanas fabrican vehículos a partir de piezas importadas de Estados Unidos.

Ventaja comparativa

En el país A, un queso cuesta una cuarta parte de una botella de vino, pero en el país B cuesta un tercio de una botella. Esto significa que el país A tiene una ventaja comparativa en la fabricación de queso.

Bloques comerciales

Los países se unen cada vez más para formar bloques comerciales, que les permiten comerciar más libremente entre sí, pero menos con el resto del mundo.

Vínculos económicos

Cuando un país comercia con otros países, puede hacerlo de forma bilateral (estableciendo un acuerdo con otro país cada vez) o multilateral (estableciendo un acuerdo con varios países simultáneamente). Los países que están vinculados por acuerdos multilaterales se conocen como «bloques comerciales» y, hoy en día, casi no hay país en el mundo que no sea miembro de al menos algún bloque. Los bloques comerciales garantizan la reducción de los aranceles aduaneros y otros aranceles comerciales entre los miembros, que, por tanto, pagan precios más bajos por los bienes importados, y así pueden aumentar sus exportaciones, lograr economías de escala y disfrutar de un mayor crecimiento. El inconveniente de los bloques comerciales es que, en la práctica, excluyen de sus mercados a los países que no son miembros. Sin embargo, estos países suelen formar sus propios bloques comerciales.

Algunos bloques comerciales comienzan como acuerdos para garantizar la paz entre países antes enfrentados. La Unión Europea (UE), por ejemplo, surgió de un acuerdo firmado en 1951 para integrar los sectores europeos del carbón y el acero —en particular los de Francia y Alemania, enemigos durante la Segunda Guerra Mundial (1939–1945)—, pero rápidamente se convirtió en la Comunidad Económica Europea. Al mismo tiempo, Estados Unidos estableció el Acuerdo General sobre Aranceles Aduaneros y Comercio (GATT), dedicado a restablecer el comercio mundial en la posguerra. El GATT lo firmaron inicialmente 23 países, pero se sustituyó en 1995 por la Organización Mundial del Comercio (OMC), que facilita el comercio entre más de 160 países.

Lazos tensos

Como demuestra la historia reciente de la UE, pueden surgir tensiones entre los Estados miembros de los bloques comerciales, sobre todo cuando algunos sienten que otros han empezado a ejercer un exceso de poder. Esta fue una de las razones por las que el Reino Unido abandonó la UE en 2020, a pesar del daño potencial para su economía.

Alianzas económicas

Los bloques comerciales son acuerdos intergubernamentales que permiten a los países miembros comerciar entre sí de forma más eficiente. En la actualidad, los mayores bloques comerciales del mundo son el T-MEC, la UE, la AFCFTA, el CPTPP, Mercosur y la RCEP.

T-MEC

El Tratado entre México, Estados Unidos y Canadá (2020) es el bloque comercial dominante de América del Norte. Sucesor del Tratado de Libre Comercio de América del Norte (TLCAN), incluye a EE. UU., Canadá y México, y genera el 17 % del PIB mundial.

UE

La Unión Europea (1992) tiene 27 miembros y, en 2022, un PIB combinado de 16 billones de dólares, lo que la convierte en la tercera economía mundial. Aunque no son miembros, Islandia, Liechtenstein, Noruega y Suiza también tienen acceso a la UE.

CPTPP

El Tratado Integral y Progresista de Asociación Transpacífico (2018) incluye a Japón, Malasia, Vietnam, Australia, Singapur, Brunéi, Nueva Zelanda, Canadá, México, Perú, Chile y el Reino Unido.

RCEP

La Asociación Económica Integral Regional (2022) es el mayor bloque comercial del mundo en términos de PIB. China, Australia, Japón, Malasia y Nueva Zelanda son algunos de sus 15 Estados miembros.

AFCFTA

Uno de los bloques comerciales más recientes, la Zona de Libre Comercio Continental Africana (2020) incluye 55 países, con un total de 1300 millones de personas, y pretende eliminar más de la mitad de los aranceles comerciales entre ellos.

MERCOSUR

El Mercado Común del Sur (1991) fue creado por Argentina, Brasil, Paraguay y Uruguay. Surinam, Guyana, Colombia, Ecuador, Perú, Chile y Bolivia tienen estatus de asociados. En 2021, Mercosur era la quinta economía mundial.

TIPOS DE BLOQUE COMERCIAL

> **Zona comercial preferencial** Zona que aplica aranceles más bajos a determinados bienes y servicios.

> **Zona de libre comercio** Región compuesta por países que han firmado un acuerdo de libre comercio que les permite comerciar a un precio bajo entre sí.

> **Unión aduanera** Zona de libre comercio en la que los países miembros cobran a los países exteriores los mismos aranceles aduaneros.

> **Mercado único** También conocido como «mercado común», se trata de un bloque que no tiene barreras comerciales y permite la libre circulación de mercancías, capitales, servicios y mano de obra.

> **Unión económica y monetaria** Un bloque que tiene un mercado común, una unión aduanera y la misma moneda.

«Europa se forjará en las crisis y será la suma de las soluciones adoptadas para esas crisis».

Jean Monnet, padre fundador de la UE, *Mémoires* (1976)

Libre comercio

Los acuerdos de libre comercio permiten a los países comprar y vender bienes a través de las fronteras con pocas restricciones. Los economistas defienden el libre comercio porque fomenta la competencia a escala internacional.

A favor del libre comercio

Los Gobiernos suelen considerar políticamente popular imponer barreras a las importaciones para proteger a las empresas y los puestos de trabajo nacionales (véanse las págs. 166–67). Sin embargo, los economistas sostienen desde hace tiempo que el proteccionismo reprime el comercio y, en última instancia, perjudica a todos los implicados. Promueven el libre comercio porque fomenta el crecimiento y permite a los países especializarse en lo que mejor saben hacer (véanse las págs. 158–59). El libre comercio aumenta la competencia, abaratando los bienes y servicios. Por el contrario, las barreras, como los aranceles, las cuotas y las prácticas desleales como las subvenciones, reducen la competencia, lo que aumenta los costes y no anima a las empresas a ser eficientes.

En el siglo xix, muchos economistas británicos promovieron el libre comercio a medida que el imperio colonial del país se expandía rápidamente. Tras la Segunda Guerra Mundial (1939–45), la creciente cooperación económica hizo que los países redujeran las barreras con iniciativas como el Acuerdo General sobre Aranceles Aduaneros y Comercio (véanse las págs. 178–79). Muchos se unieron en bloques comerciales formales, como la Unión Europea (véanse las págs. 160–61). Los miembros de estos grupos pueden comerciar libremente, aunque con normas y supervisión.

Problemas del libre comercio

Algunos economistas critican el libre comercio porque los empleos industriales en los países desarrollados han disminuido frente a la competencia de una mano de obra más barata en el

Socios comerciales

Durante los últimos cuatro siglos, los economistas se han centrado principalmente en estrategias para hacer de su país el más rico. Los «mercantilistas» pensaban que la clave estaba en acumular las reservas de oro de su país. Los «librecambistas» creían en potenciar el comercio para todos los países.

IMPORTAR MERCANCÍAS CON ARANCELES

EXPORTAR MERCANCÍAS A PRECIOS ALTOS

País A

País B

Mercantilismo
El mercantilismo dominó la economía entre los siglos xvi y xviii. Los mercantilistas pensaban que la mejor manera de aumentar la riqueza de un país era incrementar las exportaciones y limitar las importaciones, con lo que entraba cada vez más oro en el país.

extranjero. Argumentan que los sectores emergentes (nuevos) necesitan protección frente a la competencia del libre comercio, y las industrias en declive necesitan espacio para recuperarse y reconstruirse (véase la pág. 169).

Otros economistas creen que hay que replantearse la idea del libre comercio porque se ha convertido simplemente en un medio para que los países ricos se hagan más ricos, y la brecha entre los más ricos y los más pobres ha aumentado. Sostienen que los países más pobres necesitan proteger sus economías mientras las desarrollan hasta el punto de poder competir en igualdad de condiciones con los países más ricos.

PROS Y CONTRAS DEL LIBRE COMERCIO

Pros

Los economistas llevan mucho tiempo defendiendo el libre comercio porque impulsa la actividad económica.

❯ **Precios más bajos y productos de mejor calidad** Los consumidores se benefician de una mayor competencia.

❯ **Especialización** Si un país no tiene que fabricarlo todo, puede centrarse en lo que mejor sabe hacer.

❯ **Aumento de la demanda** Los productores nacionales se benefician de que los consumidores tengan dinero extra para gastar.

❯ **Empleos adicionales** Las nuevas exportaciones pueden crear empleo.

Contras

La competencia sobrealimentada que fomenta el libre comercio tiene muchas víctimas.

❯ **Reducción de las normas** La protección de los derechos sociales y medioambientales puede perderse al desaparecer las barreras entre países.

❯ **Empresas que fracasan** Las empresas nacionales pueden salir perdiendo frente a las extranjeras, sobre todo cuando son nuevas o antiguas.

❯ **Salarios más bajos** Es posible que las empresas nacionales tengan que recortar los salarios para competir.

❯ **Pérdida de puestos de trabajo** A medida que cierran las empresas nacionales, aumenta el desempleo.

«Un país sirve a sus propios intereses persiguiendo el libre comercio independientemente de lo que hagan otros países».

Paul Krugman, economista estadounidense, «What should trade negotiators negotiate about?», *Journal of Economic Literature*, Vol. 35, n.º 1 (1997)

IMPORTAR BIENES SIN RESTRICCIONES

EXPORTAR BIENES SIN RESTRICCIONES

País A

País B

Libre comercio
El libre comercio desafió la idea del mercantilismo. Sus defensores argumentaban que la eliminación de todas las barreras al comercio permite a todos beneficiarse del consiguiente crecimiento de la actividad económica.

Modelos de gravedad

Siguiendo el ejemplo de la física, la teoría de la gravedad en economía afirma que cuanto mayores sean las economías (en función de su PIB), mayor será el comercio entre ellas.

La ecuación de la gravedad

En 1962, el economista holandés Jan Tinbergen (1903–1994) propuso que el flujo comercial entre países podía predecirse mediante lo que denominó una «ecuación de la gravedad». El físico británico Isaac Newton (1642–1726) había demostrado que la atracción gravitatoria entre planetas es inversamente proporcional a su masa y a la distancia entre ellos. Tinbergen sostenía que cuanto más grandes son dos economías, y cuanto

más cerca están geográficamente, más comercio tendrán entre ellas. En otras palabras, los países comercian más con sus vecinos más grandes y con gigantes alejados, que con países locales más pequeños.

De la hipótesis a la teoría

Al principio, la hipótesis de Tinbergen no era más que eso: una intuición ingeniosa sobre la naturaleza del comercio que tenía pocas evidencias que la sustentaran. De hecho,

El poder de la atracción

Uno de los motivos del éxito del modelo de gravedad ha sido su flexibilidad. El núcleo de la teoría es que la atracción entre las economías se basa en el tamaño del PIB y la proximidad física. Sin embargo, la similitud en la política, la cultura, la lengua y la tecnología, y muchas otras variables, también pueden influir. Cuanto más cerca están los países en todos los aspectos, más comercian (véanse las págs. 160-61).

LEYENDA

- ‑ ‑ Comercio del país A
- ‑ ‑ Comercio del país B
- ‑ ‑ Comercio del país C
- ‑ ‑ Comercio del país D

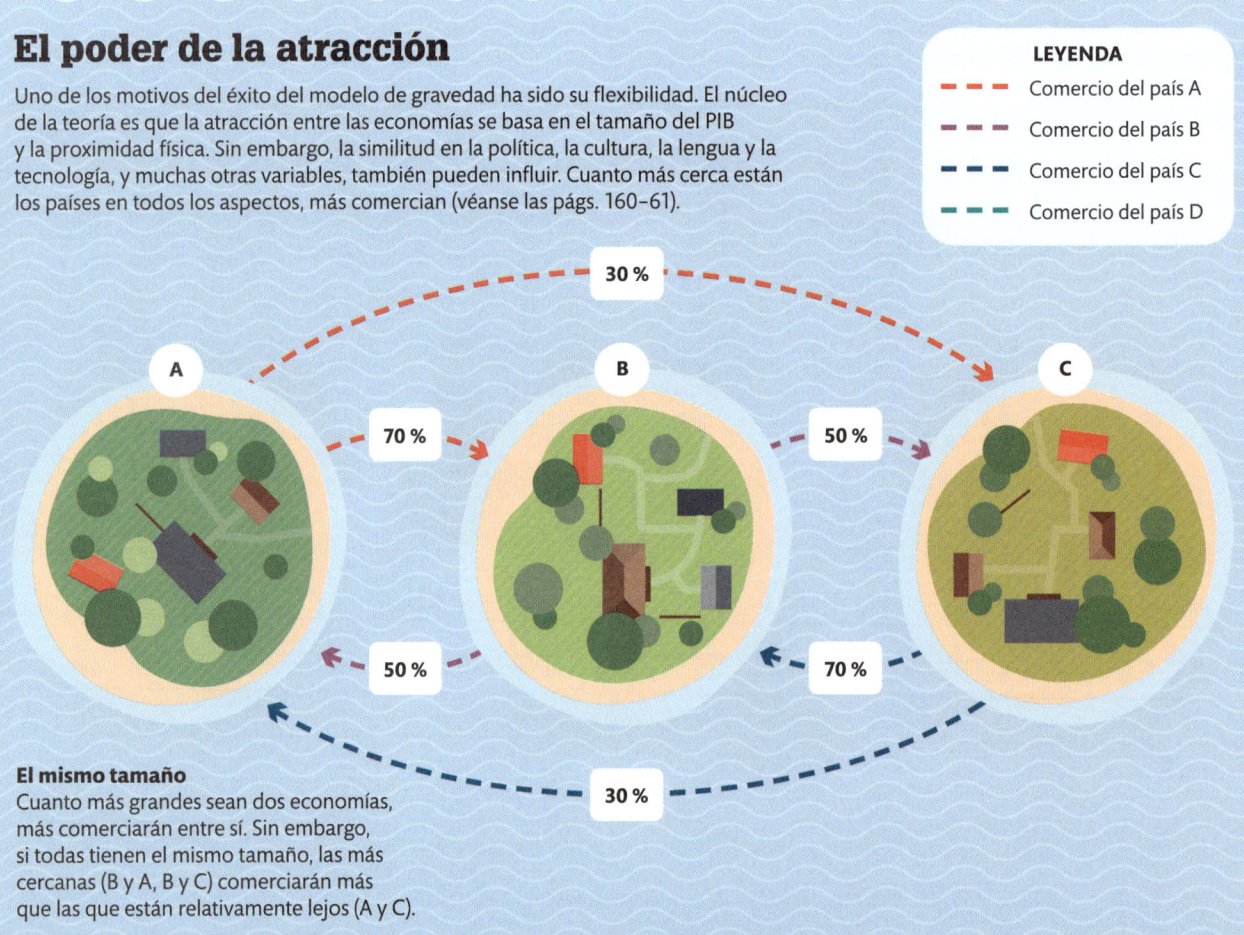

30 %

A **70 %** **B** **50 %** **C**

50 % **70 %**

30 %

El mismo tamaño

Cuanto más grandes sean dos economías, más comerciarán entre sí. Sin embargo, si todas tienen el mismo tamaño, las más cercanas (B y A, B y C) comerciarán más que las que están relativamente lejos (A y C).

iba en contra de la mayoría de las ideas establecidas sobre lo que impulsa el comercio internacional, como las teorías de la ventaja absoluta y la ventaja comparativa (véanse las págs. 158–59). Sin embargo, la ecuación de la gravedad resultó ser tan eficaz para predecir las pautas del comercio que muchos economistas se convencieron de que debían incorporarla a sus teorías comerciales. No obstante, algunos economistas sostienen que el modelo de gravedad pronto será superfluo a medida que los avances en el transporte y las comunicaciones mundiales hagan que la ubicación sea irrelevante para la pregunta de qué países deben comerciar entre sí.

VECINOS

Estados Unidos y Canadá

Canadá y EE. UU. no solo son vecinos con una frontera compartida de 8891 km de longitud, sino que también tienen uno de los mayores flujos comerciales bilaterales entre dos países del mundo. En 2022, el comercio entre ambos ascendió a 1,2 billones de dólares. El comercio con EE. UU. representa más de dos tercios de todo el comercio mundial de Canadá. Esta estrecha y enorme asociación comercial depende de una geografía compartida, valores similares, intereses comunes, conexiones culturales fuertes y lazos económicos poderosos.

«El papel dominante lo desempeñan… el PNB y la distancia de los exportadores y los importadores».

Jan Tinbergen, *Hacia una economía mundial: sugerencias para una política económica internacional* (1962)

Tamaños distintos
Los países cercanos comparten más comercio que los lejanos. Sin embargo, el país D puede comerciar más con un país lejano grande (E) que con uno local más pequeño (F).

OTROS FACTORES

Vínculos históricos
La historia compartida, como los lazos coloniales entre el Reino Unido y la Commonwealth, fomenta el comercio extracomunitario.

Idioma compartido
Las similitudes lingüísticas y culturales refuerzan el comercio al facilitar la comunicación, incluso sobre aspectos básicos como especificaciones y cantidades.

Husos horarios
Estar en husos horarios similares facilita los negocios. Se puede negociar mucho menos si los horarios de trabajo son diferentes.

Preferencias del mercado
Los países con niveles similares de educación y tecnología tienden a estar en el mercado de bienes y servicios similares.

Restricciones comerciales

Los Gobiernos suelen imponer restricciones al comercio internacional, ya sea para proteger a sus propios productores o por razones políticas más generales. Estas restricciones, conocidas como «proteccionismo», incluyen sanciones, cuotas y aranceles de importación.

Protección nacional

La mayoría de los Gobiernos son conscientes de que la competencia extranjera descontrolada puede ser económicamente perjudicial. Llevar a cabo importaciones más baratas o de mejor calidad puede beneficiar a los consumidores, pero también puede provocar pérdidas de puestos de trabajo y recortes salariales que pueden devastar la economía nacional. Para evitar esta situación, los Gobiernos imponen barreras comerciales a los bienes y servicios extranjeros para inclinar la balanza a favor de los productores nacionales. Por ejemplo, un Gobierno

podría imponer un arancel (véanse las págs. 168–69) al azúcar importado. Esto significaría que el azúcar de producción nacional sería comparativamente más barato, lo que animaría a los consumidores a comprarlo y mantendría el dinero en los bolsillos de los productores nacionales.

Uno de los inconvenientes de imponer aranceles es que, al haber menos competencia, los productores nacionales pueden volverse menos eficientes e innovadores. Las barreras también pueden perjudicar a los consumidores que dependen de los productos importados y a los productores nacionales que necesitan componentes importados. Las

Controles fronterizos

Las políticas proteccionistas pueden adoptar muchas formas, y a menudo tienen una finalidad política más que puramente económica. En 2018, en el marco de su programa «América primero», el presidente Donald Trump impuso un arancel del 20 % a los primeros 1,2 millones de lavadoras importadas en Estados Unidos, que aumentó al 50 % al año siguiente.

Aranceles

Los impuestos añadidos a las mercancías importadas para proteger a los proveedores nacionales de la competencia extranjera se denominan «aranceles» (véanse las págs. 168–69).

Cuotas

Los límites a la cantidad de un producto que puede importarse de otro país se conocen como «cuotas». Por ejemplo, China tiene una cuota sobre las importaciones de arroz camboyano.

Barreras no arancelarias

También conocidas como «barreras técnicas al comercio», las barreras no arancelarias son normativas, a menudo relativas a la seguridad, que dificultan la venta de las importaciones en un mercado nacional.

guerras comerciales pueden estallar si un país con aranceles toma represalias con restricciones propias.

Sanciones

En circunstancias extremas, los Gobiernos pueden imponer sanciones a otro país como forma de proyectar el poder político. Estas sanciones pueden adoptar muchas formas, desde prohibiciones de viajar hasta embargos comerciales y confiscaciones de activos. Pueden ser herramientas políticas poderosas, pero también difíciles de aplicar, y pueden perjudicar al país sancionador si depende de las exportaciones del otro. Su eficacia tampoco está garantizada. A menudo, se atribuye a las sanciones contra la Sudáfrica del apartheid el mérito de haber contribuido a acabar con él a principios de la década de 1990. Sin embargo, cuando Rusia invadió Ucrania en 2022, la UE y EE. UU. impusieron el mayor abanico de sanciones jamás visto, con una eficacia discutible.

DUMPING

Algunos países practican el llamado dumping, que consiste en inundar los mercados extranjeros con productos que venden a precios más bajos que en sus mercados nacionales. De este modo debilitan a los productores locales, que no pueden vender sus productos. Muchos países imponen aranceles o cuotas (véase más abajo) a determinadas importaciones para evitarlo.

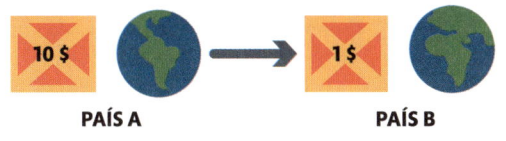

PAÍS A — PAÍS B

«**Históricamente, el libre comercio es la excepción y el** proteccionismo, **la regla**».

Paul Bairoch, historiador económico suizo, *Economía e historia mundial: mitos y paradojas* (1993)

Limitaciones voluntarias de las exportaciones (LVE)

Los acuerdos entre países para limitar determinadas importaciones se denominan «LVE». En la década de 1980, el Gobierno de EE. UU. utilizó las LVE para frenar las importaciones de coches japoneses a 1,68 millones al año.

Subvenciones

Una subvención es una ayuda financiera de los Gobiernos para dar una ventaja a los productores locales. Por ejemplo, en 1962 la UE introdujo su Política Agraria Común para subvencionar a los agricultores europeos.

Embargos

Un embargo es una orden gubernamental para detener el comercio con determinados países. Estados Unidos impuso un embargo comercial a Cuba tras la llegada al poder de Fidel Castro.

Barreras adicionales

Los Gobiernos utilizan su ingenio para buscar determinadas importaciones. Por ejemplo, a menudo cobran un porcentaje del valor de un producto, como el impuesto del 15 % que Japón aplica a los coches estadounidenses. Otras mercancías solo están disponibles para las empresas que adquieren licencias para importarlas.

Aranceles comerciales

Un método habitual que utilizan los países para proteger sus industrias de la competencia extranjera es aplicar aranceles comerciales a los bienes y servicios importados.

Limitación de las importaciones

Todos los Gobiernos aplican algún tipo de política protectora para sus empresas, trabajadores y consumidores nacionales (véanse las págs. 166–67). Su intención es proteger el empleo de sus ciudadanos, apoyar a las pequeñas empresas e industrias, aumentar los ingresos y proporcionar seguridad nacional mediante la autosuficiencia alimentaria, energética y de defensa. Estas políticas proteccionistas suelen centrarse en las importaciones, añadiendo aranceles (impuestos) a los bienes y servicios extranjeros para garantizar que los equivalentes nacionales sigan siendo preferibles para los consumidores. De este modo, se respaldan las empresas nacionales y se mantienen las tasas de empleo y los salarios.

También pueden aplicarse aranceles por motivos de calidad y seguridad. Muchos países tienen normas reguladoras diferentes en ámbitos como la preparación de alimentos y la protección de la propiedad intelectual, por lo que un país puede limitar las importaciones que no cumplan sus propias normas nacionales.

Herramientas políticas

Los aranceles aportan ingresos a un país y, por tanto, reducen la carga impositiva sobre los ciudadanos, un hecho que los responsables políticos partidarios de los aranceles pueden destacar. También pueden reforzar o debilitar los vínculos de un país con otros, por ejemplo, aplicando un arancel a todas las importaciones de acero, salvo las de un grupo limitado de socios comerciales o aliados. Por tanto, los aranceles desempeñan un papel fundamental en la política internacional, donde pueden utilizarse como moneda de cambio en las negociaciones entre países. Los bloques comerciales, como la Unión Europea y Mercosur (véanse las págs. 160–61), son grupos de países que han celebrado negociaciones de este tipo y han acordado comerciar libremente entre sí, aunque siguen aplicando aranceles a los países no miembros.

Aunque hoy en día la mayoría de los países pertenecen a un bloque comercial, cada país tiene que encontrar su propio equilibrio entre la protección de sus propias industrias y la importación de lo que necesita del extranjero.

Tipos de aranceles

Los aranceles pueden aplicarse a todas las importaciones o a productos específicos. Esto puede hacerse de diferentes maneras: por peso o número, como porcentaje de su valor de mercado o como una combinación de ambas. En la actualidad, los países en desarrollo suelen aplicar aranceles elevados, en parte para aumentar los ingresos públicos. Los países desarrollados, al depender menos de los ingresos, suelen favorecer las barreras comerciales no arancelarias (véanse las págs. 166–67).

Exportador

«Las víctimas de la política arancelaria **son en su** mayoría **invisibles**».

Walter E. Williams, economista estadounidense, *Liberty Versus the Tyranny of Socialism: Controversial Essays* (2013)

PROTECCIÓN DE LAS INDUSTRIAS

Un argumento a favor de los aranceles comerciales es que protegen a las empresas nacionales tanto en los sectores emergentes como en los sectores en declive. Las industrias emergentes requieren protección hasta que se establezcan, mientras que las industrias en declive necesitan protección hasta que nuevas empresas nacionales puedan sustituirlas. Sin ayuda, las industrias en declive no podrán competir si los equivalentes extranjeros ofrecen una mejor relación calidad-precio.

Importador

Aranceles específicos
Un arancel específico es un impuesto que grava tipos concretos de mercancías importadas y no depende de su valor. Suele basarse en el peso o el número de unidades, por ejemplo, 1 dólar por kilogramo o por 100 unidades de un producto concreto.

Otros aranceles
Un arancel *ad valorem* (del latín, «con arreglo al valor») es un porcentaje de lo que vale un producto; combinado con un impuesto específico se convierte en un «arancel compuesto». Una cuota de tasas arancelarias es un impuesto que aumenta cuando la cantidad de un producto supera un umbral determinado.

Importador

Economía del desarrollo

En lugar de centrarse únicamente en impulsar la actividad económica en los países en desarrollo, la economía del desarrollo también pretende mejorar la calidad de vida y las oportunidades de las comunidades locales.

Un enfoque integrado

Los defensores de la economía del desarrollo, como el economista indio Amartya Sen (1933) y el estadounidense Jeffrey D. Sachs (1954), sostienen que no basta con centrarse exclusivamente en el objetivo del crecimiento económico (véanse las págs. 90–91). Afirman que también es necesario abordar los factores que mejoran el bienestar de las personas, como la calidad de vida, la educación y la atención sanitaria. Estas cuestiones no son meras preocupaciones humanitarias, sino que deben formar parte de una estrategia completa de desarrollo económico.

Superar los obstáculos

Los economistas del desarrollo han creado modelos teóricos para mostrar las vías hacia la prosperidad económica y social, como las mejoras sociales y la innovación técnica, así como la política fiscal, es decir, el uso del gasto público y los impuestos para influir en la economía (véanse las págs. 110–11). En particular, ayudan a los países en desarrollo a identificar y superar sus obstáculos al crecimiento, como la pobreza, la desigualdad (véanse las págs. 122–23) y los fallos de mercado (véanse las págs. 36–37).

En lo que respecta a India, Amartya Sen subraya que, a pesar del enorme crecimiento económico y de que el país se ha convertido en uno de los principales actores de los mercados mundiales, sigue devastado por hambre y padece una escasa inversión en las necesidades básicas, como la sanidad y la educación. Sen afirma que, si no se abordan estos problemas, el crecimiento económico no es sostenible ni ético (véanse las págs. 142–43).

> «La pobreza no es solo falta de dinero; es no tener la capacidad de lograr todo el potencial de uno como ser humano».

Amartya Sen, *Desarrollo y libertad* (1999)

PROPORCIONAR EL SUSTENTO BÁSICO

❯ **Una alimentación suficiente** es absolutamente esencial para mantener la vida y la salud.

❯ **Un refugio fiable** es igualmente importante.

❯ **Una atención sanitaria de calidad** es fundamental para mantener la salud de una comunidad, reducir la mortalidad infantil y aumentar la esperanza de vida en general.

❯ **La seguridad y la protección** de las personas en sus comunidades y la seguridad nacional del Estado son fundamentales.

Definición de desarrollo

Michael Todaro (1942), un pionero estadounidense de la economía del desarrollo, identificó los tres objetivos esenciales del desarrollo que se muestran aquí. Todaro considera el desarrollo no solo como un crecimiento económico, sino también como un proceso multidimensional para transformar todo el sistema económico y social de una comunidad.

ENRIQUECER LA VIDA Y REFORZAR LA AUTOESTIMA

❯ **Un mayor nivel de vida** incluye mayores ingresos y más puestos de trabajo.

❯ **Una buena educación** refuerza los valores culturales y humanos, lo que conduce a una mayor autoestima individual y nacional.

❯ Los sistemas e instituciones **sociales, políticos y económicos** pueden promover la dignidad y el respeto por uno mismo.

AUMENTO DE LA LIBERTAD DE ELECCIÓN

❯ **Las personas liberadas** son libres de la servidumbre, de la dependencia de los demás y de la ignorancia.

❯ **Las personas empoderadas** tienen la capacidad de tomar sus propias decisiones económicas y sociales.

❯ **La elección genuina** permite a las personas satisfacer sus deseos.

ENFOQUES HISTÓRICOS

A lo largo de los siglos, los países han tenido diferentes perspectivas sobre cómo desarrollar sus economías, cada una refleja sus valores culturales de la época.

Mercantilismo

Del siglo xvi al xviii, los países europeos recurrieron a los superávits comerciales y a la prohibición de exportar plata y oro para limitar la exposición a la competencia.

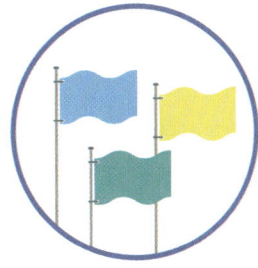

Nacionalismo económico

En el siglo xix, los países ricos se opusieron al libre comercio (véanse las págs. 162–63) y protegieron su economía mediante aranceles y otras barreras (véanse las págs. 166–69).

Cambio estructural

Esta teoría se dirigía al cambio completo del enfoque económico de un país, como la rápida industrialización de la URSS en las décadas de 1920 y 1930.

Crecimiento lineal

El modelo de crecimiento lineal, inspirado en el plan Marshall de 1948 para la recuperación de Europa tras la Segunda Guerra Mundial, consideraba la industrialización como el punto de partida necesario para un mayor crecimiento.

Comercio y desarrollo

Tres cuartas partes de los países del mundo tienen «economías en desarrollo», es decir, nivel de vida, renta y desarrollo económico e industrial relativamente bajos.

La brecha de riqueza

La renta, la riqueza y el consumo se distribuyen de forma desigual en el mundo, lo que conduce a la desigualdad (véanse las págs. 122–23). Por ejemplo, según el Banco Mundial, Burundi tenía una renta media de 238 dólares por persona en 2022, frente a los 126 426 dólares de Luxemburgo y los 76 398 dólares de Estados Unidos. Los países más

pobres se clasifican a veces como «en desarrollo», aunque las definiciones varían y algunas personas sostienen que el término es engañoso, anticuado y excesivamente simplista.

El Fondo Monetario Internacional (FMI, véase la pág. 113) identifica tres características fundamentales de las economías «en desarrollo y emergentes»: una renta media por persona baja, una escasez de la

diversidad de las exportaciones y la poca participación en el sistema financiero. Clasifica a 152 países entre las economías en desarrollo y emergentes. En ellos vive más del 85 % de la población mundial e incluyen todos los países de África y América Central y del Sur, la mayoría de Asia y muchos Estados insulares.

Obstáculos al desarrollo

Ciertos factores son comunes a los países más pobres del mundo. Causan pobreza y la perpetúan, lo que crea una trampa de la que es difícil escapar. Tanto el desarrollo económico como el social tienen un papel que desempeñar para aliviar estos problemas (véanse las págs. 170–71).

Dependencia de la agricultura

Algunos economistas promueven una economía diversificada e industrializada, argumentando que la dependencia de la agricultura es un signo de subdesarrollo.

Pobreza

El «umbral internacional de pobreza», fijado por el Banco Mundial, es el valor mínimo de los bienes necesarios para mantener a un adulto. En 2022 era de 2,15 dólares por persona y día.

Baja renta per cápita

La renta «per cápita» se refiere a la renta media por persona. Los países más pobres del mundo tienen una renta per cápita inferior a 1000 dólares anuales.

¿El comercio es la solución?

Muchos economistas sostienen que el comercio y la globalización (la interacción mundial de las economías) están aumentando el nivel de vida. Señalan la transformación de las economías de la región Asia-Pacífico, como Corea del Sur. Otros sugieren que la globalización está aumentando la brecha entre ricos y pobres. En 2023, Oxfam informó de que durante la década anterior, el 1 % más rico había acaparado la mitad de toda la nueva riqueza.

CRECIMIENTO ECONÓMICO Y EXPORTACIONES

El producto interior bruto (PIB) evalúa la actividad económica (véanse las págs. 88–89). Como porcentaje del PIB mundial, las exportaciones se han acelerado en los últimos 150 años, lo que, según algunos economistas, demuestra que el comercio impulsa el desarrollo.

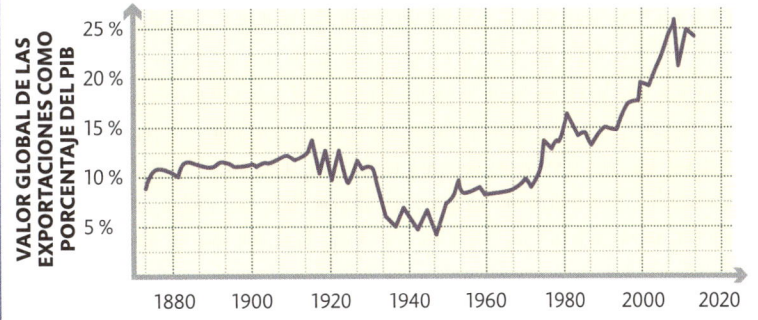

Infraestructura deficiente

La falta de infraestructuras (carreteras, redes de comunicación y sistemas de energía, de agua y de alcantarillado) y su escaso mantenimiento obstaculizan el desarrollo.

Rápido crecimiento de la población

La pobreza y la falta de educación aumentan la tasa de natalidad. La superpoblación dificulta la inversión y el desarrollo del capital humano de un país (véanse las págs. 26–27).

Educación deficiente

Los bajos niveles de educación y alfabetización, especialmente de las niñas y las mujeres, se traducen en oportunidades limitadas para las personas y en una base de competencias limitada para la economía.

Atención sanitaria inadecuada

La mala calidad y la inexistencia de servicios médicos conducen a una baja esperanza de vida y a peores resultados sanitarios de enfermedades prevenibles y curables.

Comercio ético

Los movimientos de comercio ético y comercio justo se esfuerzan por garantizar que los trabajadores que fabrican los bienes y servicios que compramos desempeñen su labor en condiciones buenas y seguras y reciban una remuneración adecuada por su trabajo.

El nacimiento de una idea

En el siglo XIII, el filósofo y teólogo italiano Tomás de Aquino (1225–1274) habló de la idea de un «precio justo». Afirmaba que un comerciante puede cobrar un precio que incluya un beneficio decente, pero que el lucro excesivo es inmoral. Proponía que un precio «justo» es el precio que el comprador acepta pagar libremente. Sin embargo, los economistas de mercado modernos insisten en que no hay dimensión moral en la fijación de los precios, que es simplemente una respuesta automática al equilibrio entre la oferta y la demanda en un mercado libre. Pero algunas personas de todo el mundo están desafiando este punto de vista, lo que obliga a economistas y Gobiernos a considerar la ética.

Ético y justo

El movimiento de comercio ético se originó en la década de 1990, cuando las campañas y las denuncias de los medios de comunicación pusieron de manifiesto las duras condiciones de los trabajadores que producían artículos como ropa, calzado, juguetes y alimentos para empresas multinacionales.

La crisis del café

El movimiento de comercio justo surgió de la conciencia de que los productores no recibían una remuneración justa por el café y los plátanos. En 2002, un informe de Oxfam, *Mugged: Poverty in your coffee cup* (Atracados: la pobreza en tu taza de café), hizo un seguimiento de los precios pagados por un kilo de café cultivado en Uganda a lo largo de la cadena de suministro, y mostró cómo los márgenes de beneficio se amplían repentinamente cuando el café llega a los tostadores y minoristas.

Agricultor
El agricultor puede trabajar todo el año para cultivar café, pero solo recibe 14 céntimos de dólar por un kilo de granos de café.

Comprador
El comprador vende los granos a un exportador por 26 céntimos el kilo. Esto incluye 5 céntimos para el comprador, más el transporte y otros gastos.

Exportador
El exportador clasifica y envasa los granos, y luego los vende a comerciantes internacionales a 45 céntimos el kilo.

Distribuidor internacional
El distribuidor vende a los grandes tostadores multinacionales a 1,64 dólares el kilo, muchas veces más que el precio que recibe el agricultor.

Impulsó que minoristas y grandes marcas mejoraran las condiciones de los trabajadores a lo largo de sus cadenas de suministro y respetaran las normas medioambientales.

La iniciativa complementa el movimiento de comercio justo, fundado en los años 80, que ayuda a garantizar condiciones comerciales y precios justos a los proveedores vulnerables del mundo en desarrollo. Mientras que el comercio ético se centra en el comportamiento de las empresas compradoras, asegurándose de que cumplen las normas laborales y los códigos de prácticas, el comercio justo se centra en conseguir mejores condiciones para los proveedores y mejores condiciones para los trabajadores. La etiqueta de comercio justo en un producto indica que cumple los criterios sociales, medioambientales y económicos de comercio justo acordados internacionalmente.

CASO PRÁCTICO

Tragedia en Bangladés

El 24 de abril de 2013, la fábrica de ropa Rana Plaza, en las afueras de Daca (Bangladés), se derrumbó repentinamente. Hubo 1134 fallecidos y miles de personas más heridas. La ropa encontrada entre las ruinas llevaba las etiquetas de muchas grandes marcas occidentales, desde Prada y Versace hasta Primark y Walmart. La tragedia contribuyó enormemente a alertar al mundo sobre los horrores de la industria de la moda, en la que los trabajadores confeccionan ropa en condiciones espantosas e inseguras por unos salarios muy bajos.

1880 es la cantidad de empresas productoras con la certificación de comercio justo en 71 países

www.fairtrade.org.uk, 2023

10 $

26,40 $

0,14 $ POR KILO DE GRANOS SIN PROCESAR

26,40 $ POR KILO DE CAFÉ INSTANTÁNEO

Tostador
El tostador, que convierte los granos en gránulos de café instantáneo, infla aún más el precio.

Minorista
Los gránulos de café instantáneo se venden en los supermercados occidentales a 26,40 dólares el kilo.

AUMENTO DEL 7000 %
Teniendo en cuenta que se necesitan 2,6 kilos de granos originales para elaborar 1 kilo de café instantáneo.

Una enorme diferencia
Del grano a la taza, el precio del café aumenta enormemente: un 7000 %.

El sector exterior

En todas las economías, el dinero fluye en círculos entre consumidores y productores, tanto a escala nacional como en lo que los economistas denominan «sector exterior».

El cuarto sector

La economía de un país se divide en tres sectores nacionales (los hogares, las Administraciones públicas y las empresas, incluidas las instituciones financieras) y un sector exterior, que se refiere al comercio con el resto del mundo. Hay dos tipos principales de comercio exterior: las importaciones y exportaciones de bienes y servicios (véanse las págs. 156–57) y los flujos de capital (entradas y salidas de activos financieros, como las acciones y las obligaciones; véanse las págs. 188–89).

El sector exterior amplía el flujo circular de dinero entre productores y consumidores nacionales (véanse las págs. 84–85) para incluir todas las transacciones más allá de las fronteras de un país. De los sectores nacionales, las Administraciones públicas y las empresas exportan e importan a otros países, mientras que los hogares solo compran importaciones procedentes del extranjero.

Importaciones y exportaciones

Los economistas suelen combinar las importaciones y las exportaciones en el concepto de «exportaciones netas». Esto describe la cantidad de dinero que un país obtiene de las exportaciones una vez deducidas sus importaciones: las exportaciones netas positivas se producen cuando las exportaciones superan a las importaciones; las exportaciones netas negativas se producen cuando las importaciones superan a las exportaciones. Si las exportaciones superan a las importaciones, aumenta el flujo circular de dinero en todos los sectores de la economía. Si las importaciones superan a las exportaciones, el flujo global se ralentiza, ya que la economía se ve privada de dinero.

Las importaciones se consideran una «fuga» de la economía porque representan dinero perdido del flujo circular (véase la pág. 84). Las exportaciones, en cambio, se consideran una «inyección» económica porque se suman al flujo circular y proporcionan más dinero para que los productores inviertan en bienes y servicios. Las fugas y las inyecciones pueden tener efectos directos en una economía, tales como disminuciones o aumentos de la renta nacional, desempleo y gastos.

ECONOMÍA CERRADA

Una economía cerrada es la que no comercia ni intercambia dinero con ninguna otra, pero en el mundo globalizado de hoy, esa autosuficiencia es casi imposible. Comparando las importaciones y exportaciones de un país con su PIB (véanse las págs. 88–89), los economistas pueden evaluar lo cerrada que es una economía. En la actualidad, la economía brasileña es la que más se aproxima a ser cerrada; en proporción a su PIB, importa la menor cantidad de bienes del mundo.

ECONOMÍA NACIONAL

SIN EXPORTACIONES

SIN IMPORTACIONES

SIN AYUDA EXTERIOR

OTROS PAÍSES

Entradas y salidas

El dinero entra en la economía cuando el Gobierno y las empresas venden bienes y servicios a otros países y pagan salarios a las personas que los proporcionan (el sector doméstico). El dinero sale cuando el país importa bienes y servicios extranjeros. La economía también se nutre de los impuestos recaudados por el Gobierno y gastados en servicios públicos.

SECTOR EXTERIOR

PAGO DE EXPORTACIONES

PAGO DE IMPORTACIONES

PAGO DE EXPORTACIONES

PAGO DE IMPORTACIONES

«Porque la única manera... de crear una paz duradera es [a través del] comercio internacional».

James Forrestal, secretario de defensa de EE. UU., memorándum (1947)

IMPUESTOS

GASTOS DEL ESTADO

IMPUESTOS

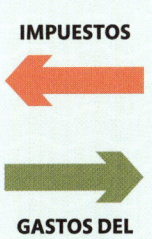

GASTOS DEL ESTADO

Sector doméstico
Los hogares participan en la economía trabajando y gastando dinero en bienes y servicios. Muchos de los servicios por los que pagan los hogares los proporciona el Gobierno.

Sector público
El Gobierno recibe impuestos de los hogares y las empresas. Utiliza el dinero para pagar servicios públicos como la sanidad.

Sector empresarial
Las empresas reciben dinero de los hogares y el Gobierno por la venta de productos y servicios. A cambio, pagan salarios e impuestos.

Organizaciones mundiales de comercio

Para facilitar el comercio internacional, los Gobiernos se han unido para formar una serie de organizaciones mundiales de comercio. Estas organizaciones establecen normas comunes para el comercio y constituyen foros de debate y de resolución de conflictos.

Un foro mundial

La idea de crear organizaciones para el comercio mundial surgió tras el fin de la Segunda Guerra Mundial (1939–45). Esta nueva era de cooperación económica internacional surgió del deseo de prevenir más conflictos y evitar que se repitieran los problemas económicos y políticos que siguieron a la Primera Guerra Mundial (1914–18). En 1947, 23 países crearon el Acuerdo General sobre Aranceles Aduaneros y Comercio (GATT). Su misión era promover el comercio internacional reduciendo o eliminando barreras, como aranceles o cuotas (véanse las págs. 166–67). En 1986, el GATT contaba con casi 150 miembros.

Aprovechar el éxito

En 1995, el GATT se sustituyó por la Organización Mundial del Comercio (OMC), la cual crea y aplica normas que proporcionan confianza y estabilidad en el mercado mundial, reducen las barreras comerciales y aumentan los lazos entre los países.

Las normas de la OMC son multilaterales, es decir, las elaboran todos los Estados miembros y las ratifican todos los parlamentos nacionales. Los países firman acuerdos que son en realidad contratos que garantizan derechos comerciales. Otros ejemplos de

Cooperación mundial

Las organizaciones internacionales de comercio como la OMC pretenden aumentar el nivel de vida de todos sus miembros mediante la mejora del comercio, aunque se presta especial atención a los países en desarrollo. Las organizaciones también abordan cuestiones transfronterizas, como el cambio climático, el desarrollo sostenible y los retos mundiales, como la pandemia de la COVID-19.

Bienes

La OMC trabaja para reducir las barreras al comercio de mercancías. También se ocupa de las normas sobre productos, las subvenciones desleales y el dumping, es decir, cuando un país vende productos en otro a precios inferiores a los de la economía local (véanse las págs. 166–67).

Servicios

El Acuerdo General sobre el Comercio de Servicios (AGCS) proporciona a las industrias de servicios, por ejemplo la banca, los seguros, los hoteles y el transporte, el mismo apoyo y protecciones que obtienen los productores de bienes.

El **98** %
del comercio mundial
lo llevan a cabo los
miembros de la OMC

Organización Mundial del Comercio (2023)

iniciativas de la OMC son la liberalización de las telecomunicaciones, el comercio exento de aranceles de productos de tecnología de la información y el suministro de medicamentos asequibles para las economías más pobres. En 2023, la OMC también se unió a la Unión Europea (UE) para crear un programa de fomento de la inversión exterior en los países más pobres del mundo.

OTRAS ORGANIZACIONES MUNDIALES

❯ **La Organización de Cooperación y Desarrollo Económicos** (OCDE) fomenta la cooperación entre las economías de mercado avanzadas para impulsar su comercio.

❯ **La Organización Mundial de Aduanas** (OMA) trabaja en asuntos relacionados con las aduanas, desde las normas de origen hasta el comercio ilegal de drogas y armas.

❯ **La Conferencia de las Naciones Unidas sobre Comercio y Desarrollo** (UNCTAD) fomenta los intereses de los países en desarrollo.

❯ **La Organización de las Naciones Unidas para la Alimentación y la Agricultura** (FAO) lidera los esfuerzos internacionales para lograr la seguridad alimentaria para todos.

Propiedad intelectual

Los aspectos de los derechos de propiedad intelectual relacionados con el comercio (ADPIC) establecen cómo los miembros deben proteger los derechos de autor, las patentes, las marcas, los inventos, los diseños industriales y los secretos comerciales.

La Organización Mundial del Comercio

En 2023, la OMC contaba con 164 miembros, lo que representa más del 80 % de todos los países. El objetivo de la organización es fomentar la libre circulación del comercio en todo el mundo, resolver controversias y negociar normas y acuerdos comerciales, basándose especialmente en sus cinco áreas principales de actividad.

Resolución de controversias

El Entendimiento sobre Solución de Controversias (ESD) ayuda a los Gobiernos a resolver los conflictos a través del debate y, en caso necesario, la consulta con un grupo de expertos.

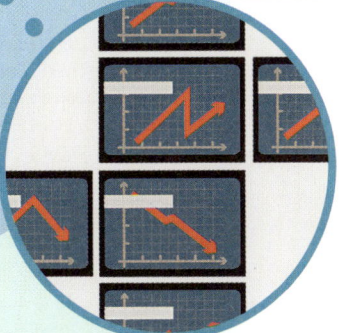

Supervisión del comercio

Supervisar cómo los miembros aplican los acuerdos es fundamental para el trabajo de la OMC. Cada seis meses publica sus propios informes, así como informes conjuntos con la OCDE y la UNCTAD (véase el recuadro anterior).

FINANZAS

La gestión del dinero se conoce como «finanzas» y orienta las decisiones sobre cómo las personas deben recaudar, gastar e invertir el dinero. Las finanzas pueden incluir la gestión de la deuda, el análisis de riesgos y la comprensión del funcionamiento de los distintos mercados financieros.

Dinero

Para los economistas, el dinero es cualquier cosa que pueda intercambiarse por bienes o servicios, no solo billetes y monedas. Sirve como depósito de valor y como medio de intercambio.

¿Por qué tenemos dinero?

La gente podría prescindir del dinero e intercambiar bienes de igual valor mediante un sistema de trueque. Pero esto depende de que ambas partes tengan algo que la otra desee, un reto conocido como la «doble coincidencia de deseos», que lleva tiempo y esfuerzo superar.

El dinero, por otra parte, hace que el comercio sea mucho más eficiente. Cuando haya dinero de por medio, siempre habrá comerciantes dispuestos, porque los fondos recibidos de un intercambio pueden utilizarse libre y ampliamente para otros intercambios. Este es el principal objetivo del dinero: ser un medio de intercambio, algo que se acepta a cambio de bienes o servicios. El dinero también actúa como unidad de cuenta: como todo se valora utilizando una unidad común, es fácil comparar el valor de las cosas. El dinero es también un depósito de valor, una forma de preservar la riqueza para un uso futuro. Si las ganancias se pagaran en queso, habría que comérselo antes de que caducara, mientras que el dinero se conserva. Estos usos del dinero indican las propiedades que debe tener: debe ser duradero para almacenar valor, debe ser comúnmente aceptado para actuar como medio de cambio y unidad de cuenta y debe ser fácilmente divisible para ser cómodo de usar.

MEDICIÓN DEL DINERO

Existen varias formas de medir la cantidad de dinero en la economía en cualquier momento. Difieren en cuanto a lo que incluyen, además del efectivo (billetes y monedas), como dinero. Algunas también incluyen, entre otras cosas, los depósitos bancarios a los que no se puede acceder bajo demanda. Las dos más conocidas son la oferta monetaria y la base monetaria.

> **La oferta monetaria** es la medida más común. Incluye todo el efectivo en circulación, más los depósitos a la vista (a los que se accede bajo demanda) en los bancos.

> **La base monetaria** incluye todo el efectivo en circulación, más las reservas del banco central. También se conoce como «dinero de alta potencia», ya que su incremento puede dar lugar a un aumento mucho mayor de la oferta monetaria global (una relación denominada «multiplicador monetario»).

La evolución del dinero

A lo largo de los siglos, el dinero ha aparecido de muchas formas. Se pasó de los sistemas de trueque al uso de objetos como medio de intercambio. Así surgieron las monedas y, posteriormente, el papel moneda vinculado a los productos básicos. El dinero fiduciario, que no está vinculado a productos básicos y no tiene valor subyacente, es la forma dominante de dinero hoy en día. Sea cual sea la forma que adopte el dinero, proporciona un valor estándar con el que se puede comparar cualquier artículo.

alrededor del 6000 A. C.

1. Intercambio de objetos

Las personas de las sociedades primitivas intercambiaban objetos de valor similar mediante un sistema de trueque. Por ejemplo, un agricultor podía intercambiar una fanega de trigo por una parte de una oveja descuartizada. Se trataba de un sistema ineficaz que exigía un gran esfuerzo para encontrar un trueque justo.

siglo VII D. C.

siglo XX

5. Tarjetas de crédito y de débito

Las tarjetas de crédito (aparecidas en 1958) y de débito (1982) permiten transferir dinero fácilmente entre cuentas bancarias. La mayor parte del dinero existe electrónicamente, como parte de los saldos bancarios de la gente, en lugar de como moneda física.

2. Dinero mercancía

A lo largo del tiempo, los bienes fáciles de intercambiar y almacenar, como el oro o las pieles de animales, funcionaron como dinero. Se cree que los antiguos egipcios fueron los primeros en utilizar el oro para el intercambio y el trueque.

alrededor del 3000 A. C.

4. Papel moneda

Utilizado por primera vez en China en el siglo VII, el papel moneda era dinero mercancía que podía intercambiarse por su valor declarado en monedas. Hoy en día, el papel moneda es dinero fiduciario, una moneda de curso legal sin valor intrínseco.

3. Monedas

Las monedas, piezas de metal precioso pesadas previamente y certificadas, eran duraderas, divisibles y fáciles de usar. La primera fábrica de monedas conocida (ceca), encontrada en la provincia china de Henan en 2021, se remonta al 640 A. C.

640 A. C.

2009

6. Criptomoneda

Las criptomonedas, como el bitcóin, no están vinculadas a ningún producto ni son emitidas por un Gobierno o un banco central, sino que las personas transfieren e intercambian tókenes directamente entre sí (véanse las págs. 214–15).

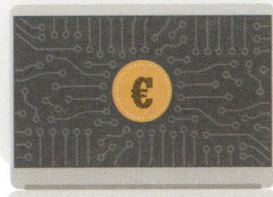

Préstamos y ahorros

La gente pide prestado o ahorra dinero para mantener sus niveles de consumo relativamente estables. Sin embargo, tanto el préstamo como el ahorro están influidos por los tipos de interés, que pueden favorecer a uno u otro con el tiempo.

Planificación anticipada

En lugar de darse un festín hoy y pasar hambre mañana, la mayoría de la gente prefiere consumir una cantidad moderada los dos días. Sin embargo, si alguien espera que sus ingresos aumenten en el futuro, puede decidir pedir un préstamo para empezar a consumir parte de esos ingresos extra, aunque la devolución del dinero reduzca el consumo futuro. Este aumento del consumo actual y disminución del consumo futuro estabiliza el consumo de la persona a lo largo del tiempo. Del mismo modo, si

alguien espera que sus ingresos disminuyan en el futuro, por ejemplo, cuando se jubile, puede decidir ahorrar en el presente. También puede ahorrar como protección contra un riesgo futuro, como quedarse en paro.

Modificación de los tipos de interés

Un factor clave para que la gente decida pedir prestado o ahorrar es el tipo de interés. Si el tipo de interés de los préstamos aumenta, los préstamos se encarecen y los prestatarios piden menos dinero prestado, lo que significa

El ciclo de vida del consumo

El economista italiano Franco Modigliani (1918–2003) sostenía que la gente no consume a ciegas, sino que gasta, pide prestado o ahorra dinero en función de sus expectativas de futuro. En general, la gente tiende a pedir prestado cuando es joven, a ahorrar en la madurez y a gastar cuando envejece.

AHORRO Y CONSUMO

Período de préstamo
Los ingresos de una persona suelen ser los más bajos al principio de su vida laboral. Para mantener su consumo ideal, pide prestado pensando en que sus ingresos aumentarán en el futuro.

Consumo ideal

La gente prefiere vivir cómodamente todo el tiempo a ser millonario un día y arruinarse al siguiente. Por tanto, su consumo debería ser más o menos constante a lo largo de su vida.

JUVENTUD

que reducen su consumo actual. La situación es más complicada para los ahorradores. Si el tipo de interés del ahorro aumenta, la gente tiene más incentivos para ahorrar, ya que los beneficios son mayores. Sin embargo, cuanto más dinero ahorran, más probable es que decidan gastar una parte.

> «La suavización del consumo conduce a un patrón de posesión de la riqueza en forma de giba».

Franco Modigliani, economista italiano, conferencia de los Premios Nobel (1985)

CAMBIOS EN LOS INGRESOS

Una consecuencia de querer mantener un nivel de consumo razonablemente constante es que los cambios temporales en los ingresos tienen un impacto limitado en el consumo, mientras que los cambios permanentes tienen un efecto largo y duradero. Por ejemplo, si alguien recibe una gratificación de 500 EUR en el trabajo y espera vivir otros 50 años, esa gratificación solo le permite consumir 10 EUR más al año. Sin embargo, si supiera que recibirá 500 EUR más cada año hasta el final de su vida, su consumo aumentaría en 500 EUR al año. En general, la gente tiende a suavizar su consumo en torno a sus ingresos esperados a largo plazo.

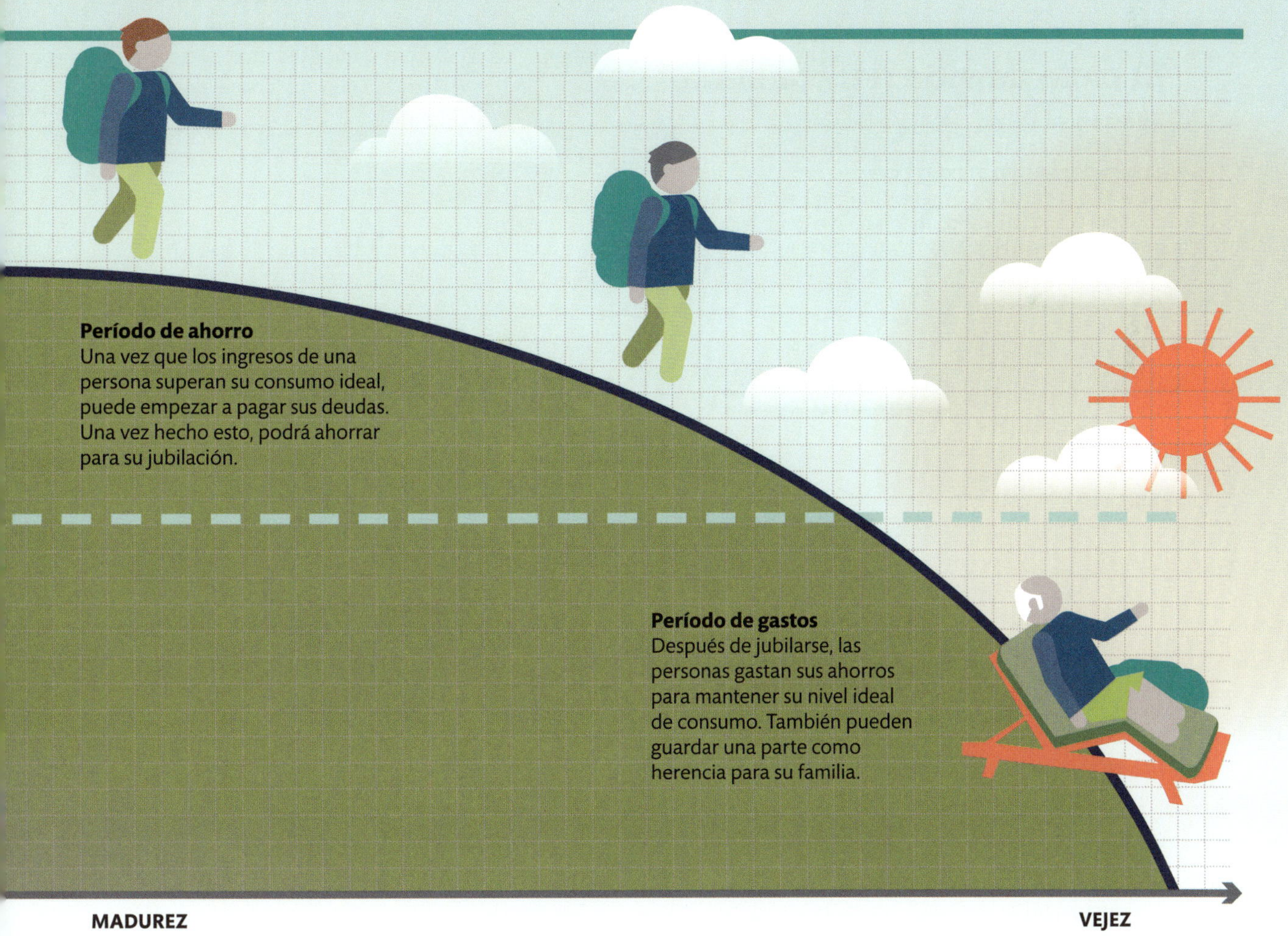

Período de ahorro
Una vez que los ingresos de una persona superan su consumo ideal, puede empezar a pagar sus deudas. Una vez hecho esto, podrá ahorrar para su jubilación.

Período de gastos
Después de jubilarse, las personas gastan sus ahorros para mantener su nivel ideal de consumo. También pueden guardar una parte como herencia para su familia.

MADUREZ

VEJEZ

Inversión empresarial

Las empresas invierten dinero para aumentar su tamaño o mejorar su rentabilidad. Pueden utilizar la inversión para formar al personal existente o contratar a nuevos empleados, adquirir mejores equipos, desarrollar nuevos productos o introducirse en nuevos mercados.

Tipos de inversión

Las empresas invierten en capital (personal o equipos) para reducir los costes de producción o mejorar su capacidad productiva (el número o la calidad de los productos o servicios que ofrecen), con el objetivo de aumentar las ventas o ser más rentables. La inversión en personal puede consistir en formar a los empleados existentes o contratar a otros nuevos para desempeñar funciones específicas, mientras que la inversión en equipos puede suponer una mejora del equipo actual o la adquisición de artículos nuevos.

Otras vías que utilizan las empresas para aumentar las ventas y mejorar la rentabilidad son invertir en sus productos y servicios (mejorando los existentes o desarrollando otros nuevos) o expandirse a nuevos mercados, ya sea vendiendo en nuevas regiones geográficas o desarrollando nuevas áreas de negocio.

Financiación de la inversión

Una empresa puede conseguir dinero para invertir utilizando sus reservas de efectivo, endeudándose o emitiendo acciones. Pero si una empresa utiliza efectivo, pierde la rentabilidad que obtendría depositando el dinero en un

Opciones de inversión

Para lograr el crecimiento o mejorar la rentabilidad, las empresas pueden invertir en cuatro áreas principales de negocio, que son el personal, el equipo, el desarrollo de productos y la entrada en nuevos mercados, y todas ellas pueden evaluarse según el valor actual neto (VAN).

«Una inversión con conocimiento produce los mejores intereses».

Benjamin Franklin, polímata estadounidense (1758)

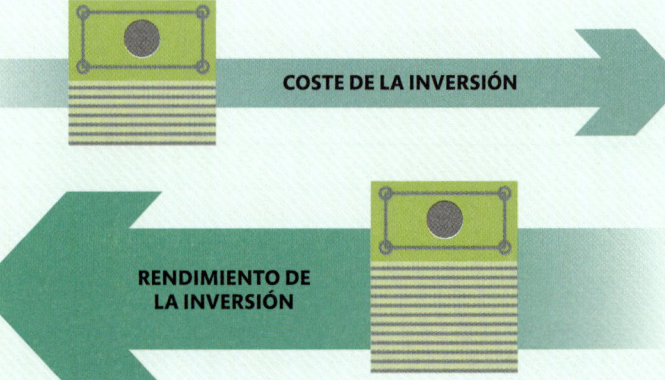

COSTE DE LA INVERSIÓN

RENDIMIENTO DE LA INVERSIÓN

banco o invirtiéndolo en otras oportunidades, y si se endeuda, debe pagar intereses. Sin embargo, el pago de dividendos (véanse las págs. 194–95) a los accionistas queda a discreción de la empresa. Otros costes son los de la propia inversión y, en el caso del capital físico (como los equipos), su desvalorización (pérdida de valor) con el paso del tiempo. Para que una inversión merezca la pena, debe generar un rendimiento superior a su coste.

Sopesar las inversiones

Para cada oportunidad de inversión, una empresa puede calcular el beneficio total que obtendrá esa inversión a lo largo de su vida calculando su valor actual neto (VAN) (véanse las págs. 76–77). El VAN de una inversión es igual a sus ingresos futuros totales estimados descontados de los valores de hoy y restando su coste inicial.

Al calcular el VAN, las empresas deben tener en cuenta factores como la inflación, que reduce el valor del dinero con el tiempo, y el coste de la pérdida de oportunidades en otras inversiones. Por lo general, las empresas intentarán financiar cualquier inversión con un VAN positivo, pero si las fuentes de financiación son limitadas, pueden utilizar el VAN para ayudarles a priorizar las inversiones que probablemente ofrezcan los mejores rendimientos.

CASO PRÁCTICO

iPhone de Apple

El primer iPhone salió a la venta en Estados Unidos en junio de 2007. El primer producto de este tipo era un teléfono móvil con pantalla táctil y pocos botones físicos. Su desarrollo duró más de dos años y costó unos 150 millones de USD. Pero las ventas solo en 2007 fueron de 630 millones de USD. Desde entonces se han lanzado muchos modelos y a finales de 2022 se habían vendido más de 2300 millones de iPhones.

Equipo

❯ Invertir en equipos (maquinaria y software) para aumentar la eficacia de la producción.

❯ Mejorar los procesos de producción para reducir costes.

Nuevos mercados

❯ Identificar y desarrollar nuevos productos o servicios que puedan cubrir un nicho.

❯ Invertir en el lanzamiento de productos y campañas de expansión en nuevos mercados.

Personal

❯ Formar al personal existente para mejorar las cualificaciones y la productividad.

❯ Pagar más para contratar y conservar a personal de alta calidad.

❯ Incentivar al personal con primas de rendimiento.

Desarrollo de productos

❯ Mejorar los productos existentes para aumentar las ventas.

❯ Desarrollar nuevos productos para crear nuevas líneas de ventas.

Instrumentos financieros

Los contratos entre empresas o particulares que establecen que una parte debe dinero a la otra se denominan «instrumentos financieros». Estos contratos pueden venderse a terceros, por lo que tienen un valor de mercado en sí mismos.

Instrumentos de deuda

Un buen ejemplo de instrumento financiero es una hipoteca, un préstamo de un banco a un particular que promete devolver el préstamo con intereses durante un período de tiempo determinado. Sin embargo, en lugar de esperar años a que el deudor devuelva el préstamo, el banco puede vender la hipoteca a un inversor, que, tras pagar una comisión al banco, se hace cargo de los pagos del deudor. El contrato que el inversor firma con el banco es una especie de «obligación» (más concretamente un «título con garantía hipotecaria») que a su vez puede venderse a otros inversores. El mercado de las obligaciones (véanse las págs. 204–205) incluye todas las formas de instrumentos de deuda.

Instrumentos de capital

Otros tipos de instrumentos financieros se basan en el capital, o la propiedad, más que en la deuda. Las acciones, por ejemplo, representan partes iguales del capital de una empresa, lo que significa que cualquiera que posea una acción es propietario de una parte de la empresa. Las acciones son también de responsabilidad limitada, lo que significa que un inversor solo puede perder el dinero que ha aportado y no es responsable de las demás deudas de la empresa. Las empresas distribuyen beneficios a los accionistas pagándoles dividendos (véase la pág. 195).

Acciones
Representan la propiedad parcial de una empresa. Pueden negociarse entre inversores en mercados secundarios (véanse las págs. 194–95).

Tipos de instrumentos financieros

Las obligaciones y las acciones son los principales tipos de instrumentos financieros, pero hay muchos otros en el mercado, que van desde divisas y derivados hasta propiedades y materias primas como metales, petróleo y café.

Compradores
Los inversores que confían en que el valor de un activo está a punto de aumentar tienden a comprar grandes cantidades del activo, creyendo que pueden venderlo a un precio más alto más adelante.

MERCADOS ALCISTA Y BAJISTA

En los mercados financieros, los términos «alcista» y «bajista» se utilizan habitualmente para referirse a las condiciones del mercado. Un mercado alcista se caracteriza por la subida de los precios de los activos, el elevado volumen de ventas y el optimismo económico, que refleja una economía positiva, mientras que un mercado bajista se asocia a la caída de los precios de los activos, el estancamiento de los volúmenes de ventas y el pesimismo económico.

MERCADOS/ACTIVOS PRINCIPALES

Obligaciones
Una obligación es una promesa de devolver a un prestamista una determinada cantidad de dinero en una fecha concreta, además de pagos periódicos de intereses.

Divisas
Se compran y se venden para el comercio internacional, la inversión transfronteriza y la especulación (véanse las págs. 212–13).

Derivados
Son activos que derivan su valor de otros activos. Normalmente, implican la obligación o la opción de comprar o vender algo en el futuro.

Otros activos
Los bienes inmuebles y las materias primas como el petróleo y el gas, así como sus derivados, también son activos financieros negociables.

Vendedores
Los inversores que confían en que el valor de un activo está a punto de caer tienden a vender todo lo que pueden del activo, creyendo que solo bajará de precio.

Prestatarios
Algunos inversores pagan comisiones por tomar prestados activos que luego venden, creyendo que su precio bajará. En ese caso, vuelven a comprar los activos a un precio más barato y los devuelven a sus propietarios.

Mercados financieros

Como su nombre indica, los mercados financieros son mercados en los que pueden negociarse activos como valores, obligaciones y derivados. La Bolsa de Nueva York es posiblemente el mercado financiero más conocido del mundo.

Mercados primario y secundario

El mercado primario es donde se crean y se emiten (venden) acciones al público por primera vez. Este proceso, también conocido como «lanzar a bolsa» una empresa en el mercado de valores, puede llevarse a cabo con una subasta o con una oferta pública inicial (OPI). En una OPI, un banco de inversión fija un precio para un activo y los inversores pueden comprárselo al banco a ese precio. O bien, las empresas pueden vender activos directamente a los inversores.

Los mercados secundarios son aquellos en los que los inversores pueden comprar y vender activos que ya se han emitido e incluyen las bolsas de valores. Las operaciones en los mercados secundarios pueden estar dirigidos por precios o por órdenes. En el caso de las operaciones dirigidas por precios, los operadores anuncian que están dispuestos a comprar o vender una determinada cantidad de un activo a un precio determinado. Los operadores eligen el mejor precio o intentan negociar con el intermediario. En los mercados dirigidos por órdenes, los inversores introducen órdenes diciendo que quieren comprar o vender una determinada cantidad de un activo, y estas pueden ser órdenes limitadas o de mercado (véase más adelante). Todos los activos tienen un comprador y un vendedor,

Órdenes limitadas y de mercado

Las órdenes de compra limitadas se producen cuando un inversor desea comprar una cantidad de un activo, pero sin pagar más de un precio determinado. Del mismo modo, las órdenes de venta limitadas son aquellas en las que un inversor desea vender una determinada cantidad de un activo al menos a un precio determinado. Los inversores también pueden cursar órdenes de mercado, en las que compran o venden una determinada cantidad de un activo al mejor precio disponible.

PARTICIPACIÓN DE LA EMPRESA «Y»

100 €

25 600 millones de dólares

fue el importe recaudado por la OPI de la petrolera **Saudi Aramco, la mayor del mundo**

www.bloomberg.com, «Saudi Aramco Raises $25.6 Billion in World's Biggest IPO» (2019)

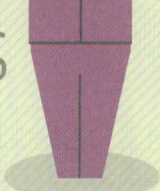

INVERSOR A

Otras órdenes
A las 17:00 h, el inversor B ejecuta una orden limitada para vender 100 acciones por un mínimo de 98 € cada una.

INVERSOR B

Ejecución de una orden
A las 14:00 h, el inversor A ejecuta una orden limitada para comprar 50 acciones a 98 € cada una, valoradas actualmente en 100 € cada una.

y también hay brókeres, que realizan operaciones en nombre de otros a cambio de una comisión.

Rendimiento de los activos

El rendimiento de un activo es el beneficio obtenido al venderlo, dividido por su coste inicial. Un activo comprado por 10 € y vendido por 12 € tiene una rentabilidad del 20 % (2 € de beneficio dividido por 10 € de coste inicial). El apalancamiento es cuando los inversores piden dinero prestado para invertir y se aumentan tanto las ganancias como las pérdidas, lo que, a su vez, añade riesgo.

VENTA AL DESCUBIERTO

La venta en corto o al descubierto es una estrategia bursátil con la que los inversores pretenden beneficiarse de la bajada del precio de un activo. Un inversor toma prestado (a cambio de una comisión) un activo cuyo valor cree que va a bajar y vende el activo prestado antes de que disminuya el precio. A continuación, vuelve a comprarlo en el futuro para devolvérselo al bróker que se lo prestó. Si el precio baja como prevé el vendedor en corto, obtiene un beneficio.

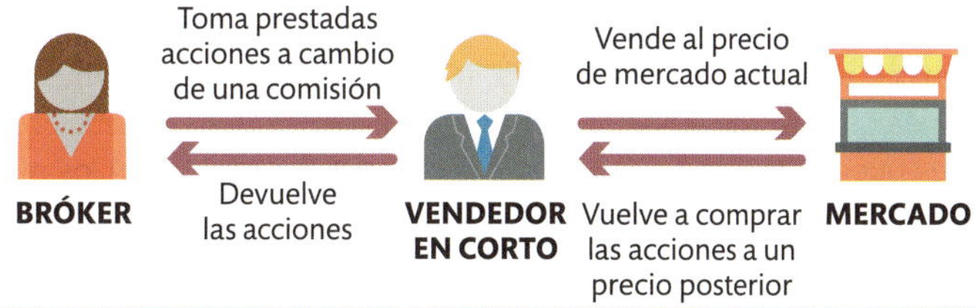

BRÓKER

Toma prestadas acciones a cambio de una comisión

Devuelve las acciones

VENDEDOR EN CORTO

Vende al precio de mercado actual

Vuelve a comprar las acciones a un precio posterior

MERCADO

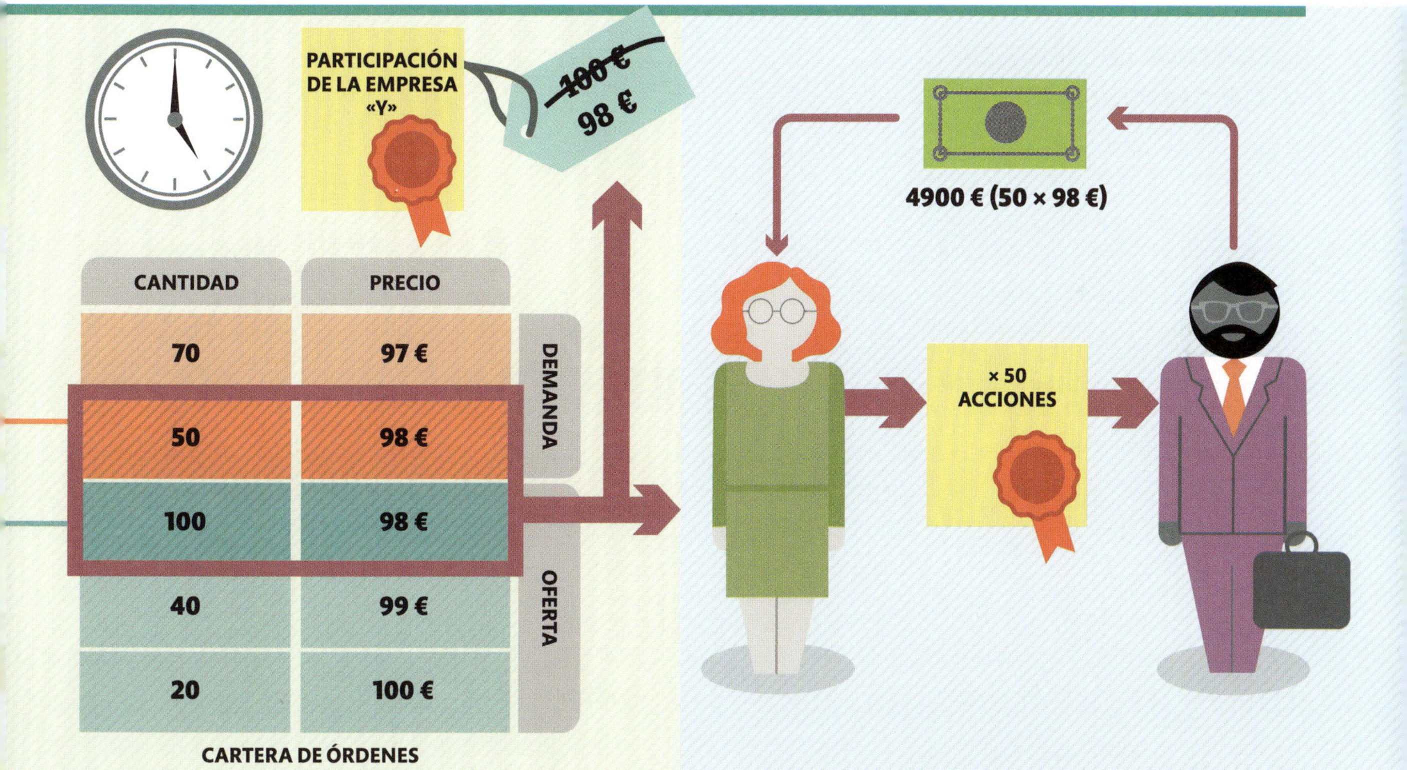

PARTICIPACIÓN DE LA EMPRESA «Y»

~~100 €~~ 98 €

4900 € (50 × 98 €)

× 50 ACCIONES

CANTIDAD	PRECIO	
70	97 €	DEMANDA
50	98 €	
100	98 €	
40	99 €	OFERTA
20	100 €	

CARTERA DE ÓRDENES

Casación de órdenes
Ahora hay alguien dispuesto a vender al inversor A 50 acciones a 98 € cada acción. La orden limitada de venta del inversor B por las 50 acciones restantes a 98 € permanece en la cartera de órdenes, una lista de órdenes en tiempo real.

Ejecución de la operación
La propiedad de 50 acciones del inversor B se transfiere al inversor A y el importe de 50 × 98 € se transfiere al inversor B. El precio de mercado de la participación de Y refleja la última operación y baja a 98 €.

Riesgo

Los inversores no pueden comparar activos únicamente en función de los rendimientos que esperan obtener. Como los precios futuros de los activos son desconocidos, los inversores también deben comparar su riesgo, es decir, la probabilidad de sufrir pérdidas financieras.

Evaluación del riesgo

Dado que la mayoría de la gente tiene aversión al riesgo, es razonable suponer que, si dos activos tienen el mismo rendimiento esperado, pero uno es menos arriesgado, la mayoría de la gente elegirá el activo con menor riesgo. Los activos más arriesgados tienen lo que los economistas llaman una «prima de riesgo» más alta, que es la diferencia entre el rendimiento esperado del activo y el rendimiento de un activo sin riesgo, o con un riesgo extremadamente bajo, del mismo valor, como un bono del Estado a corto plazo (véanse las págs. 204–205).

El rendimiento de un activo es su precio futuro, menos su precio actual, dividido por su precio actual. Dado que el rendimiento depende de un precio futuro desconocido, es incierto, por lo que los inversores necesitan una guía para evaluar la cantidad de riesgo que conlleva. Esta guía se conoce como «varianza», la cual evalúa la gama de posibles rendimientos de un activo, ponderada por la probabilidad de los resultados

Niveles de riesgo

La elección entre activos con distintos niveles de riesgo y remuneración (rendimientos esperados) depende de la diferencia entre los niveles de riesgo y los rendimientos esperados. También depende de las preferencias del inversor, por ejemplo, cuánta recompensa extra necesitan para asumir un riesgo adicional.

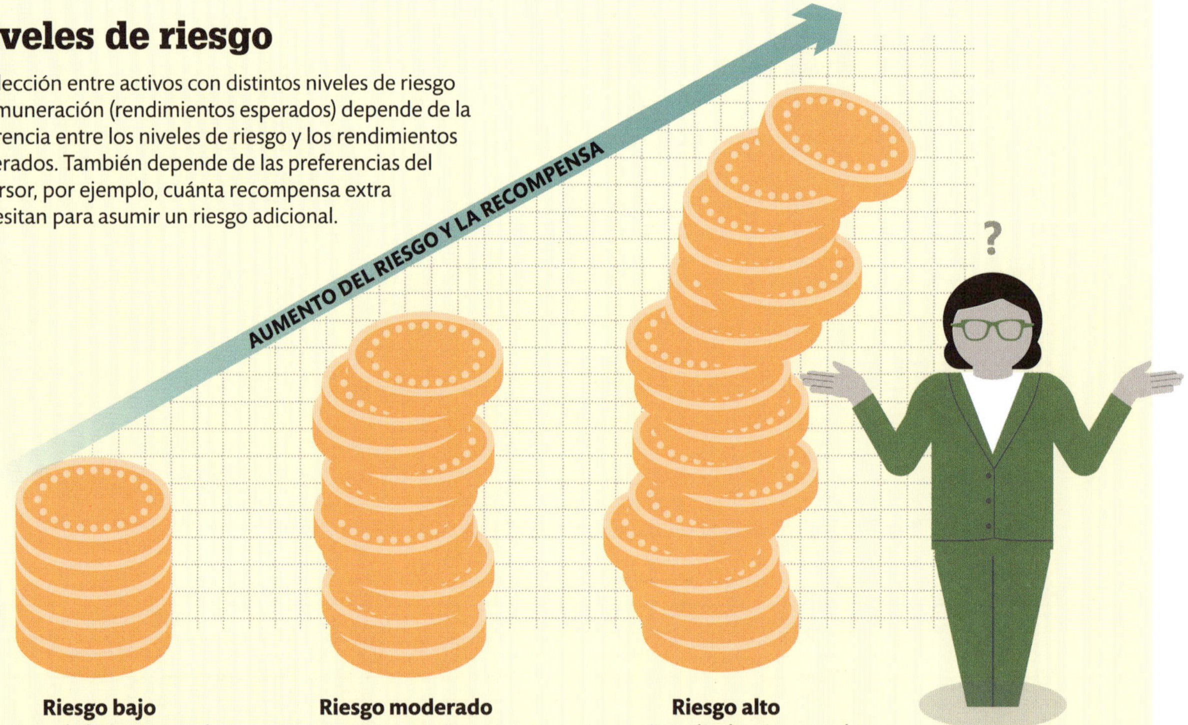

AUMENTO DEL RIESGO Y LA RECOMPENSA

?

Riesgo bajo
Los activos de bajo riesgo y baja recompensa son adecuados para los inversores con aversión al riesgo que prefieren la seguridad a la rentabilidad.

Riesgo moderado
Los activos con un riesgo y una recompensa moderados son buenos para los inversores que buscan unos rendimientos adicionales a cambio de un riesgo no demasiado elevado.

Riesgo alto
Los activos de alto riesgo y alta recompensa son adecuados para los inversores con menos aversión al riesgo, que prefieren los rendimientos a la preocupación por el riesgo.

más extremos (rendimientos muy altos o muy bajos). La varianza refleja tanto el riesgo «alcista» como el «bajista» de una inversión. El riesgo alcista es la probabilidad de que el rendimiento de un activo sea superior del que esperaba el inversor, el riesgo bajista es lo contrario.

Preferencias del inversor

La evaluación más común del riesgo bajista de un activo se conoce como «valor en riesgo condicional» o CVaR (véase más adelante). Esto da a los inversores una idea del déficit que podrían esperar al realizar una determinada inversión o al mantener un activo.

La evaluación del riesgo más adecuada dependerá de las preferencias del inversor. Si un inversor pretende ganar una determinada cantidad de dinero con una inversión, por ejemplo para comprar una casa, entonces será más sensible al riesgo bajista. El riesgo alcista de ganar más dinero del que necesita será menos importante para él.

El **8,3** %
fue la **prima de riesgo
media de los valores
estadounidenses
entre 1946 y 2022**

Kenneth French, profesor
estadounidense de finanzas

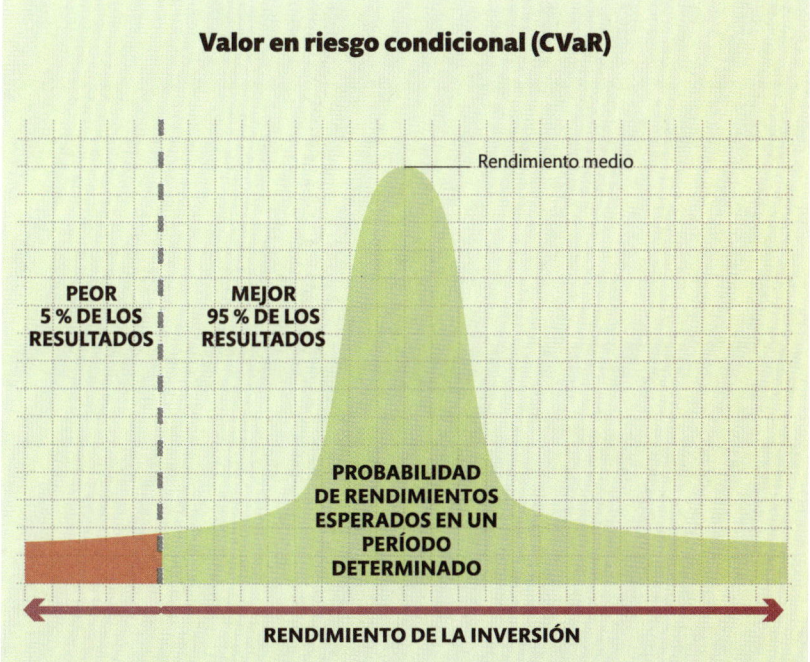

Valor en riesgo condicional (CVaR)

Rendimiento medio

PEOR
5 % DE LOS
RESULTADOS

MEJOR
95 % DE LOS
RESULTADOS

PROBABILIDAD
DE RENDIMIENTOS
ESPERADOS EN UN
PERÍODO
DETERMINADO

RENDIMIENTO DE LA INVERSIÓN

El CVaR es una estadística que evalúa las pérdidas potenciales de una empresa o cartera de inversión en un período de tiempo determinado. En concreto, cuantifica las pérdidas esperadas en los peores escenarios, para que los inversores sepan cuánto pueden perder si invierten en un activo concreto. Por ejemplo, un CVaR del 5 % es el rendimiento esperado en el peor 5 % de los resultados.

RIESGO E INCERTIDUMBRE

En economía, los términos «riesgo» e «incertidumbre» tienen significados ligeramente distintos, y el riesgo se define de diversas maneras.

❯ **Riesgo** Evaluación de un activo cuando se desconoce el resultado, pero se conoce la probabilidad de cada resultado posible.

❯ **Incertidumbre** Evaluación de un activo cuando se desconocen tanto el resultado como la probabilidad de cada resultado.

❯ **Riesgo de precio** Riesgo de que el precio futuro de un activo no sea el esperado.

❯ **Riesgo crediticio** Riesgo de que un prestatario no reembolse una deuda.

❯ **Riesgo de inflación** Riesgo de que una inflación elevada erosione el valor real de un activo.

❯ **Riesgo de cambio** Riesgo de que el valor en moneda nacional de un activo extranjero no sea el esperado debido a las fluctuaciones del mercado de divisas.

Precios de los valores

El precio de los valores sube y baja en función de la demanda, que a su vez depende del riesgo y de las preferencias y expectativas de los inversores. En última instancia, los precios de los valores reflejan los dividendos futuros esperados.

Oferta y demanda

Como en cualquier otro mercado, los precios de los valores vienen determinados por la oferta y la demanda, pero por lo general influye más la demanda que la oferta. Esto se debe a que los precios de los valores se rigen principalmente por los cambios en la demanda de los inversores (véase más adelante). La oferta solo se convierte en un factor cuando las empresas emiten nuevas acciones. Sin embargo, esto es poco frecuente, ya que las nuevas acciones diluyen las de los accionistas existentes. Una empresa puede emitir nuevas acciones si ocurre algo que le haga querer invertir más, como un cambio en la normativa o los impuestos, o la aparición de un nuevo producto en el que quiera invertir. Alternativamente, la empresa puede obtener dinero endeudándose.

Preferencias de los inversores

Hay muchos factores que cambian la demanda de valores por parte de los inversores. Si mejoran las expectativas de los inversores sobre los resultados futuros de una empresa, aumentará la demanda de valores (véanse las págs. 106–107). Sin embargo, el riesgo del valor en relación con otros activos de los inversores también es importante. Si un valor se vuelve menos arriesgado en comparación con los demás (porque su propio riesgo disminuye o el de los demás aumenta), la demanda del valor aumentará. Las preferencias de los inversores son igualmente importantes: si los inversores quieren asumir menos riesgos, la demanda de valores más arriesgados disminuirá. Del mismo

Cómo funcionan los precios de los valores

La demanda de valores procede de personas que desean comprar acciones cuando las empresas las emiten por primera vez, o en el mercado secundario, donde se transfiere la propiedad de las acciones.

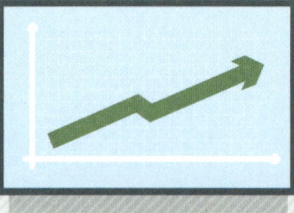

Aumento de la demanda
Si la demanda de acciones supera la oferta, su precio subirá hasta que los inversores dejen de querer comprarlas. Algunos inversores pueden decidir venderlas antes de que el precio baje.

DEMANDA

OFERTA

modo, si los inversores desaprueban determinadas empresas, quizá porque contaminan, la demanda de sus valores disminuirá.

¿VALORES O ACCIONES?

Los términos «valores» y «acciones» se utilizan indistintamente para referirse a un activo que representa la propiedad parcial de una empresa pública. Sin embargo, el término «valores» también se refiere a un conjunto de acciones: los inversores compran acciones de los valores de una empresa.

DIVIDENDOS

Los beneficios obtenidos por una empresa que se distribuyen a sus accionistas se conocen como «dividendos». Los pagos son discrecionales, pero como los accionistas son los dueños de la empresa, esta tiene que distribuir sus beneficios a los accionistas en algún momento. Los beneficios totales de la empresa equivalen al valor de todos los dividendos que acabe pagando. El precio de las acciones es el valor esperado de todos los dividendos actuales y futuros. Los dividendos futuros esperados valen menos (véanse las págs. 76-77) porque el dinero futuro no es tan valioso para los inversores como el dinero actual.

La empresa anuncia los beneficios

La empresa toma una decisión acerca de los dividendos

La empresa conserva algo de dinero para invertir

La empresa paga los dividendos

Empresas de S&P 500 realizaron pagos de dividendos por valor de 565 000 millones de dólares en 2022 www.investopedia.com

DEMANDA

Aumento de la oferta
Si una empresa emite más acciones, pero la demanda no cambia, el precio de la acción baja hasta que se venden todas las acciones.

OFERTA

Hipótesis del mercado eficiente

Según la hipótesis del mercado eficiente (HME), los precios de los valores reflejan de forma completa y equitativa toda la información disponible sobre el mercado y, por tanto, nadie tiene acceso a conocimientos que le permitan «batir» sistemáticamente al mercado.

Un futuro incierto

Imaginemos que fuera posible predecir que el precio de una acción subirá dentro de tres meses. Con este conocimiento, los inversores comprarían las acciones y, como resultado, aumentaría su precio. Los inversores seguirían comprando las acciones hasta que su precio actual fuera tan alto que ya nadie quisiera comprarlas. En ese caso, el precio de las acciones no subiría dentro de tres meses, o lo haría muy poco.

Esta serie paradójica de acontecimientos muestra cómo, según la HME, las variaciones de los precios de las acciones son difíciles de predecir y los rendimientos futuros son imprevisibles. Esta hipótesis se basa en la idea de que toda la información relevante para los precios de las acciones se encuentra plenamente disponible para todos los inversores y, por tanto, se refleja con exactitud en el precio de las acciones. Es decir, en el «mercado eficiente» existe la igualdad de condiciones y nadie puede saber qué información nueva se publicará para obtener un beneficio de ella (a menos que se dedique a la práctica ilegal conocida como «abuso de información privilegiada»); cualquier beneficio obtenido es, por tanto, un acontecimiento afortunado y puntual.

La HME en la práctica

Según esta teoría, cuando aparece información nueva, los precios de las acciones se ajustan casi en tiempo real, ya que los inversores compiten por negociar lo más rápido posible. Un buen ejemplo fue la explosión del transbordador espacial Challenger en 1986. En 13 minutos, el precio de las acciones de los cuatro principales contratistas del proyecto había caído entre un 4 % y un 6 %. Al finalizar la jornada, las acciones de una empresa, Morton-Thiokol, habían caído un 12 %. Tuvieron que pasar otros cinco meses para que un informe oficial señalara problemas con un componente de Morton-Thiokol como factor clave de la explosión. Este ejemplo muestra la sabiduría del propio mercado, que «sabe» más que los operadores que intentan burlarlo.

ARGUMENTOS EN CONTRA DE LA HIPÓTESIS DEL MERCADO EFICIENTE

> **Inversores irracionales** La HME supone que los inversores procesan la información de forma racional y negocian en consecuencia. Los expertos en finanzas conductuales (véanse las págs. 198–99) sostienen que la teoría no tiene en cuenta los errores del razonamiento humano que pueden afectar a las decisiones comerciales. Además, no todos los inversores ven los valores de la misma manera. Algunos ven potencial de crecimiento en un valor, mientras que otros lo consideran sobrevalorado.

> **Inversores de éxito** Algunas personas superan al mercado. Por ejemplo, el inversor multimillonario estadounidense Warren Buffet batió al mercado durante 39 de los 58 años hasta 2023. Si los mercados fueran realmente «eficientes», un éxito tan enorme sería imposible.

¿Podemos predecir alguna vez los rendimientos?

Un mercado de valores solo puede reaccionar ante los acontecimientos, no predecirlos. Según la HME, el precio de una acción refleja lo que se sabe ahora, con una subida o una bajada del valor solo tras una buena o mala noticia. La excepción a este mercado «eficiente» es el papel que desempeñan los niveles de riesgo en la previsibilidad de las acciones (véanse las págs. 192–93). Los cambios en el riesgo de una acción afectarán a su demanda, lo que a su vez afectará a su precio.

El **95** % de los fondos activos de renta variable de EE. UU. no logró batir al mercado entre 2002 y 2022

Índices S&P Dow Jones (2022)

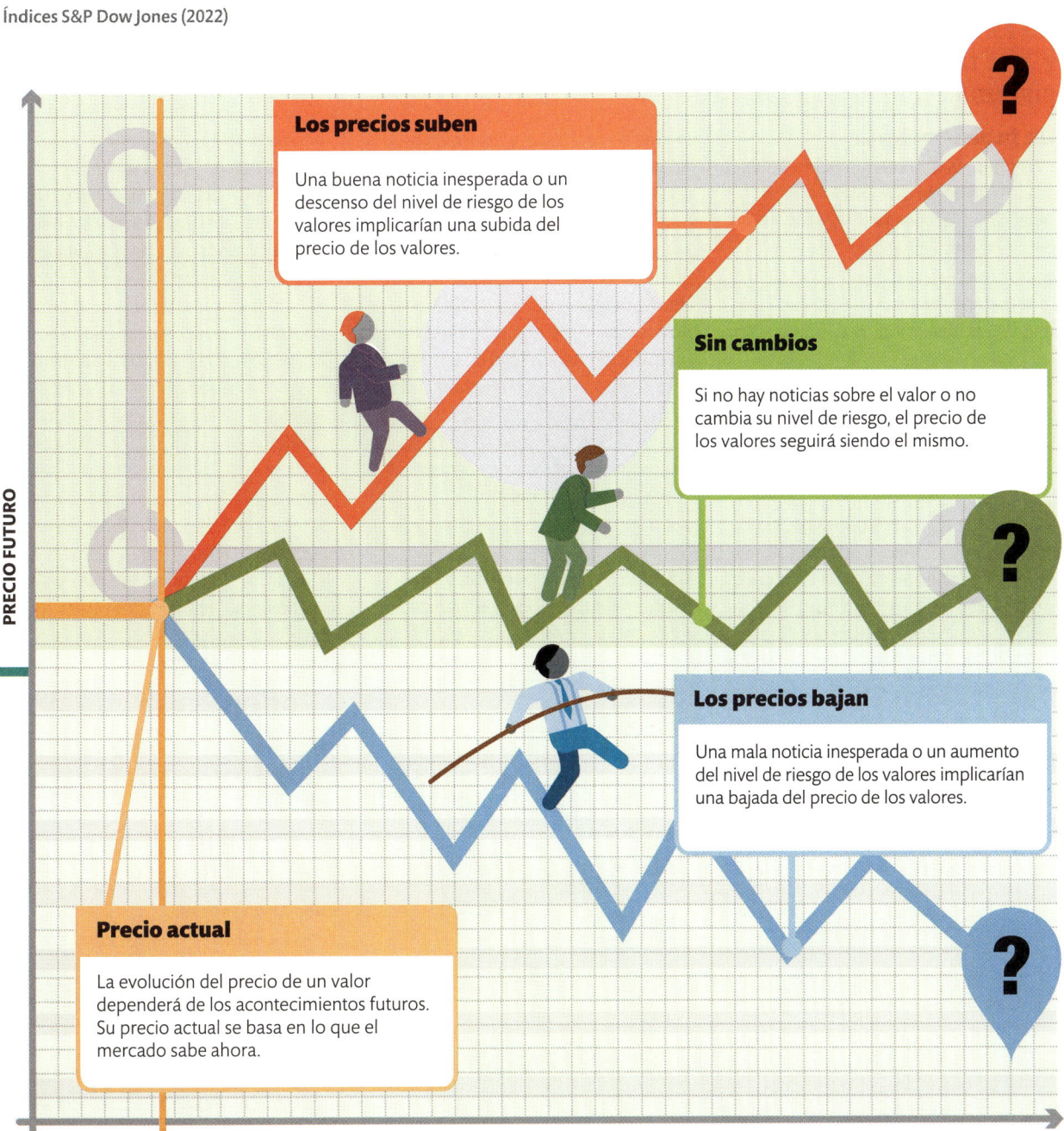

PRECIO FUTURO

Los precios suben

Una buena noticia inesperada o un descenso del nivel de riesgo de los valores implicarían una subida del precio de los valores.

Sin cambios

Si no hay noticias sobre el valor o no cambia su nivel de riesgo, el precio de los valores seguirá siendo el mismo.

Los precios bajan

Una mala noticia inesperada o un aumento del nivel de riesgo de los valores implicarían una bajada del precio de los valores.

Precio actual

La evolución del precio de un valor dependerá de los acontecimientos futuros. Su precio actual se basa en lo que el mercado sabe ahora.

RESULTADOS HASTA LA FECHA   **TIEMPO**

Finanzas conductuales

En ocasiones, los inversores toman decisiones que van en contra de la lógica tradicional del mercado, por lo que parecen irracionales. La rama de la economía que estudia estas decisiones se conoce como «finanzas conductuales».

Inversores racionales e irracionales

Tanto si los inversores operan por cuenta propia como si gestionan el dinero de sus clientes, todos son humanos y, por tanto, toman decisiones impredecibles, que pueden hacer que los precios de las acciones se desvíen de lo que sus dividendos indican que deberían ser (véanse las págs. 194–95). Sin embargo, los inversores racionales pueden aprender de estas anomalías y operar en consecuencia. Por ejemplo, debido a lo que se conoce como «sesgo de disponibilidad», muchos inversores solo compran acciones de empresas con las que están familiarizados, pero estas empresas pueden ser conocidas solo porque tienen un perfil público alto, lo que significa que mucha gente compra sus acciones, que a su vez suelen

Sesgos conductuales

Los psicólogos han documentado diversos comportamientos irracionales, o «sesgos conductuales», a los que los inversores son propensos. Estos comportamientos llevan a los inversores a operar de forma contraria a sus intereses y hacen que los precios se desvíen de lo que deberían ser según la hipótesis del mercado eficiente (véanse las págs. 196–97). Comprendiendo estos sesgos, los inversores racionales pueden beneficiarse de los irracionales.

Exceso de confianza

Los inversores pueden sobrestimar su capacidad para predecir los precios de las acciones. A menudo, cuando un inversor vende una acción para comprar otra, la que vende supera a la que compró.

Aversión a las pérdidas

A la gente no le gusta sufrir pérdidas, por lo que puede aferrarse a inversiones perdedoras durante demasiado tiempo, a menudo con la esperanza de que el mercado cambie y mejoren sus perspectivas.

IMPREVISIBILIDAD

Los psicólogos del comportamiento afirman que el mercado se parece más a una persona que a una máquina, es decir, que es capaz de sufrir oscilaciones extremas de comportamiento que lo hacen mucho menos predecible de lo que tradicionalmente han creído los economistas. Sin embargo, aunque este punto de vista ofrece valiosas ideas sobre por qué el mercado ha sido volátil en el pasado, todavía no ha proporcionado a los inversores estrategias para hacer frente a esos «cambios de humor» en el futuro.

estar sobrevaloradas. Conociendo estos hechos, un inversor racional puede vender en corto este tipo de valores si se están vendiendo bien, y obtener beneficios cuando el precio empiece a bajar (véanse las págs. 190–91), tras lo cual cualquier otra venta en corto dejará de ser rentable. En estas circunstancias, los inversores racionales corrigen tanto el precio de las acciones como el comportamiento de los inversores irracionales.

Hay muchos casos en los que los precios de las acciones se ven perjudicados porque los inversores racionales son incapaces de corregirlos. Esto puede deberse al hecho de que los inversores están limitados en lo que pueden negociar, tal vez porque no pueden reunir fondos suficientes para comprar bastante de una acción infravalorada para aumentar su precio. O bien, pueden estar limitados en cuanto a lo que pueden vender en corto; si, por ejemplo, las comisiones por la venta en corto son demasiado altas o no hay suficientes accionistas dispuestos a prestar sus acciones. En estos casos, se impide que los precios de las acciones sobrevaloradas bajen y se mantienen artificialmente altos. Los precios también pueden no corregirse porque haya demasiadas operaciones irracionales, en cuyo caso los inversores racionales sufren pérdidas.

Reacción excesiva y reacción insuficiente

Los inversores pueden reaccionar de forma excesiva a las tendencias a corto plazo del mercado y de forma insuficiente a la nueva información que puede tardar en afectar a los precios de las acciones.

Rebaño

Los inversores menos confiados pueden imitar las decisiones de otros inversores. Esto puede llevar a grupos enteros de inversores a repetir irracionalmente los errores de los demás.

El **3,3** % es la cantidad por la que las acciones compradas fueron inferiores a las vendidas en 1999

Terrance Odean, profesor estadounidense de finanzas

Burbujas económicas

Cuando los precios de los bienes suben rápidamente muy por encima de su valor real, el resultado es una burbuja económica. En finanzas, las burbujas se producen cuando los inversores compran activos sobrevalorados y los venden a precios aún más altos.

Burbujas racionales

Los precios de los activos están relacionados con sus «precios justos y esperados», o «fundamentos». Los precios de las acciones, por ejemplo, reflejan sus dividendos futuros esperados (véanse las págs. 194–95). Sin embargo, a veces los activos se sobrevaloran de forma drástica, gracias a la especulación irracional (véanse las págs. 198–99) de inversores que creen —sin pruebas reales— que el mercado de un determinado activo tiende a una dirección inusualmente favorable. En este caso, invertir en un activo es un acto de fe y, sin embargo, es racional que un inversor lo compre si cree que puede venderlo a un precio aún más alto en el futuro. Se arriesga a que la burbuja estalle —y el precio se corrija— antes de poder vender el activo, pero si la probabilidad de que eso ocurra es baja, lo racional es «aprovechar la burbuja». Otra forma de ganar dinero con una burbuja es apostar contra ella, o vender en corto (véanse las págs. 190–91). Sin embargo, la venta en corto es arriesgada, ya que muy a menudo lo que parece una burbuja es, en realidad, un aumento del valor real del activo.

La hipótesis de la inestabilidad financiera

El economista estadounidense Hyman Minsky (1919–96) creía que las burbujas económicas se producen porque la estabilidad genera inestabilidad. Argumentaba que, en

El ciclo de vida de las burbujas

Las burbujas económicas aparecen y desaparecen en ciclos que afectan a todo tipo de activos, como acciones, obligaciones y productos básicos (véanse las págs. 188–89). Comienzan cuando los inversores se enteran de una nueva oportunidad de inversión, y a menudo terminan tras un único acontecimiento aparentemente menor. Hyman Minsky identificó cinco etapas fundamentales de estos ciclos.

Valor fundamental

El valor fundamental de un activo es su precio justo, es decir, el precio al que se negociaría en condiciones normales de mercado.

Desplazamiento

Un cambio inesperado (desplazamiento) en el mercado, como una bajada de los tipos de interés, aumenta el valor de un activo.

Auge

El precio del activo sube rápidamente. Los medios de comunicación le prestan mucha atención, lo que lleva a los inversores a comprar el activo en grandes cantidades.

tiempos económicamente estables, las malas inversiones son relativamente raras, por lo que la asunción de riesgos se hace cada vez más atractiva. Los inversores se vuelven complacientes y empiezan a asumir riesgos excesivos, lo que provoca burbujas que acaban estallando. El caos resultante disuade a los inversores de asumir riesgos durante un tiempo, pero el recuerdo de lo ocurrido acaba desapareciendo y el ciclo vuelve a empezar. Minsky observó que los períodos de mayor estabilidad económica siempre van seguidos de las peores crisis, ya que cuanta más estabilidad, más excesiva es la asunción de riesgos.

CASO PRÁCTICO

Tókenes no fungibles

En 2014 aparecieron por primera vez en el mercado unos activos conocidos como «tókenes no fungibles» (NFT). Con ellos, los inversores podían poseer todo tipo de objetos (no fungibles) irremplazables, como obras de arte. Sin embargo, el valor del mercado mundial de NFT relacionados específicamente con el arte se redujo casi a la mitad (pasó de 2900 millones de dólares en 2021 a 1500 millones de dólares en 2022). Había aumentado desde solo 70 millones de dólares en 2020, lo que llevó a muchos a argumentar que había sido una burbuja. El mercado más amplio de los NFT sufrió un descenso de valor mucho menor en 2022.

Euforia

Los inversores creen que siempre habrá gente dispuesta a comprar el activo, aunque su precio suba a niveles precariamente altos.

Obtención de beneficios

Los inversores precavidos, presintiendo que la burbuja va a estallar, empiezan a vender el activo y acumulan los beneficios.

Pánico

La burbuja estalla a medida que hay más inversores que venden el activo, lo que hace que su precio baje a su nivel original y fundamental.

«... el siglo pasado demuestra que... la irracionalidad de tipo extremo estalla de vez en cuando».

Warren Buffett, inversor estadounidense (2021)

Carteras óptimas

La inversión ideal, o «cartera óptima», ofrecerá el equilibrio más adecuado entre riesgo y recompensa. Los inversores pueden utilizar el modelo de valoración de activos de capital (CAPM) para evaluar la mejor inversión que realizar.

Riesgo y recompensa

La mayoría de las inversiones conllevan riesgo, y sus rendimientos tienden a reflejarlo: quienes asumen riesgos pueden verse recompensados con rendimientos más altos, mientras que los activos de bajo riesgo solo reportan pequeñas recompensas. Por lo general, los inversores buscan un equilibrio entre riesgo y recompensa para obtener el mayor rendimiento

posible con un nivel de riesgo aceptable o el menor riesgo posible con los rendimientos esperados.

El modelo de valoración de activos de capital (CAPM) predice los rendimientos esperados y se basa en tres parámetros: el «tipo seguro», el «riesgo de mercado» y el «riesgo de la empresa». El tipo seguro (también conocido como tipo «sin riesgos») es la forma más segura de invertir, como, por

ejemplo, utilizando una cuenta de ahorro. El riesgo de mercado se basa en el riesgo global del mercado de valores o del sector. El riesgo de la empresa se basa en el riesgo de la empresa específica o del activo. Algunos son más arriesgados que otros porque son más pequeños o pertenecen a un sector más volátil.

La frontera eficiente

En 1952, el economista estadounidense Harry Markowitz (1927–2023) introdujo el concepto de «frontera eficiente». Es una forma de modelar un conjunto ideal de carteras que tienen la relación óptima de riesgo y recompensa: ofrecen los mayores rendimientos esperados para un riesgo determinado o el menor riesgo para unos rendimientos determinados.

«Una buena cartera es más que una larga lista de buenas acciones y obligaciones. Es un conjunto equilibrado...».

Harry Markowitz, *Portfolio Selection* (1959)

RENDIMIENTO DE LA INVERSIÓN ESPERADO

Riesgo/rendimiento bajo
El inversor A se encuentra en la «frontera eficiente». No puede obtener un mayor rendimiento por el riesgo que asume. Se encuentra en el punto más a la izquierda de la frontera eficiente, por lo que tiene la cartera de riesgo mínimo.

LA FRONTERA EFICIENTE

INVERSOR A

Diversificación del riesgo

Una forma habitual de reducir el riesgo de las inversiones es invertir en una «cartera» de empresas o activos, normalmente repartidos por sectores y con distintos perfiles de riesgo.

Se dice que las inversiones que tienden a seguir la dirección del mercado de valores tienen una «correlación positiva» con ella. Ofrecen poca protección cuando el mercado va mal, por lo que tienen una prima de riesgo más alta. Un activo que funciona bien cuando todo lo demás funciona mal ofrece un seguro contra las recesiones del mercado, por lo que tiene una prima de riesgo más baja.

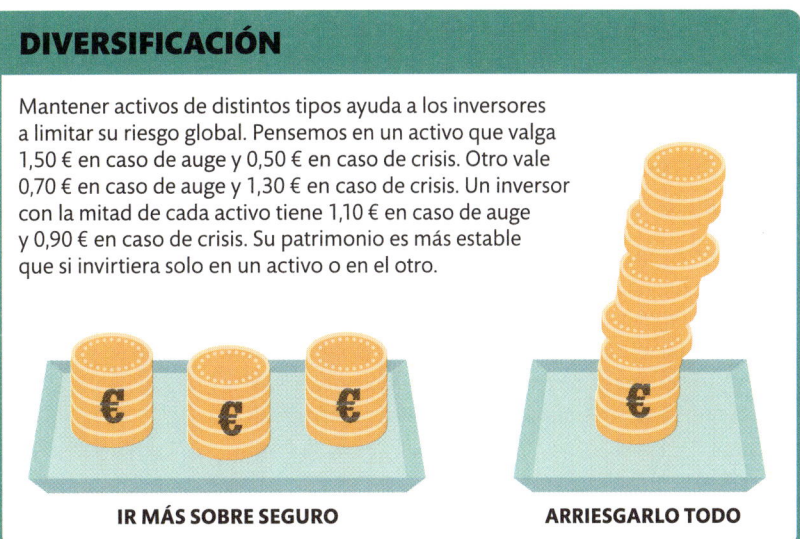

DIVERSIFICACIÓN

Mantener activos de distintos tipos ayuda a los inversores a limitar su riesgo global. Pensemos en un activo que valga 1,50 € en caso de auge y 0,50 € en caso de crisis. Otro vale 0,70 € en caso de auge y 1,30 € en caso de crisis. Un inversor con la mitad de cada activo tiene 1,10 € en caso de auge y 0,90 € en caso de crisis. Su patrimonio es más estable que si invirtiera solo en un activo o en el otro.

IR MÁS SOBRE SEGURO

ARRIESGARLO TODO

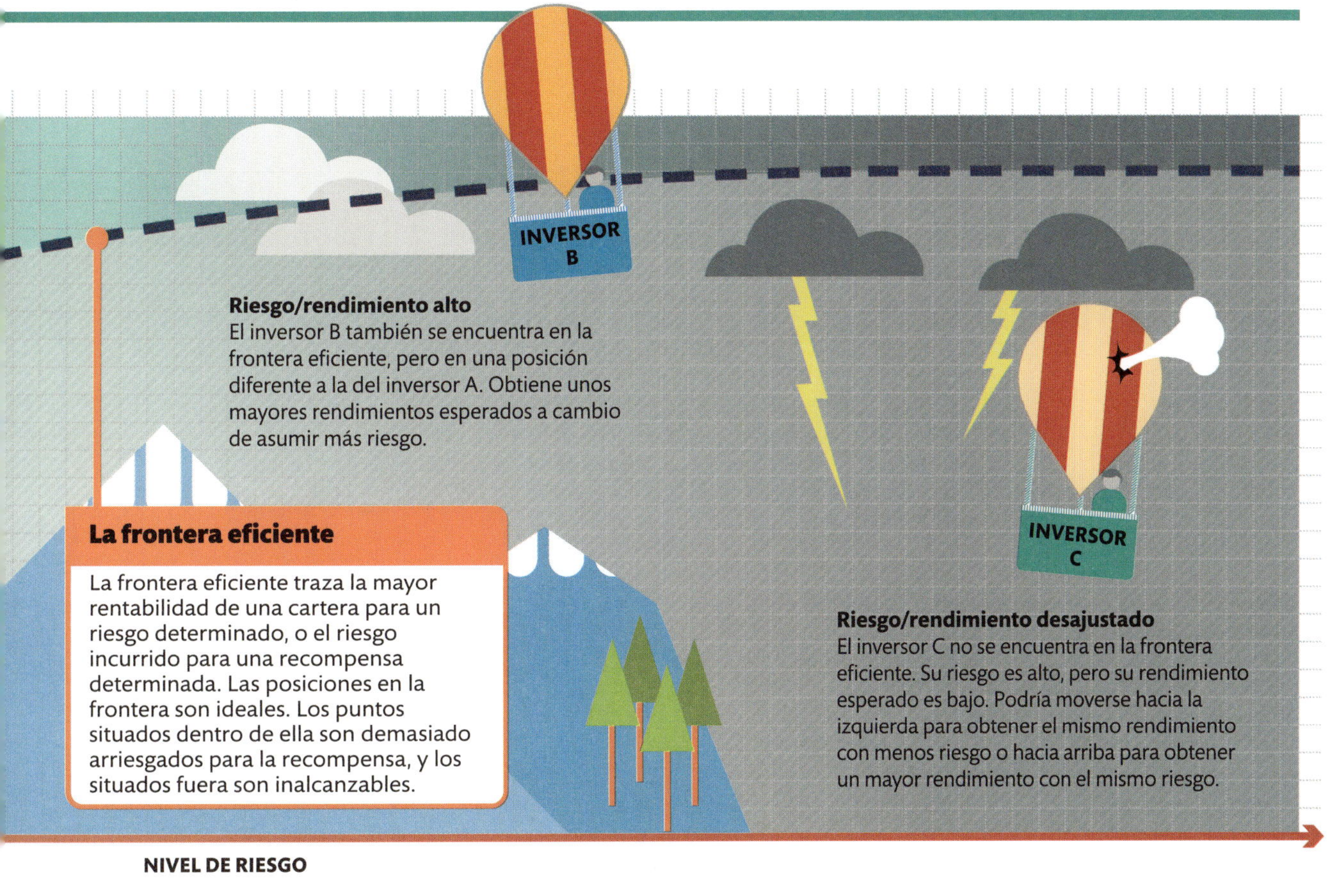

INVERSOR B

Riesgo/rendimiento alto

El inversor B también se encuentra en la frontera eficiente, pero en una posición diferente a la del inversor A. Obtiene unos mayores rendimientos esperados a cambio de asumir más riesgo.

INVERSOR C

La frontera eficiente

La frontera eficiente traza la mayor rentabilidad de una cartera para un riesgo determinado, o el riesgo incurrido para una recompensa determinada. Las posiciones en la frontera son ideales. Los puntos situados dentro de ella son demasiado arriesgados para la recompensa, y los situados fuera son inalcanzables.

Riesgo/rendimiento desajustado

El inversor C no se encuentra en la frontera eficiente. Su riesgo es alto, pero su rendimiento esperado es bajo. Podría moverse hacia la izquierda para obtener el mismo rendimiento con menos riesgo o hacia arriba para obtener un mayor rendimiento con el mismo riesgo.

NIVEL DE RIESGO

Mercados de obligaciones

Una obligación, o bono, es un contrato que un Gobierno o una empresa puede firmar con un inversor para conseguir dinero. Se trata de un préstamo que el inversor realiza a cambio de un tipo de interés fijo.

Valor nominal y de mercado

Cuando un inversor compra una obligación recibe un certificado que le garantiza que se le reembolsará el valor nominal de la obligación (la cantidad que vale) en una fecha determinada en el futuro (la fecha de vencimiento). El precio de la obligación suele ser inferior al valor nominal porque el dinero futuro es menos valioso que el dinero presente. El certificado de la obligación también puede garantizar que, mientras tanto, el emisor le pagará «cupones»

regulares y fijos. La diferencia entre el precio de la obligación y el valor nominal, más cualquier pago de cupón, constituyen los beneficios del inversor, es decir, el interés que se le paga. El rendimiento de la obligación convierte el beneficio total que obtiene el inversor en un tipo de interés anualizado. Los titulares de obligaciones no tienen que esperar a que lleguen las fechas de vencimiento. Pueden comerciar con obligaciones porque estas tienen un valor de mercado, así como un precio

y un valor nominal. El valor de mercado refleja las fluctuaciones de los tipos de interés. Unos tipos de interés más altos hacen que el dinero del futuro sea menos valioso que el dinero actual, lo que hace que los precios de las obligaciones bajen y los rendimientos suban.

Riesgo

Otro factor que afecta al precio de las obligaciones es el riesgo. Si una obligación tarda diez años en vencer, existe el riesgo de que el emisor

Cómo funciona una obligación

El inversor paga íntegramente el precio de la obligación a la empresa o al Gobierno emisor, que puede gastar el dinero. A continuación, el inversor recibe el reembolso mediante el pago de cupones y el pago del valor nominal en un plazo fijo. Los pagos de cupones son esencialmente pagos de intereses sobre el préstamo.

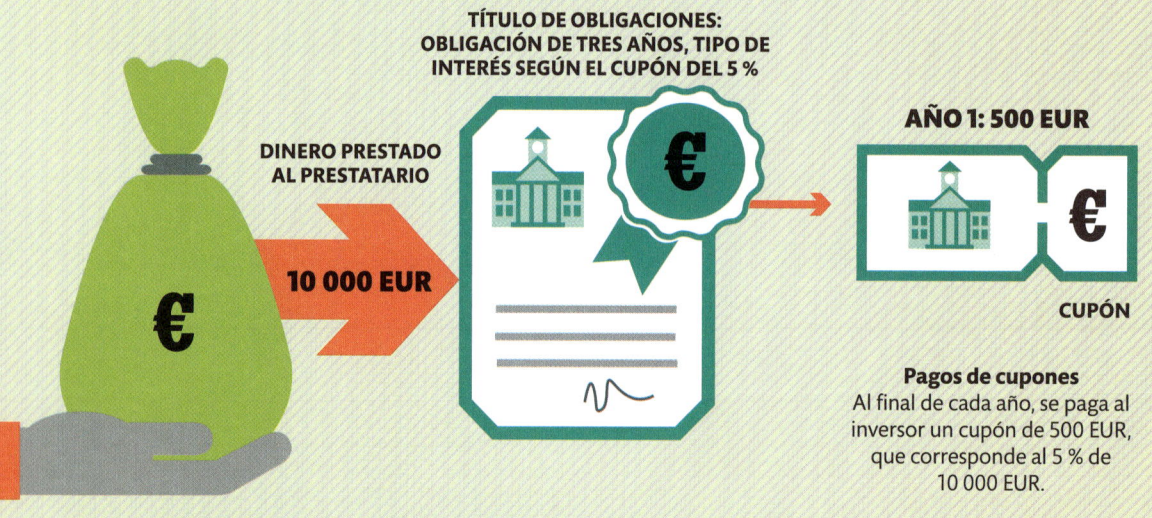

TÍTULO DE OBLIGACIONES: OBLIGACIÓN DE TRES AÑOS, TIPO DE INTERÉS SEGÚN EL CUPÓN DEL 5 %

DINERO PRESTADO AL PRESTATARIO

10 000 EUR

AÑO 1: 500 EUR

CUPÓN

VENTA

Pagos de cupones
Al final de cada año, se paga al inversor un cupón de 500 EUR, que corresponde al 5 % de 10 000 EUR.

Invertir en obligaciones
El inversor compra la promesa del emisor de devolver 10 000 EUR en tres años, más los cupones. El emisor está entonces legalmente obligado a cumplir la promesa.

quiebre antes de la fecha de vencimiento. Los bonos del Estado son apreciados precisamente porque el Estado suele ser una institución más estable y es poco probable que incumpla sus obligaciones. Pocos inversores tienen apetito por el riesgo, por lo que las obligaciones de alto riesgo son las más baratas de todas.

Inflación

La inflación también influye en el precio de las obligaciones. Una inflación elevada erosiona el valor real de los pagos futuros, pero, si parece probable que la inflación descienda, los préstamos a largo plazo se vuelven atractivos para los inversores.

INVERSIÓN DE LA CURVA DE RENDIMIENTO

Se produce una «inversión de la curva de rendimiento» cuando los bonos del Estado con plazos de vencimiento más largos tienen rendimientos más bajos que los bonos con plazos más cortos. Esto suele ser una mala señal porque sugiere que los inversores esperan una bajada de los tipos de interés, que es una medida que toman los bancos centrales cuando está a punto de producirse una recesión (véanse las págs. 94–95).

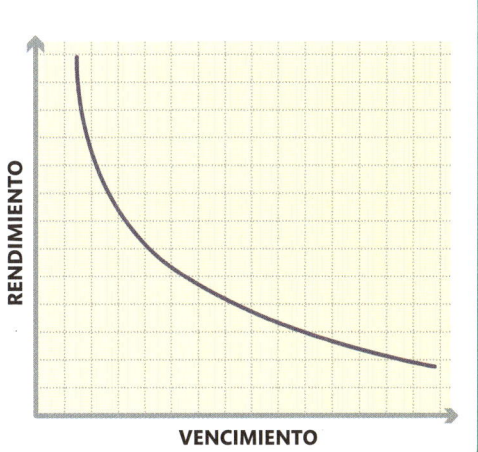

RENDIMIENTO

VENCIMIENTO

En 2022, el tamaño del mercado mundial de obligaciones era de

133 billones de dólares

Foro Económico Mundial, *Ranked: The largest bond markets in the world* (2023)

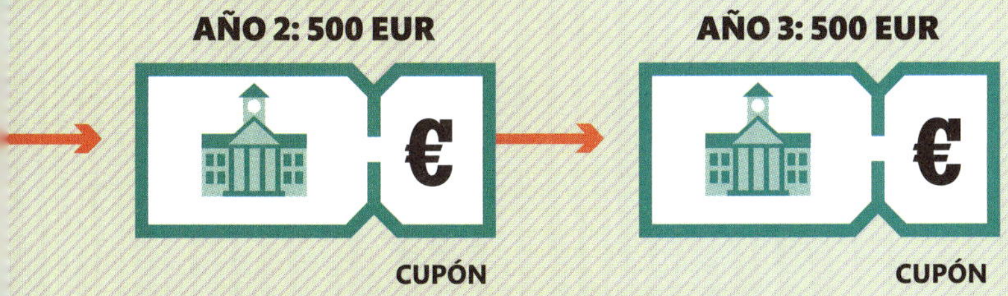

AÑO 2: 500 EUR

€

CUPÓN

AÑO 3: 500 EUR

€

CUPÓN

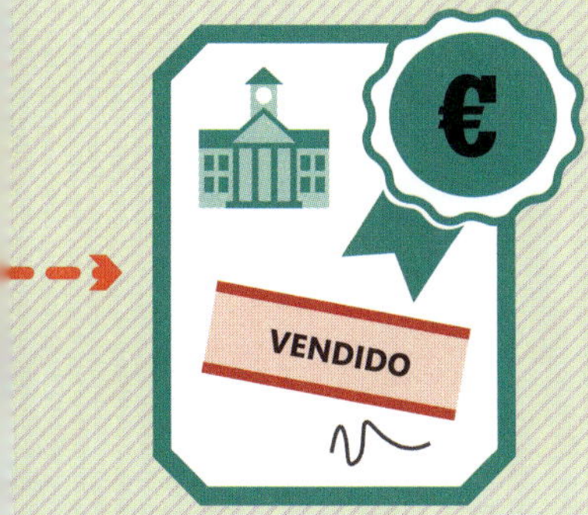

VALOR NOMINAL DE LA OBLIGACIÓN PAGADO AL INVERSOR

10 000 €

€

Opción de vender
Si el inversor quiere recuperar el dinero antes, puede vender la obligación en el mercado secundario antes del vencimiento.

VENDIDO

Fecha de vencimiento
Una vez que la obligación vence al final de los tres años, se paga al inversor el valor nominal de 10 000 € más el cupón final de 500 €.

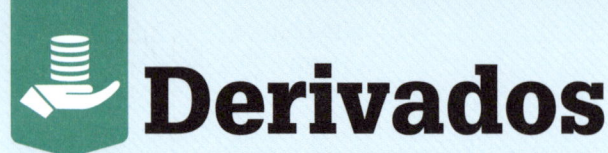

Derivados

Los derivados son contratos financieros que fijan un precio en el presente para una operación que tendrá lugar en un momento determinado del futuro. Los principales tipos de derivados son los contratos a plazo y las opciones.

Contratos a plazo

Un derivado típico es un contrato a plazo, que consiste en un acuerdo para comprar o vender una materia prima o un activo a un precio acordado previamente en una fecha futura. Este tipo de acuerdo puede beneficiar a los productores si el precio de mercado de la materia prima que venden baja durante el período especificado, ya que han fijado un precio por adelantado a sus clientes. Así pues, los derivados pueden utilizarse para reducir el riesgo y asegurarse contra el futuro. Pero también pueden funcionar a la inversa y dar lugar a una pérdida para el productor y una ganancia para el cliente si el precio de mercado de la materia prima aumenta durante el período de tiempo especificado. De esta forma, los derivados pueden usarse para apostar en el futuro, ya que los especuladores compran contratos a plazo si creen que algo aumentará de valor y, por tanto, les reportará beneficios cuando tengan que venderlo. Los contratos a plazo suelen ser privados y, como no se negocian en bolsa, se denominan «transacciones en mostrador» (OTC).

Opciones

Las opciones, aunque son similares a los contratos a plazo, se diferencian en que la operación no tiene por qué producirse. El contrato da a una de las partes la opción de comprar o vender una determinada cantidad de un activo o materia prima en el futuro, pero no la obliga a hacerlo.

Ejemplo de un contrato a plazo

Un productor de zumo de naranja formaliza un contrato a plazo con un agricultor para reducir la incertidumbre sobre los precios. Al saber de antemano cuánto pagará por las naranjas, el productor de zumo de naranja puede tener más seguridad a la hora de fijar sus propios precios.

SUMINISTRO DE 5 TONELADAS DE NARANJAS A 1000 €/ TONELADA

El agricultor llega a un acuerdo con un fabricante de naranjas

El agricultor se compromete a vender al productor de zumo de naranja una cantidad determinada de naranjas (5 toneladas) a un precio fijo (1000 € por tonelada) en una fecha determinada (dentro de un año), lo que lo convierte en un contrato a plazo.

DEBES SABER

› **Opción de compra** La opción de comprar algo a un precio determinado en el futuro.

› **Opción de venta** La opción de vender algo a un precio determinado en el futuro.

› **Opción €opea** La opción de compra o venta solo se puede ejercer en la fecha especificada en el contrato.

› **Opción americana** La opción de compra o venta se puede ejercer en cualquier momento en la fecha especificada en el contrato o antes.

TIPOS DE CONTRATOS A PLAZO

› **Futuros** Contratos a plazo normalizados que están diseñados para negociarse en bolsas; el vendedor puede pagar una comisión para poner fin al contrato y que no se produzca la entrega.

› **Pactos de recompra** Un tipo de contrato a plazo en el que alguien acuerda vender algo y luego volver a comprarlo a un precio más alto y en una fecha específica. Es una forma de préstamo a corto plazo.

› **Permutas financieras** Otro tipo de contrato a plazo que implica el intercambio de un activo financiero por otro en un momento determinado; por ejemplo, una permuta financiera de tipos de interés implica el intercambio de un tipo de interés fijo por un tipo variable, o viceversa.

20,7 billones de dólares
en derivados OTC se celebraron en diciembre de 2022
Banco de Pagos Internacionales (2023)

5000 €

5 TONELADAS DE NARANJAS

Al cabo de un año

Tiene lugar la operación. El acuerdo es vinculante: el agricultor debe vender 5 toneladas de naranjas por 1000 € por tonelada y el productor de zumo de naranja debe comprarlas a ese precio.

Estructura de capital

La estructura de capital de una empresa es la proporción de deuda (dinero prestado) y capital propio (efectivo y acciones de la empresa) que utiliza para financiar sus actividades. La combinación adecuada equilibra una serie de necesidades empresariales diferentes.

Deuda y capital propio

Las empresas tienen dos fuentes principales de financiación: la deuda y el capital propio. La financiación mediante deuda implica que la empresa pide prestado (por ejemplo, a un banco), mientras que la financiación mediante capital propio implica que la empresa utiliza su propio efectivo. La estructura de capital es la combinación de deuda y capital propio que utiliza una empresa para financiarse.

La teoría de Modigliani-Miller (véase más adelante) afirma que el valor global de la empresa sigue siendo el mismo sea cual sea la proporción entre deuda y capital propio. Sin embargo, se trata de un modelo «idealizado» que vincula el valor de una empresa y su estructura de capital, mientras que la relación entre deuda, capital propio, estructura de capital y valor es más complicada en el mundo real (véanse los recuadros de al lado).

Por lo tanto, para encontrar la estructura de capital óptima de una empresa, o la proporción entre deuda y capital propio, hay que ser capaz de encontrar un equilibrio entre una serie de factores diferentes y diversas compensaciones.

La teoría de Modigliani-Miller

La teoría de Modigliani-Miller, basada en un escenario teórico «ideal» sin normas ni impuestos especiales, es una referencia idealizada para entender la relación entre el valor de una empresa y su estructura de capital. Afirma que el valor total de la empresa (representado aquí por la tarta) sigue siendo el mismo sea cual sea la proporción entre deuda y capital propio (el tamaño de los dos trozos).

Sin embargo, en el mundo real, los factores externos como los impuestos pueden tener un efecto positivo o negativo sobre el uso de la deuda frente al capital propio, lo que significa que la proporción entre ambos afectará a su vez al valor total de la empresa.

En 2022, las empresas estadounidenses no pertenecientes al sector financiero **tenían una** proporción media entre deuda y capital propio **superior al**

84 %

Fondo Monetario Internacional (2022)

Deuda

La deuda es el dinero prestado por una empresa o un particular, a menudo con la obligación de devolver la cantidad prestada con intereses durante un período determinado.

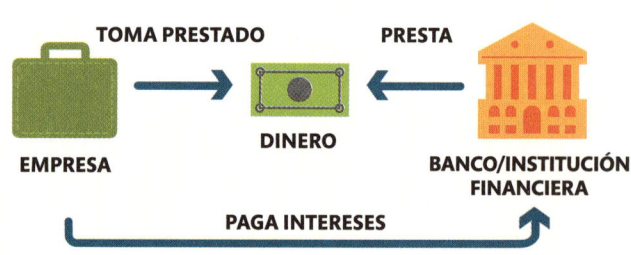

TOMA PRESTADO · PRESTA · DINERO · EMPRESA · BANCO/INSTITUCIÓN FINANCIERA · PAGA INTERESES

PROS Y CONTRAS DE LA DEUDA

Pros

❯ Cualquier empresa, sea cual sea su tamaño, puede emitir una deuda para «hacer crecer» sus finanzas.

❯ El pago de intereses puede ser desgravable.

Contras

❯ El pago de intereses podría aumentar.

❯ Hay que pagar, incluso en tiempos difíciles.

❯ Mayor riesgo de quiebra.

❯ Un exceso puede afectar al valor percibido de la empresa y al precio de sus acciones.

PROS Y CONTRAS DEL CAPITAL PROPIO

Pros

❯ No hay obligación de pago de dividendos.

❯ Los ingresos tributan menos que los ingresos por deudas.

❯ No es probable que contribuya a la quiebra.

Contras

❯ Puede diluir el valor de las acciones (creando más acciones).

❯ Puede sugerir que los directivos no esperan que la empresa obtenga buenos resultados (no confían en que sea capaz de pagar la deuda).

Capital propio

Los fondos propios se componen del valor de las acciones de una empresa y del efectivo que esta posea. Los dividendos (véase la pág. 195) se reparten entre los accionistas a discreción de la empresa.

A CAMBIO DE DERECHOS DE PROPIEDAD

REINVIERTE DINERO INVIERTE

EMPRESA EMITE ACCIONES INVERSOR/ ACCIONISTA

PAGA LOS DIVIDENDOS

Valor de mercado

Según la teoría de Modigliani-Miller, el valor de mercado de una empresa es la suma de su deuda y su capital propio. La cantidad de la deuda puede afectar al tamaño de la porción de capital propio y al valor total de la empresa. Sin embargo, la teoría no tiene en cuenta los factores reales que afectan al valor de mercado de una empresa, como los resultados financieros, las condiciones del mercado y los pros y los contras de la deuda y el capital propio.

Capital de inversión y capital de riesgo

Las empresas privadas y las emergentes no pueden permitirse el lujo de financiarse mediante la venta de acciones públicas, sino que recurren al capital de riesgo y a inversores especializados.

Inversores especializados

Un contrato de capital de inversión es aquel en el que una sociedad de inversión especializada compra una gran participación de una empresa privada con vistas a gestionarla. La adquisición suele financiarse en gran parte mediante deuda. La sociedad de inversión vende acciones en fondos de sus participaciones en empresas privadas a inversores particulares, a los que también cobra una comisión. La inversión mínima suele ser elevada, y los inversores no pueden disponer de su dinero hasta pasados cinco o incluso diez años. Estas inversiones, aunque son arriesgadas y al principio muy caras, pueden dar muy buenos rendimientos.

Capital de inversión

Además de financiar empresas privadas, los inversores de capital de inversión compran empresas que cotizan en bolsa. Para comprar una empresa pública, un inversor compra todas sus acciones, pagando normalmente una prima sobre el precio actual de la acción.

Compra de la empresa

Un inversor que compra una empresa la privatiza, es decir, interrumpe la negociación de sus acciones en bolsa.

Gestión de la empresa

El inversor asume un papel activo en la gestión de la empresa, con el objetivo de hacerla más rentable.

Venta de la empresa

Una vez que la empresa ya es más rentable, y su valor ha aumentado, el inversor la vende para obtener beneficios.

Ángeles inversores

Muchas empresas nuevas, o emergentes, reciben financiación de economistas especializados conocidos como «ángeles inversores». Estas empresas emergentes suelen pertenecer a sectores en los que existe incertidumbre sobre el tamaño del mercado para sus productos o sobre la tecnología subyacente a estos. Es esta incertidumbre la que disuade a los inversores tradicionales de proporcionar financiación a las empresas emergentes. La inversión en capital de riesgo es, por tanto, muy arriesgada, pero también puede reportar grandes beneficios, lo que permite a los inversores soportar algunas pérdidas. Para reducir su riesgo, los ángeles inversores ofrecen a las empresas un valioso asesoramiento empresarial y las financian en rondas, de modo que pueden seguir su evolución por etapas.

«El capital de riesgo desempeña un papel fundamental en llevar a las empresas emergentes al estrellato».

Ufuk Akcigit, Emin Dinlersoz, Jeremy Greenwood y Veronica Penciakova, «Synergizing ventures», *Journal of Economic Dynamics and Control* (2022)

Capital de riesgo

Los ángeles inversores proporcionan financiación y asesoramiento a las empresas emergentes. De vez en cuando pueden formar parte de un consejo de administración, pero rara vez asumen el control total. Incluso pueden financiar empresas conjuntamente, de modo que puedan compartir sus conocimientos.

40 %

5 €

PARTICIPACIÓN
DEL 40 % DE 12,50 €,
EL VALOR DE
LA EMPRESA,
COMPRADO POR 5 €

LA EMPRESA
AUMENTA
SU VALOR DE
12,50 € A 125 €

40 %

50 €

50 €
(40 % DE 125 €)

PARTICIPACIÓN DEL 40 %

40 %

50 €

Inversión

Un ángel inversor compra acciones de una empresa en una fase temprana de su desarrollo, cuando sus perspectivas son inciertas.

Asesoramiento

El inversor proporciona a la empresa dinero, asesoramiento y supervisión, con lo que la ayuda a crecer sin gestionarla directamente.

Venta

Una vez que la empresa ha crecido y sus perspectivas son seguras, el inversor vende sus acciones y espera obtener beneficios.

Cambios de divisa

Cuando un país compra bienes o servicios a otro, suele pagar con la divisa de ese país, lo que significa que primero debe cambiar una cantidad de su divisa por la del país en cuestión.

Tipos de cambio

El comercio internacional moderno solo es posible gracias al cambio de divisas. Sin embargo, el valor de las divisas fluctúa. El valor de una divisa en comparación con otra en un momento determinado se denomina «tipo de cambio» y suele expresarse como el número de unidades de una divisa extranjera que puede comprar la divisa nacional. Los tipos de cambio se ven afectados por la buena o mala marcha de la economía de un país en comparación con otro. La demanda agregada (DA) es la demanda global de bienes y servicios de una economía, mientras que la oferta agregada (OA) es la oferta global de bienes y servicios (véanse las págs. 102–103). Si la DA nacional aumenta en relación con la extranjera, mientras que la OA nacional y extranjera permanecen invariables, el tipo de cambio nacional se revaloriza (aumenta). También se revaloriza si la OA nacional disminuye en comparación con la OA extranjera.

¿Qué afecta a los tipos de cambio?

Puesto que los tipos de cambio fluctúan, los inversores compran divisas específicamente para cambiarlas por otras cuando los tipos de cambio sean más favorables. La demanda de una divisa viene determinada por las expectativas sobre su desempeño futuro en función de muchos factores. Los factores positivos harán que la divisa se revalorice; los negativos, que se desvalorice.

REVALORIZACIÓN

REVALORIZACIÓN O DESVALORIZACIÓN

Acuerdos de libre comercio

Un nuevo acuerdo de libre comercio crea expectativas de revalorización de la divisa a largo plazo, por lo que la divisa se revalorizará.

Tipos de interés

Las variaciones de los tipos de interés (véase la pág. 115) afectan a los tipos de los bonos del Estado. Si los tipos suben, la divisa se revaloriza; si los tipos bajan, se desvaloriza.

Especulación

Si los inversores esperan que una divisa se revalorice, la compran para venderla más tarde, lo que provoca una revalorización. Lo contrario provoca una desvalorización.

Paridad descubierta de los tipos de interés

La relación clave para determinar los tipos de cambio es la paridad descubierta de los tipos de interés (UIP), que se basa en los tipos de interés de los bonos del Estado (véanse las págs. 204–205). Los rendimientos esperados de las obligaciones extranjeras son el tipo de interés extranjero más la desvalorización esperada de la divisa nacional, porque los rendimientos de la obligación extranjera deben cambiarse de nuevo a la divisa nacional. El inversor comprará obligaciones nacionales o extranjeras dependiendo de cuál tenga la mayor rentabilidad esperada. Como las obligaciones extranjeras deben comprarse en la divisa extranjera, esta compra aumenta la demanda de la divisa extranjera, por lo que la divisa nacional se desvaloriza (disminuye) frente a ella.

Si algo aumenta el riesgo (véanse las págs. 192–93) de las obligaciones nacionales en relación con las extranjeras, los inversores preferirán las obligaciones extranjeras, por lo que la divisa nacional se desvalorizará.

Emparejamientos de divisas

Los tipos de cambio pueden definirse entre dos divisas cualesquiera. El dólar estadounidense es la moneda más utilizada para la comparación. Otras divisas importantes son el euro y el yuan chino.

DESVALORIZACIÓN

✓ **DEBES SABER**

> **Tipo de cambio** Cuánto puede comprar una divisa de otra. Por ejemplo, si con 1 € se compran 1,20 $ (y 1 $ cuesta 0,83 €) entonces el tipo de cambio entre el euro y el dólar es de 1,20.

> **Revalorización** Cuando una divisa aumenta de valor en comparación con otra. Por ejemplo, si el tipo de cambio entre el euro y el dólar aumenta de 1,20 a 1,22, el euro se ha revalorizado. 1 € ahora cuesta 1,22 $ (y 1 $ cuesta 0,80 €).

> **Desvalorización** Cuando una divisa disminuye su valor en comparación con otra, como el dólar en el ejemplo anterior.

Recesión

La recesión (véanse las págs. 94–95) provoca un descenso de los tipos de interés de las obligaciones. Las obligaciones nacionales son menos atractivas que las extranjeras, por lo que la divisa se desvaloriza.

Deuda pública

Una deuda excesiva aumenta el riesgo de que el Gobierno deje de pagar sus préstamos (véanse las págs. 112–13). Las obligaciones se vuelven más arriesgadas y la divisa se desvaloriza.

Inestabilidad política

La inestabilidad política aumenta el riesgo de que un Gobierno deje de pagar su deuda. Sus obligaciones se vuelven más arriesgadas, y la moneda se desvaloriza.

Criptomoneda

Una criptomoneda es una forma de dinero virtual, que se intercambia y se transfiere digitalmente, en lugar de a través de un banco. Se basa en soluciones tecnológicas para garantizar transacciones fiables.

Una cadena de dinero digital

El dinero suele estar vinculado a una mercancía, como el oro o la plata, o lo emite y lo garantiza un banco, mientras que una criptomoneda es invisible y escapa al control de cualquier organismo financiero. Una criptomoneda adopta la forma de tókenes digitales, que existen en una red digital, donde pueden comprarse y venderse, con dinero «real», o intercambiarse. Los tókenes pueden utilizarse para comprar bienes y servicios, pero los inversores los negocian principalmente a través de las bolsas de criptomonedas. Sin el respaldo de un producto o una garantía oficial, la criptomoneda se presta al fraude. A diferencia del efectivo o de un metal precioso, los tókenes digitales pueden copiarse fácilmente para su reutilización, lo que se conoce como «doble gasto». Para infundir confianza en el sistema, tiene que haber un registro de creación y transferencia de tókenes que confirme que son únicos. Para ello, se crea un registro público de transacciones —almacenadas como bloques de datos para formar una «cadena de bloques»— que mantienen los usuarios de la moneda en lugar de una autoridad central. Una vez añadidos a la cadena de bloques, los datos no pueden alterarse.

Creación de la cadena de bloques

Todas las transacciones de criptomonedas, incluidas las de la moneda principal, el bitcóin, se registran en una cadena de bloques, un documento público distribuido entre miles de usuarios y mantenido por ellos. Para asegurarse de que las nuevas entradas son fiables, cada bloque de transacciones se verifica mediante la solución de un rompecabezas matemático y luego se añade a la cadena.

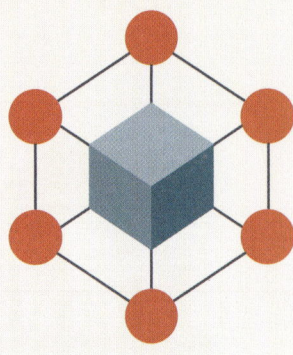

Se ha solicitado la transacción

Una persona solicita una transacción con bitcoines. Por ejemplo, un usuario quiere transferir tókenes a otro para pagar bienes o servicios.

Se ha creado el bloque

Los mineros de bitcóin comparan la solicitud con su copia de la cadena de bloques para comprobar si hay un doble gasto. Apilan las transacciones legítimas en bloques.

Se ha enviado el bloque

Una vez completado un nuevo bloque, los mineros lo difunden a la red junto con la solución a un rompecabezas matemático.

Verificación de la cadena

La cadena de bloques no es infalible, un usuario podría enviar una actualización falsa para obtener falsos «nuevos» tókenes. Para evitarlo, la red de criptomonedas establece un rompecabezas matemático generado digitalmente, basado en el bloque anterior de la cadena. Las personas, o grupos de personas, que se conocen como «mineros», compiten para resolver el rompecabezas utilizando equipos y programas informáticos complejos. Una vez que los «mineros» han verificado una transacción, la transmiten junto con la solución del rompecabezas a la red de criptomonedas y reciben una recompensa con tókenes digitales.

En teoría, la minería hace imposible crear una cadena de bloques falsa. Tendría que ser más larga que la cadena de bloques existente para ser creíble, y costaría demasiada potencia de cálculo, tiempo y dinero para que mereciera la pena.

POLÉMICAS

❯ **Repercusiones económicas** El valor de una criptomoneda es mucho más volátil que el de una moneda normal, como el euro o el dólar estadounidense. Esto la convierte en una inversión de alto riesgo, con posibles pérdidas financieras enormes.

❯ **Transacciones ilegales** Al no existir un sistema bancario detrás de una criptomoneda, es imposible que los organismos reguladores financieros bloqueen transacciones potencialmente ilegales.

❯ **Repercusiones medioambientales** La minería de criptomonedas requiere una enorme cantidad de potencia de cálculo y energía. Esto crea importantes emisiones de dióxido de carbono y genera altos niveles de residuos de equipos informáticos.

2140 es el año en que, según se calcula, el último bitcóin «minado» se añadirá a la cadena de bloques

www.investopedia.com, 2023

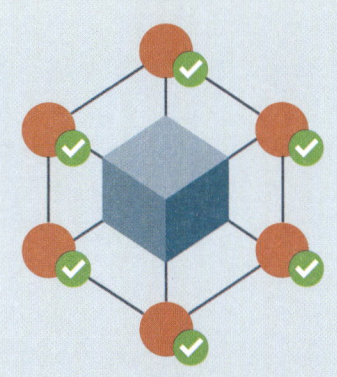

Se ha validado el bloque

Otros mineros comprueban que la respuesta al rompecabezas sea correcta. La solución depende de las soluciones de todos los rompecabezas de la cadena de bloques anteriores.

Se ha añadido el bloque a la cadena de bloques

Una vez que los mineros confirman que la solución es correcta, añaden el bloque a su copia de la cadena de bloques.

Se ha creado el registro

Los detalles de la transacción original, incluidos el importe, la hora y la fecha, están ahora disponibles públicamente como registro digital.

Índice

Los números de página en **negrita** hacen referencia a las entradas principales

·······················

Agradecimientos

Dorling Kindersley desea agradecer a Camilla Hallinan su labor de dirección; a Ciara Law y Bonnie Macleod su apoyo editorial; a Nicola Rodway su ayuda en el diseño; a Diana Vowles la corrección y a Vanessa Bird el índice.